7 HÁBITOS DE
MINDFULNESS

PARA EL ÉXITO PERSONAL Y PROFESIONAL

JAVIER CARRIL

KOLIMA BOOKS

Título original: *7 hábitos de mindfulness para el éxito personal y profesional*

Primera edición: Marzo 2018
© 2018 Editorial Kolima, Madrid
www.editorialkolima.com

Autor: Javier Carril
Dirección editorial: Marta Prieto Asirón
Maquetación de cubierta: Sergio Santos Palmero
Maquetación: Sergio Santos Palmero
Colaboradores: Judit Arís Moreno

ISBN: 978-84-16994-74-8
Depósito legal: M-9025-2018
Impreso en España

No se permite la reproducción total o parcial de esta obra, ni su incorporación a un sistema informático, ni su transmisión en cualquier forma o por cualquier medio, sea este electrónico, mecánico, por fotocopia, por grabación u otros métodos, el alquiler o cualquier otra forma de cesión de la obra sin la autorización previa y por escrito de los titulares de propiedad intelectual.

Cualquier forma de reproducción, distribución, comunicación pública o transformación de esta obra solo puede ser realizada con la autorización de sus titulares, salvo excepción prevista por la ley. Diríjase a CEDRO (Centro Español de Derechos Reprográficos) si necesita fotocopiar o escanear algún fragmento de esta obra (www.conlicencia.com; 91 702 19 70 / 93 272 04 45).

THELMA: *¿Estás despierta?*

LOUISE: *Supongo que sí, tengo los ojos abiertos.*

THELMA: *Yo también. Me siento despierta.*

LOUISE: *Bien.*

THELMA: *Muy despierta. Nunca me había sentido tan despierta. ¿Me comprendes? Todo parece distinto. ¿También tienes la sensación de que te espera algo nuevo?...*

Diálogo de la película *Thelma y Louise*, RIDLEY SCOTT, 1991

ÍNDICE

MI HISTORIA

*Dime, ¿qué planeas hacer con tu preciosa,
salvaje y única vida?*

Versos del poema *El día de verano,* Mary Oliver

Hace doce años, en 2005, yo estaba inmerso en una crisis de sentido en mi vida. Como tantas otras personas, tenía todo lo que había soñado y, sin embargo, no era del todo feliz; tenía un trabajo divertido y bien pagado, era feliz en mi matrimonio con Sagrario y era padre de tres hijas maravillosas. A pesar de todo ello, me faltaba algo. Sencillamente necesitaba conectar con mi interior, aunque yo aún no lo sabía.

Ya llevaba un par de años preguntándome qué utilidad tenía mi profesión como publicista a la que había dedicado quince años de mi vida. Sentía que a mis treinta y ocho años era un viejo para el sector y que los jóvenes que se estaban incorporando a él venían con mucha fuerza. En definitiva, no veía futuro profesional en mi profesión, además de que no me sentía motivado para desempeñarla. Pero me preguntaba ¿qué voy a hacer?, ¿en qué trabajaré? Lo cierto es que ahora que lo pienso en perspectiva la mayoría de las personas terminan trabajando en algo diferente a lo que estudiaron en la universidad. El mundo cambia a una velocidad vertiginosa y surgen nuevas profesiones que no existían pocos años atrás. Y también las personas vamos cambiando de prioridades, de necesidades, de valores. Y eso, creo yo, provoca estos cambios laborales tan radicales.

El caso es que sucedió algo imprevisto. La empresa de publicidad en la que trabajaba como director creativo perdió su cliente más importante y prácticamente todos los que estábamos allí empleados nos fuimos a la calle. Estaba en el paro y con un futuro profesional bastante oscuro.

Aparte de mi crisis en el trabajo, también estaba inmerso en una crisis personal. Pocos meses después de quedarme en paro sufrí un ataque epiléptico mientras dormía y después de varias pruebas médicas me diagnosticaron un angioma venoso en el cerebro, una especie de malformación con la que tendría que convivir el resto de mi existencia. Si no tomaba medicación de por vida podrían repetirse los ataques, y existían posibilidades –aunque pequeñas– de que el angioma algún día me provocara un derrame cerebral. Esto fue muy doloroso para mí porque cambiaba mi realidad para siempre.

Nos creemos inmortales y vivimos como si la vida fuera eterna. ¡Qué gran engaño! Hasta que un día tenemos un problema grave de salud y de pronto despertamos a la verdadera realidad: que la vida es muy corta, que en pocos años habremos desaparecido totalmente, y que, por tanto, debemos exprimir cada momento, «cada instante de nuestras preciosas y salvajes vidas», citando a la poetisa Mary Oliver.

Todos estos acontecimientos sucedieron en el plazo de unos meses; no sé si por casualidad o por causalidad. Y me sumergieron en lo que Jon Kabat Zin, el visionario creador del *mindfulness*, describió como «la catástrofe total» en su libro *Vivir con plenitud las crisis*, parafraseando al famoso personaje de ficción Zorba el griego.

Me preguntaba con perplejidad: «¿Ya se ha terminado mi vida?» «¿Estoy muerto profesional y emocionalmente?» porque lógicamente me sentía totalmente fracasado, hundido, con la autoestima destrozada.

Años después aprendí que para que una puerta se abra debe cerrarse otra. Y quizá, a pesar del dolor y el sufrimiento, aquella crisis fuera necesaria para descubrir muchos secretos de la vida y de la felicidad. Para descubrir muchos aspectos positivos escondidos dentro de mí. Para, en definitiva, descubrirme a mí mismo.

Esto me recuerda a la metáfora de la bellota y el roble. La bellota es pequeña y fea pero tiene el potencial de convertirse en un majestuoso roble si la cultivamos, abonamos, y cuidamos con luz y agua. Así somos las personas. Muchas veces nos sentimos como una bellota pequeña y fea, y no nos damos cuenta de que tenemos el potencial de hacer grandes cosas, el potencial de ser grandes robles. Tan solo debemos abrirnos y aprender. Y, como diría Robert Kiyosaki, autor de *Padre Rico, padre pobre*, el mayor aprendizaje lo obtenemos de los fracasos y del sufrimiento que estos nos provocan.

En medio de mi crisis descubrí el *coaching* y me pareció una profesión de un valor fascinante para la Humanidad. Sentí que había encontrado lo que estaba buscando. Una nueva profesión con futuro y que encajaba con mis nuevas prioridades y valores. Una profesión con la que podría aportar algo valioso al mundo, ayudando a muchas personas a descubrir el roble que tenían dentro.

Me certifiqué en *coaching* y doce años después continúo ejerciendo como *coach* profesional de altos directivos y Comités de Dirección. Aquella formación cambió mi vida porque me hizo conectar con «mi roble» interior, despertarlo y desarrollarlo. Pero, además, durante mi proceso de formación sucedió algo que iba a cambiar aún más mi vida. En uno de los módulos del programa nos ofrecieron asistir de forma voluntaria a una sesión de meditación de veinte minutos. Tenía curiosidad y llegué a tiempo para probar. Realmente no era una meditación formal, sino que simplemente se ponía una música relajante en la sala y se nos invitaba a cerrar los ojos, y sentados en la silla, dejarnos llevar. No había ninguna instrucción, solamente estar sentados con la música relajante, sin hacer nada.

De pronto, cuando llevábamos unos diez minutos empezaron a aparecer en mi mente imágenes del pasado de diversos momentos de mi vida, con mis hijas pequeñas, experiencias vividas con mi mujer y otras imágenes. Una mezcla de emociones intensas me invadió como un tsunami. Por un lado sentí una gran tristeza porque aquellos momentos no se iban a repetir jamás; nunca volvería a ver a mis hijas con tres o cinco años, nunca volvería a vivir los preciosos años que viví con mi mujer cuando éramos novios, los primeros años de casados, etc. Pero por otro lado me sobrevino una gran emoción de gratitud porque aún podía disfrutar plenamente de mis hijas y de Sagrario, todavía estaban en mi vida, y por tanto, me sentía enormemente feliz.

Esa tormenta emocional contradictoria provocó que de pronto empezara a sentir unas ganas irreprimibles de llorar. ¡No me lo podía creer! Estaba llorando en la sala, con otras doce personas más delante. ¿Qué iban a pensar de mí si me veían llorando cuando abrieran los ojos? Quizá alguno o el formador del curso ya me habían visto. Sentía vergüenza y asombro porque no entendía qué me sucedía. No podía parar de llorar. Terminó el tiempo de la meditación y yo traté de secarme las lágrimas y disimular con mi pañuelo como pude.

Fue una experiencia tan intensa y extraña para mí que tomé una decisión: quería investigar qué me había sucedido e indagar sobre la meditación. Curiosamente, al día siguiente iba conduciendo y escuchando un CD de los Kinks cuando una canción lenta me tocó emocionalmente y volví a llorar descontroladamente. ¿Qué me estaba pasando?

Un tiempo después lo entendí. Sencillamente había conectado conmigo mismo. A nivel íntimo y profundo. Había tenido una especie de revelación totalmente experiencial. Me había dado cuenta del regalo que era la vida, de lo mucho que me había dado y de lo mucho que aún podía darme. Y esa revelación había ocurrido simplemente al haberme quedado sentado sin hacer nada, fluyendo con una música bella y relajante. Como decía Thelma en la película *Thelma y Louise*, me sentía despierto, muy despierto. Una gran puerta se había abierto dentro de mí y ya nunca se cerraría.

Por otro lado creo que las lágrimas brotaron porque yo era como una especie de manantial que estaba sellado y atascado dentro de una montaña. Y cuando recibió el estímulo adecuado, todo el agua atascada en el manantial se desbordó. Es decir, necesitaba llorar para expresar mis emociones.

Desde entonces no he dejado de practicar la meditación y no he dejado de investigar y leer sobre ella. Siempre digo que el *coaching* y la meditación fueron mis salvavidas durante aquella crisis de sentido global de hace doce años. Ambas disciplinas me hicieron descubrirme a mí mismo y encontrar muchas perlas ocultas en la ostra de la vida.

Me formé en meditación zen con la maestra Kiun An y realicé varios retiros de meditación en silencio de cinco días, además de integrar la práctica zen en mi vida diaria, algo que no he abandonado desde entonces.

Cuando comencé a oír hablar del *mindfulness*, reconozco que reaccioné con escepticismo, opinando que no era nada nuevo y que era lo mismo que yo ya practicaba pero con un nombre más «marketiniano». Sin embargo, poco a poco me fui abriendo y terminé formándome como instructor autorizado de *mindfulness* por *The Center for Mindfulness* de la Universidad de Massachusetts, la institución de referencia en el mundo sobre el tema, y donde Jon Kabat Zin inició su enseñanza. Y progresivamente me di cuenta de que habían dado con la clave para que las prácticas de meditación contemplativa de las tradiciones orientales, con 2500 años de recorrido, se expandieran por Occidente y tuvieran el potencial de producir enormes beneficios en millones de personas de esos países.

El hecho de que Jon Kabat Zin adaptara esas técnicas de meditación y concentración orientales a la mentalidad occidental y las desproveyera de cualquier conexión religiosa fue clave para que el *mindfulness* esté revolucionando el mundo. Porque muchas personas no hubieran querido ni probar la meditación si esta se les hubiera enseñado con incienso, cuencos tibetanos y palabras trascendentales.

Así que después de varios años abriéndome a practicar otras técnicas que son consideradas parte del *mindfulness*, como el yoga y la exploración corporal, soy un defensor apasionado de esta disciplina que por otro lado está totalmente enraizada en la meditación zen que yo había aprendido años atrás.

Lo curioso del destino es que en los últimos años, aparte de ser algo fundamental para mi equilibrio personal y emocional, el *mindfulness* se ha convertido en mi mayor fuente de trabajo e ingresos. Años atrás, en 2007 fundé la empresa Execoach con mis queridos socios Ángel Martínez y Rosa Cañamero. Inicialmente fue una consultora especializada en *coaching* ejecutivo y empresarial, pero progresivamente fuimos ampliando nuestros servicios para ofrecer formación en habilidades directivas y desarrollo del talento. Diez años después continuamos impulsando el rendimiento y la motivación de las personas en las empresas. Pero, como decía, lo maravilloso es que las empresas se han empezado a interesar —y mucho— por el *mindfulness*. En concreto, los directivos de formación, Recursos Humanos y desarrollo del talento nos empezaron a pedir hace tres años programas de *mindfulness* para sus empleados, y en numerosas ocasiones para sus *managers* o incluso para el Comité de Dirección. Desde entonces no he dejado de impartir formación en *mindfulness* en todo tipo de empresas. Miles de horas de formación tremendamente apasionantes y gratificantes, ya que he observado cómo se les iluminaban los ojos a las personas que pasaban por el programa, cómo descubrían cosas esenciales para cambiar y mejorar sus vidas, cómo se animaban a introducir el *mindfulness* en sus vidas para ser más felices y también para mejorar su rendimiento y efectividad en el trabajo. Sobre esta experiencia maravillosa me extiendo en el capítulo 4, donde comparto testimonios reales de participantes de las empresas donde impartimos el programa, los beneficios que obtuvieron cuando comenzaron a aplicar las herramientas del curso y también las dificultades y los obstáculos que se encontraron.

Es sorprendente ver los giros que da la vida. Una disciplina que doce años atrás había sido fundamental para ayudarme a salir del agujero en el que estaba se había convertido después en mi profesión principal: instructor de *mindfulness*.

En el libro también me extenderé sobre mi filosofía a la hora de contar y enseñar *mindfulness*, sobre qué aspectos son fundamentales para derribar el escepticismo o las ideas preconcebidas de las personas sobre la meditación. Y también explicaré los conceptos, ejercicios y dinámicas que realizamos en nuestros programas, que se adaptan a las necesidades de formato y duración de cada cliente. Desde luego, la base fundamental es el *mindfulness* que aprendí de la fuente, el *Center for Mindfulness* de la Universidad de Massachusetts, y en concreto su programa de ocho semanas MBSR (*Mindfulness Based Stress Reduction*), pero el programa que diseñé es un programa muy personal que incluye algunas herramientas complementarias que para mí son imprescindibles. Y también bebe del programa MBCT (*Mindfulness Based Cognitive Therapy*) de la Universidad de Oxford, la otra institución de referencia en el mundo. Como verás, querido lector, no son cualesquiera universidades, sino organizaciones educativas y de investigación de máximo prestigio mundial.

Dicho todo esto, creo que necesitaba hacer una retrospectiva de mi segunda vida (la que llevo viviendo desde el 2005), porque arroja una luz necesaria de por qué he escrito este libro. Además, durante estos años he tenido la enorme fortuna de escribir tres libros más, todos ellos relacionados con la meditación *mindfulness*. En 2008 publiqué *Zen Coaching*, un libro en el que explicaba la revolución que para mi vida supuso la conexión entre dos disciplinas aparentemente paradójicas, la filosofía y meditación zen, y el *coaching*. En 2010 publiqué *Desestrésate*, un abordaje global sobre el estrés, y por supuesto incluí un capítulo entero sobre la meditación zen. Por último, en 2014 publiqué *El hombre que se atrevió a soñar*, un libro de veinte cuentos cortos de motivación y liderazgo personal, en los que el *mindfulness* está omnipresente.

En resumen, este libro recoge de forma general todo lo que he aprendido durante los últimos doce años gracias a la práctica regular e intensa del *mindfulness* y a la constante investigación sobre esta disciplina a través de la lectura de cientos de artículos y de más de cuarenta libros. Y de forma destacada contiene mi experiencia durante los últimos tres años como instructor de *mindfulness* en el mundo empresarial.

Asimismo, con este libro podrás entender en profundidad las claves más importantes y las técnicas más destacadas de esta disciplina. Encontrarás ejercicios prácticos explicados y podrás descargarte los audios guiados por mí de las técnicas *mindfulness* para que puedas comenzar a practicar y experimentar por ti mismo.

A la columna vertebral del libro la he denominado «7 hábitos de *mindfulness* para alcanzar el éxito en la vida y en la carrera profesional». ¿Y por qué hábitos?

En primer lugar, nadie alcanza el éxito en ninguna disciplina si no repite y repite las mismas acciones, si no consolida determinas conductas, actitudes y decisiones como hábitos sostenibles. Ya lo decía Aristóteles: *«somos lo que hacemos cada día, de modo que la excelencia no es un acto, sino un hábito»*. De ahí que en el último capítulo aborde los conocimientos y las pautas esenciales para incorporar el *mindfulness* como un hábito en la vida.

En segundo lugar, es un humilde homenaje al famoso libro *Los 7 hábitos de la gente altamente efectiva*, de Stephen Covey, un clásico del *management* y de la eficiencia personal que me aportó también muchas claves y valores esenciales para mi propia vida y carrera profesional.

A lo largo de las páginas de este libro deseo poder transmitirte el enorme poder transformador que tiene la integración del *mindfulness* en nuestra vida. Porque yo lo he vivido y experimentado. El *mindfulness* ha cambiado mi vida y a mí mismo, y ha mejorado la existencia a miles de personas en todo el mundo. Compartiré contigo concretamente en qué y cómo lo ha hecho con testimonios de muchas personas que han apostado por esta disciplina.

Espero que también mejore tu vida, por supuesto si tú quieres.

¿QUÉ ES EL ÉXITO?

«Cualquier persona de éxito con la que se encuentre podrá decirle, si es honrada con usted, que la razón de haber alcanzado más éxito es porque ha tomado más decisiones que usted».

Anthony Robbins

No es mi intención pontificar sobre qué es y qué no es el éxito, porque seguro que caería en dogmatismos y verdades absolutas, que en realidad están muy alejados de mi forma de ser. Lo que pretendo es provocar una reflexión curiosa y abierta sobre el «éxito», una palabra sobre la que se habla frecuentemente, quizá demasiado, y que cada uno interpreta según sus valores, creencias y experiencias. Así que el éxito puede significar para una persona una cosa y para otra lo opuesto. Y seguramente ninguna de ellas estará equivocada, o lo que es lo mismo, que ninguna de ellas estará en lo cierto.

Hace unos días recibí un artículo que precisamente reflexionaba sobre qué va antes, el éxito o la felicidad. Las dos cosas que buscamos desesperadamente todos los seres humanos y que parece que se nos escurren de las manos porque ambas son tremendamente cambiantes y resbaladizas. El artículo revelaba las conclusiones de la investigadora Emma Seppala, del *Center for Compassion and Altruism Research and Education* de la Universidad de Stanford, y autora del libro *The happiness track*. Después de numerosos estudios e investigaciones, Seppala defiende que la felicidad precede al éxito y no al revés. Es decir, que cuando una persona es feliz en su vida está más motivada, tiene más autoestima, es más empática con los demás, está más enfocada y rinde más en su trabajo, todo lo cual la lleva al éxito en su vida personal y profesional. A pesar de que todos conocemos ejemplos de personas tóxicas y negativas que llegan a lo más alto de su profesión, podemos concluir que lo que Seppala dice producto de sus investigaciones es de sentido común.

Seppala afirma que son millones los ejemplos de personas que hipotecan su felicidad para la consecución del éxito. Es decir, se marcan metas muy ambiciosas en su vida personal y profesional y literalmente «pasan por encima de sí mismas» para lograrlo. Esto hace que terminen exhaustas y que durante años vivan con un elevado nivel de estrés y ansiedad, por lo que constantemente aplazan su felicidad para otro momento, el momento en el que logren su gran objetivo.

El problema es el enorme coste que tiene esta forma de vivir. Estas personas realmente no son conscientes de que están tirando a la basura años de su vida y que están entrando en la trampa del «éxito». Aplazar la felicidad no puede ser algo bueno en ningún caso. Ni siquiera por nuestro gran sueño. Aparte de estar dejando de vivir plenamente su vida, estas personas están cultivando una manera de enfrentarse al mundo: la adicción a buscar un objetivo y lograrlo, cueste lo que cueste. Esto es lo que muchos creen que es el éxito.

Cuando las personas cultivan esta manera de vivir, ¿qué crees que sucede cuando consiguen su objetivo? Que inmediatamente empiezan a buscar el siguiente. Es decir, en lugar de relajarse y disfrutar de ese éxito por el que han peleado durante años, sacrificando años de su propia vida, comienzan a perseguir la siguiente meta, con lo que comienzan el proceso de nuevo. Hipotecan los siguientes cinco o diez años para conseguir esa nueva meta y así pueden estar hasta el fin de sus vidas. Millones de personas funcionan de esta manera, programados sin ser conscientes para seguir peleando y peleando por el éxito. El problema es que, consigan lo que consigan, nunca estarán satisfechos, y por lo tanto nunca serán felices.

Bronnie Ware, enfermera de cuidados paliativos durante toda su vida, conoció de primera mano qué pensaban las personas en sus últimos momentos de vida ya que acompañó a cientos de ellas en esa etapa final, cuando estaban a punto de morir. Y escribió el libro autobiográfico *Los 5 principales arrepentimientos de los enfermos terminales*, que son los siguientes:

1. «Ojalá hubiera tenido la valentía de vivir la vida que de verdad quería vivir, no la vida que otros esperaban de mí»
2. «Ojalá no hubiera trabajado tanto»
3. «Ojalá hubiera tenido la valentía de expresar mis sentimientos»
4. «Ojalá hubiera seguido en contacto con mis amigos»
5. «Ojalá me hubiera permitido ser más feliz»

Muchas personas no se dieron cuenta hasta el final de que la felicidad es una elección. Se quedaron estancadas en viejos patrones y hábitos.

Estamos más programados de lo que pensamos por determinados patrones y creencias sobre el éxito. El modelo occidental del «éxito» de la clase media es estudiar una carrera universitaria, luego un máster, después lograr un buen trabajo e ir ascendiendo en la carrera profesional, después casarse y comprarse una casa, hipotecándose durante casi toda la vida. Más tarde, promocionar en la carrera profesional y ganar más dinero para luego comprarse una casa más grande, y después comprarse otra casa en la montaña o en la playa, aumentando la hipoteca y las deudas hasta niveles estratosféricos, viviendo endeudados el resto de sus vidas, al borde del precipicio financiero. Es decir, que a pesar de ganar cada vez más dinero, al aumentar proporcionalmente sus gastos la mayoría de la gente siempre está endeudada y se queda prácticamente sin ahorros.

Pero la trampa del éxito no termina aquí. Cuando un profesional tiene éxito, normalmente será ascendido a una responsabilidad mayor y probablemente tendrá que empezar a viajar y a dedicar aún más tiempo a su trabajo debido a la alta demanda de su cualificación y habilidades. Esto alimentará su ego y su autoestima, pero le meterá sin darse cuenta en una trampa mayor ya que se convertirá en un esclavo de su trabajo, lo que le impedirá dedicar tiempo a algunas de las cosas más importantes: sus hijos, su pareja, hacer deporte, descansar. Y cuanto más «éxito» tenga, menos tiempo tendrá para dedicar a sus hijos, a sus *hobbies* y a su salud.

¿Es esto realmente una vida exitosa? ¿Para qué tanto trabajar si luego, como comprobó Bronnie Ware, nos arrepentiremos al final de nuestros días? ¿Para qué ganar tanto dinero si nos lo vamos a gastar todo en un coche más grande, una casa más grande, otra casa en la playa, un segundo coche, etc. para tener la sensación de que somos personas triunfadoras, y sin embargo, no tendremos apenas un euro ahorrado ni un plan financiero para cuando queramos dejar de trabajar y descansar tranquilamente nuestros últimos años?

Quizá estemos viviendo la vida que la sociedad espera de nosotros, la vida que otras personas esperan de nosotros y no la que realmente queremos y necesitamos. Quizá estemos dejándonos llevar por esta idea absurda del éxito aunque en el fondo todas esas posesiones materiales no nos hacen más felices. De ahí que sintamos tanta confusión cuando alcanzamos esas metas y objetivos tan fabulosos. Nos han contado la película de que si logramos nuestros objetivos seremos felices, y nos la hemos creído sin cuestionar. Y nos matamos a trabajar durante años. Hasta que conseguimos ese gran sueño y nos damos cuenta de que no somos más felices. Nuestra locura es que, al estar atrapados en esos patrones externos sobre el éxito, continuamos persiguiendo más objetivos de forma incansable hasta llegar al final de nuestras vidas agotados y arrepentidos de muchas de nuestras decisiones automáticas.

Quiero aclarar que tratar de superar nuestra zona de confort y marcarnos metas ambiciosas no me parece algo negativo. Al contrario, me parece fundamental porque es una forma muy efectiva de superar nuestros límites y crecer como personas. No estoy en contra de pelear por nuestros sueños. Sin embargo, estoy en desacuerdo con que esa sea la panacea y el propósito último de nuestras vidas. En mi primer libro, *Zen Coaching,* defendí la fusión de la filosofía zen con el *coaching* como una manera perfecta de vivir una vida plena y feliz en los ámbitos personal y profesional. Porque mientras el *coaching* nos impulsa a salir de nuestra zona confortable e ir en busca de nuestros objetivos, el zen nos equilibra y nos asienta en el momento presente para obtener la sabiduría necesaria para poner límite a la obsesión por conseguir nuestros objetivos por encima de nosotros. El zen nos hace centrarnos en nuestra vida real, en el presente, y valorar y agradecer lo que tenemos.

Por lo tanto, la clave es no apegarnos a nuestros objetivos como si fueran nuestra única tabla de salvación vital y sí utilizarlos para aumentar mayor autoconocimiento, para crecer como personas y para contribuir a hacer algo importante en el mundo. Y mientras tanto focalizarnos en el camino, en el proceso que hay que recorrer para alcanzar esos objetivos y disfrutar del mismo para descubrir las perlas que hay en él y compartirlas con las personas más importantes de nuestra vida. Si no lo disfrutamos y aprovechamos, conseguir el objetivo no tiene ningún sentido porque nos habremos perdido los años que hayamos estado trabajando para lograrlo, ya sean tres, cinco o diez años. Demasiado coste.

Las conclusiones de Emma Seppala respecto a la felicidad y el éxito son concluyentes. Si priorizamos la felicidad sobre el éxito, seremos personas más productivas, más creativas e innovadoras, con más inteligencia emocional, mejores líderes, más enfocadas y equilibradas. Todas esas cualidades nos llevarán al éxito. Sin embargo, si posponemos la felicidad al momento en que alcancemos el éxito, probablemente conseguiremos muchas metas importantes pero no habremos tenido una vida feliz.

Yo también compré esta idea falsa del éxito hace muchos años, como la han comprado millones de personas. Uno de los problemas es precisamente este, que todo el mundo ha comprado esa idea del éxito, y vamos en una barca –como decía el gran *coach* Anthony Robbins– por un río dejándonos llevar por la corriente sin usar nuestros remos. Como vemos que mucha gente hace lo mismo, pensamos que eso es lo correcto y lo inteligente. Sin embargo, un buen día nos damos cuenta de que la corriente del río nos lleva a una gigantesca catarata por la que caeremos en picado. La caída puede ser financiera, por habernos metido en la «carrera de la rata»[1]. O puede ser emocional e incluso espiritual, por darnos cuenta de que hemos desperdiciado toda nuestra vida persiguiendo objetivos que no eran nuestros; o también puede ser una caída relacionada con la salud por una enfermedad grave que nos diagnostican. Para entonces será tarde.

Seppala dice: «*puedes hacer caso a las teorías comunes del éxito: trabaja muy duro, mantente enfocado en tus metas futuras, no pares ni descanses, no puedes tener éxito sin estrés, prioriza tus metas sobre tu bienestar, y con-*

---

[1]   Término acuñado por Robert T. Kiyosaki en sus libros sobre inteligencia financiera para expresar el guión de vida que seguimos todos y que nos lleva a vivir agobiados y estresados con el dinero.

viértete en tu peor crítico... O puedes hacer caso a los datos de las investigaciones, que te dicen lo contrario: cuídate y tómate tiempos de descanso y serás más innovador, enfócate en el presente y serás más productivo y carismático, tómate tiempo para el ocio, diviértete y serás más creativo. Alimenta la serenidad en tu vida y tendrás más energía para hacer un trabajo de mayor calidad, sé amable con los demás y serás más exitoso. Sé compasivo contigo mismo y aumentarás tu resiliencia».

La conclusión final es que la clave está en ser amable y compasivo con uno mismo. Parece sorprendente que cultivar la amabilidad y la empatía con uno mismo sea el verdadero secreto del éxito. Si te tratas amablemente, entonces cuidarás tu equilibrio mental y físico, por lo que te sentirás mejor, no solo de salud sino que gozarás de mayor claridad mental y serenidad. Eso hará que tomes mejores decisiones en tu carrera profesional y también que seas amable y empático con los demás, todo lo cual llevará a que todo el mundo quiera estar cerca de ti y colaborar contigo en proyectos y contratarte, si además eres bueno en lo que haces.

En los capítulos correspondientes a los hábitos profundizaré en cómo podemos nutrir nuestra autocompasión, cómo podemos combatir las ideas obsoletas sobre el éxito y cuáles son las claves principales para aumentar la felicidad en nuestra vida diaria, lo que sí nos llevará con mucha probabilidad al éxito que buscamos.

Mi propia experiencia vital me ha demostrado lo que las investigaciones de la neurociencia nos dicen sobre la felicidad y el éxito. En el momento en que conecté a nivel profundo conmigo, con mis necesidades, con mis emociones e incluso con la espiritualidad que estaba escondida en algún rincón de mí desde los catorce años, el éxito empezó a asomar a mi vida. Solo cuando me he dedicado tiempo a mí mismo, cuando he empezado a vivir y centrarme en el momento presente, cuando he empezado a trabajar en desmantelar mis antiguas creencias limitantes sobre el éxito y el dinero, cuando he elegido ser feliz aquí y ahora, he tenido más éxito profesional.

Al fin y al cabo, somos como un árbol. Si nuestras raíces están podridas, de él nunca saldrán frutos frescos y sabrosos. Por mucho que nos esforcemos y dediquemos interminables horas a regar el árbol, no funcionará. Solo limpiando y saneando nuestras raíces, removiendo la tierra que hay en el fondo, lograremos que nazcan los mejores frutos.

Por tanto, el éxito es un concepto subjetivo que cada uno interpreta según sus experiencias y educación y que va evolucionando a lo largo de la vida. Probablemente no sea lo mismo para un joven de veinte años que para una persona de cincuenta. Sus prioridades serán totalmente distintas y por tanto el «éxito» se interpretará de forma diferente. No hay verdades absolutas, así que tendrás que decidir qué es el éxito para ti.

A continuación te propongo realizar un ejercicio. Aquí encontrarás un listado de las cosas habituales que la gente relaciona con una persona exitosa. Ordénalas del 1 al 10 en función de lo que sea más importante para ti:

- Tener mucho dinero
- Viajar por todo el mundo
- Tener una gran casa y un coche lujoso
- Tener una segunda casa en la playa o la montaña
- Ser famoso y conocido públicamente, salir en los medios de comunicación
- Tener prestigio y reconocimiento en tu profesión
- Trabajar en algo que te motive y te apasione
- Ser querido por tu familia, tus hijos y tus amigos
- Poder elegir en qué emplear tu tiempo
- Ser libre e independiente desde el punto de vista económico

No digo que unas sean incompatibles con otras, simplemente que es importante que tengamos claro cuáles son nuestras prioridades. Este ejercicio te ayudará a pensar sobre el éxito y en cómo estás viviendo tu vida. Quizá tengas ideas preconcebidas acerca del éxito, ideas que has comprado y adoptado como tuyas, o quizá estás viviendo la vida que los demás o la sociedad esperan de ti.

¿Qué es el éxito para ti?

¿Quieres tener éxito en la vida o quieres tener éxito en tu vida?

EL MINDFULNESS EN EL MUNDO. INVESTIGACIONES CIENTÍFICAS

«¿Por qué el modo en que prestamos atención al momento presente habría de modificar el cerebro? Porque el modo en que lo hacemos fomenta la plasticidad neural, es decir, la modificación de las conexiones neurales en respuesta a la experiencia».

DANIEL J. SIEGEL

Desde hace varios años es habitual que los medios de comunicación publiquen numerosos reportajes y artículos sobre el *mindfulness*. Las más prestigiosas revistas del mundo como Time o National Geographic han dedicado portadas a la revolución del *mindfulness*. En el blog de Harvard Business Review he leído varios artículos relacionando la práctica regular del *mindfulness* con el desarrollo de la capacidad de liderazgo, con la mejora de la inteligencia emocional, con el logro de una mejor visión estratégica y con la mejor toma de decisiones en el mundo empresarial.

El *mindfulness* nació en Massachusetts, concretamente en el entorno de un hospital, que es donde trabajaba Jon Kabat-Zinn, considerado el creador de esta disciplina. Kabat-Zinn es científico, escritor y profesor de *mindfulness* desde finales de los años 70. También es profesor de Medicina del Departamento de Medicina Preventiva y del Comportamiento de la Escuela de Medicina de la misma universidad. Fundó la Clínica de Reducción de Estrés del Centro Médico de la Universidad de Massachusetts en 1979 con el objetivo de proporcionar herramientas para manejar el estrés de los pacientes del Hospital de Massachusetts, concretamente de los pacientes de la Unidad del Dolor y de Oncología. Los médicos ya les habían recetado medicamentos para el dolor y la ansiedad que les generaban sus enfermedades y para los dolores físicos asociados. Sin embargo, esas personas no sabían cómo manejarlos. Algunos acababan de recibir el diagnóstico de que tenían cáncer, otros llevaban con cáncer desde hacía tiempo, y otros tenían otras enfermedades que les provocaban fuertes dolores corporales. Jon diseñó un programa de entrenamiento para enseñarles qué era el *mindfulness*, sus técnicas y su filosofía. El fin último era darles el poder para sanarse a sí mismos, para manejar el estrés y la ansiedad así como el dolor físico. Empoderarlos, algo a lo que no estamos acostumbrados cuando estamos enfermos. Vamos al médico y esperamos pasivamente que él nos solucione el problema con algún medicamento o receta. Es decir, somos *reactivos* en lugar de *proactivos* en lo que se refiere al cuidado de nuestra salud.

El curso de Jon pretendía generar proactividad en los pacientes respecto al cuidado de sí mismos. Este curso se llamaba MBSR (*Mindfulness Based Stress Reduction*) y tuvo un enorme éxito, lo cual hizo que se extendiera por numerosos hospitales de todo el mundo durante los años siguientes. Estoy convencido de que el *mindfulness* supondrá una revolución en la medicina del siglo XXI al cambiar la relación entre médico y paciente. En su libro *Sánate a ti mismo*, Saki Santorelli, director de la Clínica de Reducción del Estrés de la Universidad de Massachusetts, ahonda en esta revolución, que se basa en un diálogo abierto entre el *mindfulness* y la medicina tradicional. Es decir, el *mindfulness* no rechaza la medicina tradicional ni se postula como una especie de medicina alternativa. Es más, destaca la colaboración respetuosa y productiva que existe entre el *Center for Mindfulness* y el Hospital de Massachusetts con el fin de que el paciente tenga un papel más activo en su salud, y para que el médico también vaya modificando su rol paternalista y desempeñe su profesión con más conciencia, compasión y confianza en el paciente.

Durante todos estos años se han estudiado los efectos del *mindfulness* en el cuerpo humano y está comprobada su efectividad para reducir la presión sanguínea y disminuir la posibilidad de sufrir enfermedades cardiovasculares (al reducir la segregación de adrenalina y cortisol, las hormonas del estrés), su eficacia para regular el sueño gracias al aumento de melatonina y para potenciar el sistema inmunológico, fortaleciendo el organismo y previniéndolo de sufrir todo tipo de enfermedades.

El programa MBSR sigue impartiéndose en todo el mundo, no solo en el ámbito clínico sino en abierto para cualquier persona interesada en entrenarse en *mindfulness*. Miles de personas han pasado por el programa desde su creación, unas 20.000 solo en EEUU. Tiene una duración de ocho semanas durante las cuales asistes a una clase semanal de dos horas y media. Y durante el resto de la semana te comprometes a dedicar, seis días a la semana, entre cuarenta y cinco minutos y una hora a la práctica formal del *mindfulness*, lo cual es un nivel de compromiso muy alto. Además, como parte del curso hay un retiro intensivo de un día de práctica en silencio, aproximadamente a mitad del programa. Sin duda es un curso que yo recomendaría efusivamente a cualquier persona. Creo que si todas las personas del planeta pasaran por este programa el mundo sería diferente: más amable y compasivo, más consciente y más feliz.

Jon Kabat-Zinn diseñó el MBSR después de aprender y experimentar en su propia piel diversas técnicas orientales de meditación y yoga durante varios años de estancia en varios países de Oriente. Esas técnicas y tradiciones son milenarias, como la meditación zen, la meditación budista o el *hatha yoga*. Son técnicas contemplativas que llevan practicándose en Oriente desde hace 2500 años desde que Buda las creó para aliviar el sufrimiento del ser humano. La gran visión de Jon fue darse cuenta del poder de esas técnicas, adaptarlas a la mentalidad occidental y quitarles el sesgo religioso que tenían. Esto ha sido esencial para la expansión del *mindfulness* en el mundo, y solo por eso la labor de Jon ha sido enorme.

En Occidente muchos necesitábamos una disciplina con la que pudiéramos, no solo manejar el estrés y el sufrimiento de nuestra vida, sino conectar con una espiritualidad perdida, en gran parte por la decepción que nos han producido a algunos las religiones mayoritarias en Occidente como el catolicismo.

Pero el *mindfulness* se ha ido expandiendo, y no solo en el campo clínico y en su aplicación a mejorar la salud. En el campo de la educación se está introduciendo a gran velocidad. Se han realizado estudios del impacto de la práctica del *mindfulness* en profesores de colegios demostrándose que mejoraba su eficacia como docentes y la gestión de su estrés. Por ejemplo, un estudio de la Universidad de Wisconsin reportó que los profesores participantes en un programa de *mindfulness* mostraron reducciones significativas en los síntomas psicológicos relacionados con el estrés y el síndrome de *burn out* (el síndrome de agotamiento en el trabajo), y mejoraron en la organización y en el desempeño en el aula así como en sus niveles de empatía con los alumnos.

Asimismo, se han realizado estudios en los que se ha comprobado la efectividad del *mindfulness* en los niños: los que aprenden a practicarlo aumentan su rendimiento y concentración, la gestión de sus emociones, la empatía e incluso su autoestima.

Actualmente hay unos 200 colegios públicos en España que han introducido el *mindfulness* de forma sistemática con niños. Aún estamos lejos del auge que ha experimentado esta práctica en EEUU, donde hay proyectos interesantes como *Mindfulschools.org*, y en otros países como Holanda o Australia, donde el gobierno quiere incluirlo en el currículo escolar para el año 2020.

En el colegio Ramiro Solans de Zaragoza (un centro que era bastante conflictivo porque casi el 100% de sus niños son de etnia gitana o inmigrantes), el *mindfulness* influyó de forma muy importante en la reducción, en un periodo de unos siete años, en un 70% del absentismo de los niños a las aulas. El número de niños conflictivos descendió de un 30% a un 7%. Y, lo más sorprendente, el porcentaje de niños que pasaron al instituto con todas las asignaturas aprobadas creció del 5% al 70%.

También el *mindfulness* se está aplicando con éxito en el mundo del deporte de élite. El tenista Novak Djokovic, uno de los mejores tenistas de la Historia, en su libro autobiográfico *Los secretos del ganador* reconoce que practica quince minutos diarios y que esto ha transformado su vida y su carrera deportiva. En el libro comenta que el *mindfulness* le ha ayudado a focalizar su energía en sus objetivos y a no perderse en la batalla de los pensamientos negativos. Para él ya es tan importante como su entrenamiento físico.

Otro caso conocido es el de Phil Jackson, el entrenador de baloncesto con más títulos NBA de la Historia, en total once, entrenando a los Chicaco Bulls y a Los Angeles Lakers. Denominado el «Zen Master del baloncesto», utiliza técnicas *mindfulness* con sus jugadores con el fin de mantenerlos en estado de máxima concentración en los partidos.

En general estoy convencido de que en el futuro el *mindfulness* será una actividad como el deporte, aceptada socialmente y vista como totalmente normal y sana. Cada vez más personas practican *mindfulness* para ser más felices, para estar más enfocados y menos estresados. En los nuevos iPhones ya viene una aplicación para ayudarte a vivir con más salud. Y hay cuatro áreas principales en las que esta aplicación basa la salud de una persona: hacer deporte, comer bien, dormir bien y practicar *mindfulness*. ¿No es indicativo de que esto del *mindfulness* vaya en serio y no sea una moda pasajera? A mí me parece que sí.

Investigaciones de la ciencia occidental

«Mindfulness es una idea a la que ha llegado su momento», dijo Chade-Meng Tan, creador del programa de *mindfulness* de Google. *«Los que practicaban estas técnicas contemplativas conocían desde hacía años, incluso siglos, sus beneficios, pero la ciencia no había puesto su atención en ellas todavía. Ahora la ciencia ha puesto el foco en el mindfulness»*. Esta es sin duda una de las claves más importantes de que esta práctica se haya expandido en tantos ámbitos en el mundo y el interés que ha puesto en ella la ciencia, y de forma específica de la neurociencia. Probablemente este encuentro entre la sabiduría ancestral de las tradiciones contemplativas orientales y la ciencia occidental, con su rigor y sus máquinas para estudiar el cuerpo humano, sea uno de los acontecimientos más importantes del siglo XXI porque tendrá consecuencias revolucionarias en los próximos siglos. Desde hace años, monjes budistas están teniendo encuentros formales con científicos occidentales para progresar en el conocimiento de la mente humana, la gran desconocida. En dichos encuentros se conecta el conocimiento de la práctica y de la experimentación real de las técnicas *mindfulness* con el estudio científico de sus efectos.

Desde hace más de treinta años numerosos estudios y experimentos científicos han demostrado la efectividad del *mindfulness* para la salud mental y física. A día de hoy se han publicado más de 10.000 artículos de investigación sobre esta temática. Se sabe, por ejemplo, que su práctica regular fortalece el sistema inmunológico y se está utilizando con resultados positivos en pacientes con SIDA y esclerosis múltiple. También reduce los niveles de cortisol y adrenalina, las hormonas relacionadas con el estrés. Cuando los niveles de cortisol caen, la mente se vuelve más serena y estable, y por tanto se puede concentrar y enfocar mejor. Además, como el cortisol es la hormona que regula la grasa y la presión sanguínea del organismo, si su segregación se reduce tendremos menos probabilidades de sufrir enfermedades cardiovasculares como un infarto.

El Departamento de Salud de EEUU ha validado y recomienda el *mindfulness* como una disciplina que ayuda a mejorar la salud mental y física. También el sistema de salud pública del Reino Unido, y en concreto el *United Kingdom's National Institute for Health and Care Excellence*, recomienda el *mindfulness* como una terapia efectiva para tratar la depresión y evitar las recaídas. En este caso, la Universidad de Oxford fue pionera en diseñar un programa de *mindfulness* enfocado a prevenir y curar la depresión, que se denomina MBCT (*Mindfulness Based Cognitive Therapy*), desarrollado por el *Center for Mindfulness* de la misma. La base y el formato de este curso es la misma que el MBSR, aunque contiene ejercicios y dinámicas diferentes al estar más enfocado en la depresión. Según sus investigaciones, las personas que han tenido una depresión y que cursan el MBCT y aplican el *mindfulness*, tienen un 50% menos de posibilidades de recaída. Otra conclusión validada por sus numerosas investigaciones es que la práctica del *mindfulness* tiene unos efectos psicológicos tan beneficiosos como los de los medicamentos antidepresivos. Asimismo, se han realizado varios metaanálisis[2] (por ejemplo el llevado a cabo por el *Journal of Consulting and Clinical Psychology* en 2010 o el *Clinical Psychology Review* en 2011) sobre la eficacia del *mindfulness* para manejar el estrés, la ansiedad y la depresión.

Pero centrémonos en el estudio del cerebro y el *mindfulness*. Uno de los conceptos más sugestivos de la ciencia es lo que se llama la «neuroplasticidad» del cerebro. Hasta no hace muchos años, todos pensábamos que nuestro cerebro era estático y que su estructura no se modificaba en toda su vida natural. Sin embargo, este concepto ha quedado totalmente obsoleto gracias a los nuevos descubrimientos. Ahora ya sabemos que el cerebro es plástico, moldeable, y que tiene la capacidad de evolucionar y modificar su estructura de forma constante. A esta capacidad cerebral se le llama «neuroplasticidad». Por ejemplo, en una famosa investigación se observó que el cerebro de los taxistas de Londres estaba más desarrollado que la media en la parte asociada a la memoria y la navegación espacial. El motivo es que para sacarse la licencia este colectivo debe aprobar un examen muy exigente para el que se debe preparar entre dos y cuatro años, y debe ser capaz de orientarse en unas 25.000 calles. El famoso neurocientífico Richard Davidson, del *Center for Healthy Minds* de la Universidad de Wisconsin dijo: «*Podemos elegir de forma intencional la dirección de los cambios de plasticidad en nuestro cerebro. Al enfocarnos en pensamientos saludables, por ejemplo, y dirigir nuestras intenciones en ese sentido, podemos influir potencialmente en la plasticidad de nuestro cerebro y darle forma de manera que pueda ser beneficiosa. Esto nos lleva a la conclusión inevitable de que*

---

2   Un metanálisis estudia un conjunto de estudios científicos previos para comprobar si sus resultados son coherentes y consistentes entre sí. Es decir, tiene una fiabilidad superior a un solo estudio científico.

las cualidades como la calidez y el bienestar deben considerarse como habilidades».

Davidson añade que la investigación sobre la neuroplasticidad da a los neurocientíficos un marco para el seguimiento de la investigación de la meditación. Y ya se ha comprobado que «incluso espacios cortos de práctica», como treinta minutos de meditación por día, «pueden inducir cambios medibles en el cerebro» que pueden ser rastreados con un escáner cerebral.

Una de las investigaciones más famosas de la neurociencia respecto al *mindfulness* o las técnicas meditativas en las que este está basado, fue precisamente la que dirigió Richard Davidson desde la Universidad de Wisconsin, y cuyo protagonista mediático fue Mathieu Ricard, monje budista y asesor personal del Dalai Lama. Después de este estudio la neurociencia le denominó «el hombre más feliz del mundo». Curioso que la ciencia occidental hable desde hace años de la felicidad como algo medible. Los científicos americanos de la Universidad de Wisconsin sometieron a Ricard, así como a otros monjes budistas, a numerosas pruebas con escáneres cerebrales y resonancias magnéticas durante años. Se comprobó que los niveles de actividad en las zonas del cerebro asociadas a las emociones positivas (córtex prefrontal izquierdo) eran extremadamente altos en los cerebros de los monjes budistas, en tasas muy superiores a los de la media de la población. También que las zonas asociadas a la depresión (situadas en el lóbulo derecho), y a emociones básicas negativas como el miedo o la ira (la amígdala alojada en el sistema límbico del cerebro) tenían un nivel muy inferior a la media. También descubrieron que Ricard y otros meditadores eran capaces de mantener la atención durante mucho más tiempo que la media de la población. El motivo era sin duda que habían practicado la meditación en la que se basa el *mindfulness* miles de horas durante muchos años, una prueba de que la meditación cambia la estructura de nuestro cerebro y desarrolla positivamente sus capacidades.

Lo sorprendente fue que en un experimento con empleados de una empresa se produjeron estos mismos efectos. Eran personas que nunca habían practicado meditación. Se las enseñó a meditar y se les dijo que durante tres meses practicaran treinta minutos diarios. A los tres meses se observaron sus cerebros con escáneres cerebrales y se los comparó con cómo estaban antes de empezar a meditar. Además de que habían reducido sus niveles de ansiedad, la actividad en el córtex prefrontal izquierdo aumentó y se redujo la actividad en el lóbulo temporal derecho y en la amígdala. Si el *mindfulness* produce efectos cerebrales tan profundos en tan poco tiempo, es evidente que en nuestra vida diaria estaremos más tranquilos, relativizaremos más lo que antes nos sacaba de nuestras casillas y nos sentiremos mucho más felices.

Un estudio llevado a cabo por investigadores de la Universidad de Boston y del Hospital General de Massachusetts mostró, a través del registro de imágenes cerebrales mediante técnicas de resonancia magnética funcional, cómo un grupo de participantes en el programa MBSR de ocho semanas tuvo una reducción de la actividad de la amígdala derecha del cerebro (como decía antes, la estructura en la base del cerebro conocida por su implicación en el procesamiento de emociones negativas) como respuesta a la exposición de imágenes de alto contenido emocional. Otros estudios habían mostrado este patrón de actividad cuando la investigación se centraba en el proceso de meditación, pero este estudio explica que estos efectos se producen también fuera del estado meditativo, demostrando que la práctica de la meditación produciría cambios estructurales en la parte del cerebro encargada del procesamiento emocional, y apoyando así la hipótesis de que puede mejorar la estabilidad emocional y la gestión del estrés. También una investigación de la Universidad de Harvard y la Universidad de Siena validó que el programa MBSR de *mindfulness* de Massachusetts cambia la fisiología del cerebro, provocando efectos positivos como la reducción de la ansiedad, las preocupaciones y la depresión, así como el fortalecimiento del sistema inmunológico. El estudio comparó un grupo que pasó por el programa MBSR con otro grupo de personas que no pasó por el mismo.

Por otro lado, hasta hace pocos años la ciencia creía que perdemos neuronas desde que somos jóvenes durante el resto de nuestra vida. Sin embargo, ahora ya valida un nuevo concepto que es la «neurogénesis», que significa que el cerebro puede generar nuevo tejido neuronal. A continuación resumo algunas investigaciones que validan que el *mindfulness* es una disciplina efectiva para la neurogénesis.

Los estudios de Sara Lazar, investigadora de la Universidad de Harvard, han mostrado un aumento de la densidad de materia gris (tejido que contiene las neuronas) en zonas cerebrales, como el neocórtex o el hipocampo, relacionadas con la memoria, el aprendizaje, la regulación emocional y una visión más global y con más perspectiva, después de haber participado en el programa MBSR, comparada con un grupo de control que no pasó por el programa y cuya materia gris no mostró apenas variación.

Asimismo, una investigación reciente de la Universidad de California, institución pionera en el estudio del cerebro y el comportamiento, también demostró que la meditación ayuda a preservar la materia gris del cerebro. Se comparó un grupo de cincuenta personas que habían practicado meditación regular con una duración de entre cuatro y quince años, y un grupo de otras cincuenta que no habían practicado nunca. Los grupos tenían similares características de edad, nivel cultural y económico, etc. Las personas en ambos grupos mostraron una pérdida natural de materia gris ocasionada por la edad y el envejecimiento. Pero los investigadores encontraron que en el grupo que había practicado meditación durante años, el volumen de materia gris no disminuyó tanto como entre los que no lo hicieron. El deterioro de su materia gris era mucho menor y estaba menos extendido por el cerebro. En otras palabras, el *mindfulness* desacelera el proceso de envejecimiento cerebral, hallazgo que Sara Lazar también defiende desde su laboratorio en Harvard.

Cuando practicamos *mindfulness*, nuestro cerebro desciende su actividad a ondas alpha o theta (en estado consciente nuestro cerebro está en ondas beta). Estas ondas cerebrales están relacionadas con un estado óptimo de relajación, una mayor velocidad de aprendizaje, una mayor receptividad, y un estado cerebral de máxima claridad mental y creatividad.

Daniel J. Siegel, doctor en Medicina por la Universidad de Harvard e investigador del cerebro, en su libro *Cerebro y mindfulness* defiende que el *mindfulness* activa y potencia nuestro sistema de neuronas espejo, responsable de imitar y modelar comportamientos a nivel inconsciente que nos permite comprender y empatizar con los demás. Es decir, que nos volvemos más empáticos y compasivos si practicamos *mindfulness*.

Además, en su libro Siegel dice que la práctica del *mindfulness* genera una mayor conexión y comunicación entre los dos hemisferios cerebrales (el izquierdo, más lógico y verbal, y el derecho, más intuitivo, creativo y visual), permitiéndonos acceder a todos nuestros recursos cerebrales. Así que podemos decir que el *mindfulness* es un entrenamiento con el que desarrollamos todo el potencial de nuestro cerebro.

También se realizó una interesante investigación con un grupo de soldados marines estadounidenses. En este estudio científico de 2014, llevado a cabo por la Universidad de California y por la Escuela de Medicina de San Diego, se descubrió que el grupo de marines que recibió un curso de entrenamiento en *mindfulness* aumentó su capacidad de resiliencia[3] ante experiencias traumáticas y estresantes relacionadas con la guerra y situaciones de combate.

El aumento de la resiliencia de los marines se observó mediante resonancias magnéticas cerebrales en las que su actividad se redujo en zonas asociadas con la ansiedad y con comportamientos desequilibrados o agresivos como la ínsula, con respecto al grupo de control.

En España también se han hecho algunos estudios científicos, como uno al que se sometió a un periodista del periódico El Mundo. El periodista pasó por el curso MBSR y estuvo un tiempo entrenando con el fin de someterse a este estudio. Es decir, era una persona con cierto nivel de entrenamiento. La investigación fue realizada en el Laboratorio de Neurociencia Cognitiva y Computacional de la Universidad Politécnica de Madrid y el objetivo inicial era medir los campos magnéticos cerebrales con un sofisticadísimo magnetoencefalógrafo. El experimento lo dirigió Nazareth Castellanos, doctora en Medicina y licenciada en Física.

El arranque del experimento fue la medición en fase de descanso. Se le pidió al periodista que se tumbara y tratara de descansar con los ojos cerrados. Es decir, aún no estaba practicando *mindfulness*, sino que estaba haciendo lo que todos hacemos cuando llegamos cansados de un día de trabajo y nos tiramos en el sofá con la intención de no pensar

---

3   La resiliencia es la capacidad para recuperarse y salir reforzado de experiencias o acontecimientos altamente estresantes, dolorosos o traumáticos. El concepto de resiliencia es distinto al de resistencia. Todos conocemos el caso de soldados norteamericanos que resistieron y sobrevivieron a la terrible guerra de Vietnam, pero cuando volvieron a casa no lograron rehacer su vida. Como se cuenta en la inolvidable película *El Cazador*, de Michael Cimino, algunos se suicidaron o jamás se recuperaron de la traumática experiencia. Es decir, tuvieron una gran *resistencia* pero una nula *resiliencia*. En definitiva, la resiliencia tiene un mayor valor que la resistencia.

en nada. Lamentablemente no lo logramos, y aunque creamos que nuestra mente está descansando, sigue muy activa porque, como veremos a lo largo del libro, la mente es como un caballo salvaje que va por libre y que no hemos aprendido a domar. Esto se observa en las imágenes del magnetoencefalógrafo. El cerebro del periodista registraba una gran actividad. Su mente divagaba entre pensamientos, preocupaciones, recuerdos e imágenes.

Sin embargo, en una segunda fase se le pidió que realizara una técnica *mindfulness*. Al cabo de un rato su cerebro cambió por completo disminuyendo radicalmente su actividad. Solo quedaba activa una pequeña zona que correspondía a la zona del cerebro que estaba realizando el ejercicio de autoobservación de la práctica. Las imágenes son realmente impactantes, y aún pueden verse, junto con el reportaje completo, en la web del periódico El Mundo.

Jennifer Wolkin, neuropsicóloga y escritora, resumió en su artículo *Cómo tu cerebro cambia cuando meditas*[4], las diversas formas en las que el cerebro modifica su estructura cerebral, según una recopilación de las investigaciones realizadas sobre la práctica del *mindfulness*, y me parece interesante detallarlas a continuación como repaso a todo lo que hemos expuesto en este capítulo:

- Aumento del grosor de la materia gris en las siguientes áreas clave:
  - Córtex cingulado anterior: aumento del grosor de la materia gris en la corteza cingulada anterior (ACC), una estructura situada detrás del lóbulo frontal del cerebro. Se asocia con funciones tales como los procesos de autorregulación y flexibilidad cognitiva, que es la capacidad de adaptación del cerebro para

---

4   Publicado en Mindful.org

focalizarse intencionalmente en el detalle o en la globalidad, o dicho de otra manera, focalizarnos en el árbol o en el bosque en función de qué consideremos más útil
- Córtex prefrontal: también se ha descubierto una mayor densidad de materia gris en las áreas del lóbulo prefrontal, que son las principales responsables del funcionamiento ejecutivo, como la planificación, la resolución de problemas y la regulación emocional
- Hipocampo: aumento del espesor cortical en el hipocampo, la parte del sistema límbico responsable del aprendizaje y la memoria, y es extraordinariamente sensible al estrés y a trastornos relacionados con este como la depresión

- Reducción o disminución del tamaño o actividad en:
  - La amígdala. Los estudios han demostrado que con la práctica del *mindfulness* disminuye el tamaño y la actividad de la amígdala, órgano del cerebro alojado en el sistema límbico, conocido como el centro de la respuesta frente al estrés de «luchar o huir» de nuestro cerebro y responsable de nuestras emociones básicas negativas como el miedo o la ira
  - El «modo por defecto» del cerebro. La práctica del *mindfulness* disminuye la actividad de nuestra red cerebral del modo por defecto, que también se denomina a veces «la mente de mono». El «modo por defecto» o «mente de mono» está activo cuando nuestras mentes se encuentran sin rumbo, pasando de un pensamiento a otro sin consciencia ni control, o dicho de otra manera, con el «piloto automático» puesto

- Funcionalidad disminuida o mejorada en ciertas redes o conexiones: las conexiones funcionales entre la amígdala y la corteza prefrontal también se debilitan, lo que produce menos reactividad por parte de nuestro cerebro, y también fortalece las conexiones entre áreas asociadas a funciones cerebrales de orden superior como la atención y la concentración. Asimismo, mejora la comunicación y las conexiones entre los dos hemisferios cerebrales, desarrollando todos los recursos internos de nuestro cerebro.

Pues bien, en este capítulo he tratado de hacer un resumen que representa un porcentaje mínimo de los cientos de investigaciones y estudios científicos que se han realizado de los efectos beneficiosos del *mindfulness* sobre la salud del cuerpo y la mente. Como digo siempre en los cursos que imparto en organizaciones, que cada cual saque sus propias conclusiones. Si después de leer este capítulo aún sigues siendo escéptico respecto a esta disciplina, estás en tu derecho. Pero me pregunto ¿qué más hace falta para convencernos y ponernos a practicar ahora mismo? Creo que muy pocas disciplinas, por no decir ninguna, han sido objeto de una investigación científica tan rigurosa y exhaustiva durante los últimos treinta años. Las instituciones mencionadas son de máximo prestigio internacional (Harvard, Massachusetts, California, Wisconsin...) y los descubrimientos muy similares y coherentes entre sí, y por cierto, con grupos muy heterogéneos y diversos (monjes budistas, soldados marines, empleados de empresas, niños).

Desde luego, este es uno de los principales motivos por los que el *mindfulness* ha crecido tanto en el mundo y en ámbitos tan diferentes como el clínico, el educativo y el empresarial, todo lo cual lo abordaré en el siguiente capítulo con más detalle. También a mí me ha ayudado recordar todo esto en mis momentos de duda, que los he tenido durante los años que llevo practicando. Porque a veces, en momentos especialmente duros y difíciles de la vida, tenemos la sensación de que tanto trabajo y dedicación no nos ayuda. Pero no es verdad. Claro que nos ayuda y mucho. Considero que el *mindfulness* es como una medicina natural y sin efectos secundarios, que sin duda sustituye a los fármacos antidepresivos. Y puedo decir, con toda seguridad y convicción, que una persona que practique meditación de forma regular nunca sufrirá depresión y obtendrá un nivel de felicidad sostenible superior a la media de la población.

MINDFULNESS EN LA EMPRESA. EXPERIENCIAS Y TESTIMONIOS

«El vínculo entre atención y excelencia se halla detrás de casi todos nuestros logros».

DANIEL GOLEMAN

Quizá parezca extraño que una disciplina como el *mindfulness*, que al fin y al cabo es un tipo de meditación basada en la sabiduría ancestral de Oriente, esté introduciéndose con tanta fuerza en el mundo de la empresa, representación clásica del capitalismo y de resultados económicos. Numerosas compañías en Estados Unidos y en Europa están apostando por el *mindfulness* desde hace años y es una tendencia en expansión. Aetna, Target, Google, First Direct, AOL, Apple, General Mills, Huffington Post, Nike y Procter&Gamble, entre otras, son un ejemplo. La sabiduría oriental está transformando los negocios en Occidente.

Esta influencia oriental ha estado gestándose desde los años 60, cuando aquella generación expuesta a la cultura *«beat»*, los hippies y el misticismo oriental generó gran cantidad de líderes empresariales, como por ejemplo Steve Jobs. El famoso fundador de Apple era un declarado budista zen y siempre habló abiertamente de cómo su etapa meditando en la India conformó su visión del mundo y fue decisiva en el diseño de los productos de Apple.

Aetna, una de las mayores compañías de seguros médicos de Estados Unidos y miembro del Fortune 500, comenzó a implementar programas de *mindfulness* para sus empleados en 2010. La iniciativa fue ideada por su CEO, Mark Bertolini, practicante de la meditación durante años. Miles de empleados de Aetna han sido formados y entrenados en *mindfulness*.

En el gigante minorista Target, con sede en Minneapolis, el *mindfulness* está abierto a todos los empleados y de hecho cientos de ellos meditan una vez a la semana a la hora del almuerzo. Los responsables de Recursos Humanos de esta empresa han declarado que el *mindfulness* aumenta la felicidad, la salud y el compromiso de sus empleados, así como un mejor ambiente de trabajo.

En Sillicon Valley, probablemente el centro empresarial más innovador del mundo, hay una auténtica revolución con el *mindfulness*. Google es uno de los casos más conocidos y emblemáticos, ya que desde 2007 y hasta la fecha más de cuatro mil empleados de la empresa han pasado por el programa formativo «Busca en tu interior», basado en técnicas de atención, diseñado por Chade-Meng Tan, que lo explicó detalladamente en su libro del mismo título, *Busca en tu interior*. Es un programa que ha ganado popularidad mundial y se ofrece ya a otras compañías e incluso a particulares. Pero está claro que Google apostó por el *mindfulness,* no solo para mejorar el bienestar de sus empleados, sino porque sabían que era un gran entrenamiento mental para aumentar la productividad, el liderazgo y la creatividad de sus empleados.

Google tiene una cultura de alto rendimiento, como declaró Rich Fernández, jefe de desarrollo de personas: *«La gente de Google aspira a hacer cosas que cambien el mundo. Así que la sabiduría y la atención proporcionan algunas estrategias y herramientas que nos capacitan para mantener ese nivel de desempeño».* En el programa de Google colaboró activamente el gurú mundial de la inteligencia emocional Daniel Goleman, que popularizó este concepto con su *best-seller* mundial, *Inteligencia emocional*, en 1995. Goleman apoyó la iniciativa y siempre ha defendido el *mindfulness* como la herramienta práctica más efectiva que existe para desarrollar todas las competencias de la inteligencia emocional.

Pero la lista no acaba aquí. En Ebay, Twitter y Facebook existen salas de meditación. El centro de la NASA en Langley formó en *mindfulness* a todos sus empleados para ayudarlos a gestionar el estrés en entornos de alta exigencia. También los oficiales de la Policía de Oregon recibieron un entrenamiento para mejorar su gestión del estrés en situaciones límite y su relación con los ciudadanos.

Asimismo, es destacable la iniciativa Wisdom 2.0, un congreso centrado en explorar la intersección entre la sabiduría y la tecnología. Wisdom 2.0 nació en 2012 bajo el impulso de Arianna Huffington (del Huffington Post), y reúne cada año a miles de participantes interesados en el desarrollo de la sabiduría de hoy, «sabiduría 2.0», la sabiduría en la era digital. Cada año se celebra en San Francisco, donde miles de personas de más de treinta países se reúnen para reflexionar sobre el desafío: ¿Cómo vivir con mayor presencia, propósito y sabiduría en la era digital? Wisdom 2.0 aborda el gran reto de nuestra era: no solo vivir conectados a través de la tecnología, sino hacerlo de una manera que sea beneficiosa para nuestro bienestar, eficaz en nuestro trabajo y útil para el mundo. A través de conferencias, encuentros y talleres, Wisdom 2.0 se esfuerza por llevar esta conversación al mundo de una manera accesible e innovadora. Destacada en el New York Times, Wired, Financial Times, Forbes y muchas otras revistas de negocios, la cumbre Wisdom 2.0 reúne a directivos y emprendedores de Sillicon Valley (Google, Microsoft, Twitter...) y a expertos en *mindfulness* y meditación, así como a psicólogos y expertos en inteligencia emocional para reflexionar juntos sobre el enorme valor de desarrollar la atención plena en esta era de alta velocidad e interconectividad. En este congreso han impartido conferencias el creador del *mindfulness*, Jon Kabat Zinn, el fundador de Twitter, el co-fundador de LinkedIn, el creador del programa de *mindfulness* de Google, y el propio Daniel Goleman, entre otros.

Otra de las compañías que ha sido un referente en la apuesta por el *mindfulness* ha sido General Mills, una de las multinacionales de alimentación más grandes del mundo, responsable de cientos de productos como los cereales Cheerios y los helados Häagen-Dazs. El *mindfulness* ha revolucionado la cultura de esta compañía desde que se introdujera en 2006. Desde hace años es bastante habitual encontrar, por ejemplo, a una docena de jefes de equipo y ejecutivos meditando juntos silenciosamente en una sala habilitada para ello, o ver a grupos de empleados practicando yoga, que como veremos en el libro también es una técnica *mindfulness*. En todos los edificios del campus de General Mills en Minneapolis hay una sala de meditación equipada con varios *zafús*, cojines especiales para realizar la práctica de meditación sentada, y esterillas de yoga donde día tras día los empleados se entrenan en *mindfulness* para afrontar de forma más serena y efectiva su trabajo.

El *mindfulness* en General Mills no es una moda pasajera ni un programa piloto diseñado solo para el departamento de Recursos Humanos. Cada año más empleados de esta empresa se introducen en esta práctica para mejorar su vida y su rendimiento. El inicio de este cambio cultural fue sin duda el programa formativo «*Mindful leadership para managers*» impulsado por Janice Marturano, una empleada de la compañía. Cientos de ejecutivos y directores han participado ya en este programa de liderazgo basado en el *mindfulness*, que ha ganado renombre internacional y se ha exportado a otras compañías multinacionales. Y lo que empezó como un proyecto de una ejecutiva ha transformado la cultura de una multinacional del Fortune 200. General Mills ha adoptado el programa «*Mindful leadership*» a nivel institucional y desde entonces la reputación de la compañía como mejor lugar para trabajar ha crecido. Un ejemplo es que la revista Leadership Excellence la clasificó como la mejor empresa para desarrollar líderes en 2011. Desde el puesto nº 14 que obtuvo en 2010, en un año escaló a la primera posición del *ranking*.

En la revista Fortune aparecieron los resultados de este programa, gracias a los estudios que la compañía había realizado. Los beneficios que los *managers* percibían después de este entrenamiento fueron espectaculares. Mejoraron notablemente su nivel de escucha, incrementaron el foco en lo importante, impulsaron la habilidad para priorizar, aumentaron la productividad personal, elevaron su satisfacción en el trabajo y su rendimiento bajo presión se benefició drásticamente. Impresionante.

La iniciativa de General Mills está a la vanguardia de un movimiento revolucionario que está transformando profundamente el mundo corporativo, aparentemente tan alejado de esta disciplina. Sin duda las empresas están detectando que las necesidades de las personas han cambiado y que estas cada vez valoran más la salud, el equilibrio y la conciliación entre vida y trabajo. Y por fin están dándose cuenta de la relación directa que existe entre el estrés crónico y el bajo rendimiento, entre la felicidad y la productividad.

En otro estudio realizado por los investigadores Megan Reitz y Michael Chaskalson, publicado en la Harvard Business Review, en base al cual se formó en *mindfulness* a un grupo de unos sesenta líderes *senior* de distintas empresas, se comprobó que el entrenamiento consciente y la práctica sostenida del *mindfulness* produjeron estadísticamente mejoras significativas en tres habilidades consideradas importantes para un buen líder del siglo XXI: la resiliencia, la capacidad de colaboración y la capacidad de liderar en entornos complejos.

Además de la implantación de programas de *mindfulness* en empresas innovadoras que son referentes mundiales, también las escuelas de negocios están empezando a incorporarlos como una herramienta formativa para desarrollar habilidades directivas. Hace ya un par de años estoy colaborando en Madrid con la IE Business School, una de las mejores escuelas de negocios del mundo, impartiendo talleres de cinco horas de *mindfulness* para los alumnos de sus programas de dirección y también para sus empleados. La semana pasada precisamente estuve impartiendo un taller de dos horas para los directores de los programas de *executive education*. Y el CEO de esta división me confesó que quiere introducir píldoras de *mindfulness* en todos los programas del IE como una forma de ayudar a los alumnos a parar, limpiar la mente y digerir los conocimientos adquiridos, lo cual me parece una excelente idea.

Además de la IE Business School, durante los últimos años he impartido programas de *mindfulness* (conferencias, talleres o programas más extensos) para las siguientes compañías en España: Banco Santander, Electrolux, Mundipharma, Volkswagen, Llerandi, Bankinter, CIDE, Adiquímica, Hospira, Ecovidrio, El Colegio de Registradores de la Propiedad, Endesa, Clear Channel y SM ediciones. En algunas de estas empresas el entrenamiento comenzó por el Comité de Dirección y luego se escaló a toda la organización. Recuerdo que un Comité de Dirección compartió conmigo una vez que después de la formación que recibieron, sus reuniones habían cambiado radicalmente. Las personas se escuchaban con más atención, no estaban pendientes como antes de los móviles, tampoco salía nadie de la reunión compulsivamente por alguna urgencia o imprevisto, y se tomaban decisiones con más claridad y rapidez que antes de la formación. Me pareció interesante este beneficio tangible, que tiene que ver con el alto rendimiento de un equipo.

También he dado charlas a grupos de médicos de la Unidad del Dolor y de Oncología, y cursos en abierto a particulares. En total he formado en *mindfulness* a miles de personas en los últimos años. Y, por supuesto, sé que muchas otras empresas en España están introduciendo el *mindfulness* para sus empleados, como 3M, Repsol, Mahou San Miguel y muchas más[5].

Muchas veces otros instructores de *mindfulness* que no trabajan para el mundo corporativo me preguntan cómo reciben los empleados y directivos de las empresas este contenido. Y se sorprenden cuando les respondo que el entusiasmo es máximo, quizá porque se olvidan de que las empresas las forman personas. Y, por encima de sus roles de directivos, mandos o empleados, son individuos con sus necesidades, emociones, inquietudes y preocupaciones. Y con mucho es-

---

5   Especialmente destacable ha sido mi experiencia con el Banco Santander durante los últimos tres años, por la que tengo que dar las gracias porque ha sido una fuente de enorme satisfacción, y sigue siéndolo porque seguimos formando a cientos de empleados del grupo desde mi consultora Execoach. Comenzó a gestarse años atrás cuando impartía dos cursos para mandos intermedios: liderazgo y alto rendimiento. Concretamente en el curso de liderazgo dedicaba una hora y media de las dieciséis del programa a hablar sobre *mindfulness* y a enseñar alguna técnica. Curiosamente, esa hora y media era lo que más recordaban o destacaban los participantes, según me dijo en varias ocasiones uno de los responsables del departamento de formación y talento del banco. Eso hizo, después de un año, que la entidad apostara por ofrecer un curso íntegro de *mindfulness* a todos sus empleados. El caso es que después de tres años hemos formado a más de 3000 empleados del Banco Santander y se ha convertido en el curso más demandado y comentado en el banco. El boca oreja ha dado su fruto y los que han pasado por nuestro curso han comentado rápidamente con sus compañeros su gran experiencia, y esto ha hecho que la demanda del curso haya superado todas las expectativas, habiendo listas de espera que duran incluso un año. Para mí es un enorme orgullo que este programa, diseñado por mí e impartido por el equipo de mi consultora Execoach, haya tenido este éxito tan espectacular, y que estemos contribuyendo a que esta y otras empresas sean espacios más humanos y conscientes, así como a la mejora del rendimiento y la felicidad de miles de personas.

trés. Por lo tanto, el éxito es seguro en cualquier organización, siempre que sus beneficios se comuniquen con rigor.

Dotarlo de rigor y seriedad científica y quitarle todo tinte religioso es imprescindible para comunicar y enseñar *mindfulness*. Muchos instructores de esta práctica hablan con palabras trascendentes y grandilocuentes, como si fueran los nuevos predicadores del siglo XXI, como si se pusieran en un nivel espiritual superior, y esto me parece un error, sobre todo en el mundo corporativo, porque genera un inmediato rechazo y escepticismo en mucha gente. Debemos respetar que una persona solo quiera usar el *mindfulness* para mejorar su rendimiento en el trabajo. Quizá otra quiera ir mucho más allá y desee profundizar en el sentido de la vida y en su espiritualidad. Ambas cosas son posibles y reales con la práctica del *mindfulness*. De hecho, si uno apuesta de verdad por la práctica regular, aunque sea para un objetivo más concreto como gestionar su estrés o estar más enfocado, llegará un momento en que alcance también una comprensión mucho más profunda de la vida y de su propio ser, lo cual lo llevará a conectar con su parte espiritual. Casi sin darse cuenta, sin haberlo querido de forma intencional, es inevitable.

Por eso soy un defensor absoluto de normalizar el *mindfulness* como una práctica que puede realizar cualquier persona. Para mí esto es igual que el deporte. Todo el mundo piensa que hacer deporte es sano y necesario, aunque mucha gente no lo practique. La meditación llegará a ser lo mismo, estoy convencido de ello. No sé cuantos años tardará pero llegará a ser una actividad que todo el mundo verá como totalmente normal y no de unos pocos «frikis» como aún sucede.

Volviendo al mundo empresarial, otra tendencia imparable y que ya se observa claramente es la de la «empresa saludable». De hecho, ya existen premios empresariales específicos para la «empresa *healthy*» por sus buenas prácticas con sus empleados en este terreno. La revista Forbes publicó recientemente un artículo sobre el creciente interés de los programas de bienestar corporativo en las empresas, y en concreto sobre las principales tendencias de bienestar en las organizaciones durante el año 2017, destacando el *mindfulness* como una de las principales.

Muchas empresas están empezando a darse cuenta de que deben cuidar a sus empleados, que son el capital más importante que tienen. Es lo que se llama la «experiencia del empleado»[6]. Una experiencia óptima del empleado busca fundamentalmente la fidelización del talento. Para ello, la corriente saludable proporciona a los empleados lugares para practicar meditación y yoga, se ofrecen clases guiadas semanales de *mindfulness* con un instructor, se les asesora en hábitos de alimentación más saludables, y también se les dan pautas de deporte y ejercicio físico.

De igual modo se está trabajando, de manera más o menos acertada, en la «felicidad» de los empleados. La felicidad es un concepto del que ya se habla abiertamente como un objetivo a lograr en el ámbito laboral, lo cual es una excelente noticia. Aparte de lo comentado antes, en algunas empresas se forma a los empleados en inteligencia emocional y en psicología positiva. Aunque ya sabemos que a veces una cosa es lo que quieren transmitir las empresas y otra cosa muy distinta es lo que realmente hacen, no deja de ser positivo que sea «políticamente correcto» fomentar la felicidad y el bienestar de los empleados. Llegará un momento en que la apuesta sea real y comprometida, y no solo una inversión para obtener el premio a la mejor empresa donde trabajar, «best place to work», o la empresa más saludable.

---

6   Parafraseando el concepto de «experiencia de usuario» que ha promovido el mundo de las startups tecnológicas.

Mientras tanto, conozco ejemplos fabulosos de empleados proactivos que han creado grupos de práctica de *mindfulness*. Puesto que la empresa ha apostado por formarlos pero aún no hay espacios de práctica habilitados en el trabajo, ellos mismos los organizan. Alquilan una sala durante media hora o una hora y convocan a las personas que van pasando por la formación y que están interesadas en continuar practicando. Otros equipos lo han incorporado como una rutina positiva previa a todas sus reuniones para ayudarlos a estar más centrados y serenos. Aunque sean grupos pequeños, estoy convencido de la fuerte influencia que progresivamente irán teniendo sobre el resto de la organización.

A continuación me parece interesante compartir unos pocos testimonios y comentarios, de los muchos que hemos ido recibiendo de las personas que han asistido a nuestra formación de *mindfulness*, y que generosamente los han compartido con nosotros durante los últimos cuatro años. Los testimonios pertenecen a diversas compañías, aunque la mayoría provienen del programa formativo del Banco Santander. He cambiado los nombres por otros ficticios para proteger la intimidad de las personas y la confidencialidad:

- *«Aunque ya tuve la suerte de encontrarme con Javier Carril y comentarle en persona, también quería compartir con los compañeros que asistieron conmigo al curso presencial, que puedo afirmar en primera persona que lo que se explica en el vídeo (de Sara Lazar) es así. De momento nadie me ha escaneado el cerebro, pero lo cierto es que mi entorno no ha cambiado, mi vida es la misma, con todo su ajetreo y sus complicaciones, y sin embargo yo me siento más serena y más feliz. Afronto las situaciones de otra manera, casi de forma inconsciente, y eso es gracias a que no he dejado de meditar ni un solo día desde que tuve la inmensa suerte de* que este curso y Javier se cruzaran en mi camino. Espero no abandonarlo nunca y seguir progresando, porque puedo decir que algo ha cambiado en mi cabeza y en mi vida». Teresa.

- *«La verdad es que al principio me costó un poco el adquirir la disciplina de realizar los ejercicios, pero poco a poco los he convertido en algo más del día y los resultados son más que extraordinarios, sobre todo en reuniones donde ahora no solo oigo, sino que escucho, que es muy diferente. El nivel de estrés me ha bajado bastante, ya que ahora controlo la situación y no dejo que las situaciones me superen y desborden y además estoy descubriendo sensaciones y situaciones hasta ahora para mí desconocidas. Uno de los mejores y más prácticos cursos que he realizado».* Juan Carlos.

- *«El curso, no solo me ha ayudado a trabajar y ver las cosas desde otra perspectiva, sino que en mi vida personal me ha valido para adquirir unos hábitos que antes no tenía y que me ayudan a llevarlo todo con más tranquilidad, más cabeza y disfrutando de todo lo que me rodea. Ahora soy más consciente de lo que hago».* Marian.

- *«Experiencia gratificante y reveladora. Muestra de qué forma, con poco esfuerzo, se pueden alcanzar grandes logros. Estoy practicando a diario con sesiones cortas para tratar de ir avanzando en un futuro».* Antonio.

- *«No sé si se estará modificando mi cerebro, lo que sí noto es más paz, tranquilidad y capaz de dormir toda la noche sin despertarme a las 4:00 h pensando en el problema de turno».* Susana.

- *«El curso me ha parecido muy interesante, además de muy práctico. Un grupo de compañeros de mi departamento, que almorzamos juntos en el banco, de lunes a jueves, después de almorzar, hacemos el ejercicio de respiración durante cinco minutos. Del grupo solo dos hemos asistido al curso, y los demás nos han secundado, y la experiencia es gratificante. Volvemos luego a la tarea más despejados, sin haber salido de la oficina. Estamos ya pensando cómo poner en práctica otros de los ejercicios que hicimos en el curso».* Ana.

- *«Ahora que tengo un rato, quería decirte que tanto el curso inicial de mindfulness como las píldoras que nos enviáis cada cierto tiempo me parecen muy interesantes y útiles. Yo sigo practicando meditación desde que hice el curso con vosotros en diciembre. Aunque no saco mucho tiempo, sólo cinco o diez minutos, pero lo hago todos los días. Me he habituado a meditar por las mañanas antes de salir a trabajar y también los fines de semana y me viene muy bien, me calma, siento más claridad en mis pensamientos, más concentración también. Como anécdota te diré que mi gato se ha aficionado también a meditar :-) ¡Cada mañana cuando me ve en postura de meditación, se sienta sobre mis piernas y se relaja conmigo!»* Lucía.

- *«Antes de nada quería agradecer a Javier el curso de mindfulness que nos dio. Me impresionó que un curso de tan solo dos días pudiera remover tanto dentro de una persona. Estoy entrenando (no todos los días) varias veces por semana cumpliendo mi objetivo Kaizen. Estoy muy ilusionada y creo que es el comienzo de una forma distinta de vivir la vida. Gracias de nuevo».* Rosa.

- *«Experiencia absolutamente positiva, de total aplicación, y que no consideraría un curso, sino una vivencia, una experiencia vital que nos ayudará, y que recordaremos durante tiempo».* Carlos.

- *«Es algo diferente, nuevo, creativo, práctico. Es algo que no te enseñan en el colegio, universidad o trabajo y que te permite potenciar todas tus capacidades, las que ya conoces y las que aún no conoces. Ha sido una pausa que te permite reflexionar y cargarte de energía positiva para afrontar nuevamente tu día a día, con más optimismo y con muchas más ganas porque te han enseñado una herramienta nueva que hasta ahora desconocías».* Cristina.

Como conclusión final de este capítulo, diría que el *mindfulness* no es una moda pasajera en el mundo corporativo, sino una tendencia que es producto de una necesidad real de las personas en las organizaciones. Responde a la necesidad de parar, de reducir el estrés y la ansiedad, de reflexionar con más calma, de ser más consciente de nuestras conductas y emociones, para tomar mejores decisiones y ver cómo eso impacta en nuestro rendimiento y en nuestra motivación. Es la necesidad de conectar con uno mismo y con los demás, de aumentar la empatía y la colaboración en el trabajo, y la importancia para los directivos de mejorar su liderazgo y su inteligencia emocional.

En definitiva, todos necesitamos sentirnos valiosos y todos deseamos dar lo mejor de nosotros mismos en nuestra profesión. Al fin y al cabo dedicamos la mitad de nuestra vida a trabajar, así que si no estamos contentos con esta área de nuestra vida debemos hacer algo de inmediato.

Las empresas se están dando cuenta de que si quieren profesionales de alto rendimiento deben fomentar su bienestar y felicidad de forma proactiva. Y, desde luego, para mí la manera más directa y sostenible de aumentar la felicidad en el trabajo es el *mindfulness*.

EL PODER DE LA ATENCIÓN
EN EL SIGLO XXI

«El exceso de información va necesariamente acompañado de una pobreza de atención».

HERBERT SIMON

En el mundo en que vivimos todo va muy deprisa. Los continuos cambios sociales, económicos y políticos se producen en tiempo récord como resultado de la globalización, altamente impulsada por la revolución tecnológica. Recibimos una auténtica sobredosis de información desde millones de fuentes (cientos de canales de televisión y emisoras de radio, millones de páginas de Internet, decenas de periódicos y revistas) y estamos más estimulados que en ningún momento de la Historia de la Humanidad. Jeremy Rifkin, prestigioso pensador social y autor de numerosos libros, dice en su libro, *La sociedad de coste marginal cero*:

«Si hace veinticinco años nos hubieran dicho que al cabo de un cuarto de siglo la tercera parte de la Humanidad se estaría comunicando —intercambiando audios, vídeos y textos— mediante inmensas redes mundiales que conectarían centenares de millones de personas, que el conocimiento combinado de todo el mundo sería accesible desde un teléfono móvil, que cualquier persona podría dar a conocer una idea, presentar un producto o expresar un pensamiento a mil millones de personas al mismo tiempo, y que el coste de hacerlo sería casi nulo, nuestra reacción habría sido de incredulidad. Y resulta que, ahora, todo eso es una realidad».

El término «VUCA» es un acrónimo que acuñaron los soldados americanos a finales de los años 90 para definir el mundo después del fin de la Guerra Fría. Este término se ha recuperado en los últimos años y es mencionado frecuentemente por todos los gurús empresariales para describir las características esenciales del mundo actual y está compuesto por las iniciales de cuatro vocablos:

- *Volatility.* Todo cambia a un ritmo cada vez más rápido; las situaciones son volátiles, no estables. El cambio es permanente en nuestras vidas y en las empresas: reestructuraciones, fusiones, cambios culturales, cambios de trabajo o incluso de profesión, cambios políticos, crisis económicas, etc.

- *Uncertainty.* El mundo de hoy es incierto. No tenemos certezas ni seguridad sobre nada. La incertidumbre acerca de nuestro futuro es total. Nadie sabe qué va a suceder dentro de una semana, ni dentro de un mes. Ni siquiera los expertos o gurús empresariales lo saben (aunque parezca que sí).

- *Complexity.* Las situaciones son cada vez más complejas y dificultan la toma de decisiones. Hay mucha sobreinformación y miles de estímulos: el *e-mail*, el *Whatsapp*, Internet, cientos de canales de TV, cientos de marcas de cualquier producto. Además, el exceso de información y los estímulos se mezclan con la conectividad global que hace aún más complejo nuestro mundo.

- *Ambiguity.* El mundo de hoy es más ambigüo que nunca; no hay certezas ni verdades absolutas ni incuestionables sobre nada. Las circunstancias y decisiones pueden abordarse desde puntos de vista muy diferentes; no existen respuestas o soluciones claras y seguras para los desafíos y problemas que tenemos en el mundo. Cuando buscas algo en Wikipedia o en Google, ¿estás seguro de que lo que lees es totalmente cierto?

En este mundo VUCA necesitamos aprender y aplicar herramientas si queremos mantenernos serenos, si queremos mantener claridad mental para tomar las mejores decisiones estratégicas, si deseamos equilibrio emocional para manejar los cambios constantes y frenéticos, o simplemente para convivir positivamente con la ambigüedad y la falta de respuestas claras. Sabemos que a nuestro cerebro no le gustan nada la incertidumbre ni los cambios constantes ni la ambigüedad. Se estresa y genera adrenalina y cortisol.

A este entorno estresante lleno de estímulos han contribuido dos hechos sorprendentemente recientes: el nacimiento de las redes sociales, que ha cambiado para siempre nuestro modo de comunicarnos y probablemente nuestra forma de ser, y la masificación del uso de los *smartphones*. Hoy en día cualquier persona puede tener un teléfono inteligente y escribir lo que le apetezca al mundo con total libertad a través de una cuenta gratuita de Twitter, LinkedIn, Instagram o Facebook. Por supuesto, los avances en la tecnología siempre han tenido un componente tremendamente positivo para el hombre durante toda la Historia. Desde la invención de la rueda hasta Internet, todos han supuesto una mejora en nuestra calidad de vida, un aumento espectacular de la productividad empresarial y un incremento de la rapidez y la comodidad en innumerables transacciones, desde hacer una transferencia bancaria a comunicarnos con nuestros hijos. Soy un absoluto defensor de la tecnología y sus avances. Pero no cabe duda de que la tecnología, como cualquier otra cosa, si no se utiliza adecuadamente puede tener serios efectos negativos. El hombre actual no ha digerido aún la envergadura de los avances tecnológicos de los últimos veinte años y muchas veces acaba empachado y embotado porque no sabe usar la tecnología con mesura y responsabilidad. ¿Qué consecuencias están provocando estas convulsiones tecnológicas en la era global? Lo resumiré en tres palabras: estrés, dispersión y desconexión.

1. Estrés

La Organización Mundial de la Salud ha dicho que la depresión será la enfermedad más extendida en el mundo dentro de veinte años. No es de extrañar que en un mundo cada vez más inhumano y con una velocidad imposible de asimilar por nuestra mente, nuestro estrés se haya incrementado más de un 25% en los últimos treinta años. Nuestra mente está confusa y estresada debido a la enorme hiperestimulación a la que estamos sometidos. Lo peor de todo es que no somos conscientes del nivel de estrés que soportamos a diario, y esta falta de consciencia lo hace aún más peligroso. Un ejemplo que desde luego asusta es que el nivel de estrés que en los años 50 se consideraba caso clínico patológico, en los 80 se consideraba normal. El hecho de comprobar que todas las personas a nuestro alrededor viven con el mismo nivel de presión y velocidad hace que lo consideremos normal. El ser humano se siente seguro si está integrado en una comunidad o grupo de personas que se comportan como él, incluso aunque ese comportamiento sea dañino. Es lo que se llama «sentido de pertenencia», o dicho de manera más cruda, el «efecto rebaño». Hoy en día, incluso el hecho de estar muy ocupados y tener cientos de actividades a lo largo del día transmite una cierta sensación de éxito. Muchas personas alardean y presumen de tener cientos de planes sociales, actividades deportivas y viajes constantes. Se juzga esto como un indicador del éxito, aunque es un indicador que se resquebraja en el momento en que profundizamos en él.

Cuando vamos por la vida corriendo a todas partes como pollos sin cabeza, llenando nuestra agenda de actividades de todo tipo y también de horas de trabajo, estamos huyendo de nosotros mismos. Este comportamiento compulsivo, según dicen los psicólogos y sociólogos, nos ha convertido en lo que se llama «hacedores humanos», un concepto creado para alertarnos de que estamos dejando de ser seres humanos.

No dejamos de hacer cosas a toda velocidad durante todo el día, sin pararnos a reflexionar o preguntarnos algo tan sencillo como: ¿para qué estoy haciendo esto? ¿por qué voy tan deprisa? Esta actitud me recuerda a la del personaje del conejo del cuento *Alicia en el país de las maravillas*, que siempre que aparecía y se le preguntaba adónde iba, contestaba lo mismo: «*llego tarde, tengo mucha prisa*».

Numerosas investigaciones de la neurociencia han demostrado que cuando estamos en esa actitud de hacer cosas a toda prisa, yendo de una tarea a otra sin ser conscientes de lo que estamos haciendo, nuestro cerebro está en estado de alerta todo el tiempo, y de hecho se activan fisiológicamente las mismas zonas de alarma que se activarían si nos estuviera persiguiendo un tigre. Es decir, que día tras día estamos en un estado de alta emergencia similar a si un depredador nos estuviera persiguiendo. Y eso, tarde o temprano, pasa factura.

En realidad el estrés no es algo negativo en sí mismo, ya que es una reacción física y psicológica de nuestro organismo ante un estímulo que considera una amenaza. Cuando el organismo humano está estresado, se activan los músculos y el sistema nervioso, se acelera la respiración, se segregan hormonas como la adrenalina y el cortisol (regulador de la presión sanguínea), aumenta la glucosa en sangre, y todo ello para responder con más eficacia a situaciones de emergencia. Y esto, en situaciones puntuales y cortas de duración, es funcional y positivo. De hecho, el estrés es un mecanismo de supervivencia que hemos traído de serie por nuestra evolución. Nuestros antepasados sobrevivieron gracias a la activación del sistema límbico generando estrés, miedo, rabia y otras emociones básicas que han sido y siguen siendo necesarias. El problema es cuando esta activación o estado de alerta se mantiene constante en el tiempo por motivos injustificados porque nos metemos en una burbuja de urgencias y engaños, magnificando las situaciones y creyendo que todo es importante. Cuando el estrés deja de ser una reacción puntual y efímera y se convierte en un estado emocional permanente y crónico, empiezan los problemas. Las primeras señales de que nos encontramos inmersos en ese estado de alerta constante son de dos tipos:

- Señales cognitivas: confusión mental, falta de concentración, dispersión, falta de claridad para la toma de decisiones, irritabilidad, conflictos, falta de creatividad
- Señales físicas: insomnio, contracturas, tensión en algunas zonas del cuerpo como el cuello, la espalda o la mandíbula, agotamiento físico

El organismo suspende sus funciones normales cuando está en estado de estrés. Cuando esto es algo puntual no hay ningún problema, pero cuando se convierte en un estado crónico agota sus reservas. Un ejemplo es la segregación del cortisol. El cortisol es una hormona importante en la regulación de las grasas en las células y la regulación de la presión sanguínea. Si segregamos cortisol de forma continuada por un estado de estrés continuado, agotaremos las reservas de nuestro organismo y elevaremos nuestra presión sanguínea, aumentando el riesgo de padecer enfermedades cardiovasculares. También incrementar la glucosa en sangre de forma sostenida eleva el riesgo de padecer diabetes en el largo plazo.

Otra de las consecuencias a medio largo plazo de un estado crónico de estrés o alerta de nuestro organismo es el deterioro del sistema inmunológico, la destrucción de conexiones neuronales y la destrucción de nuestra capacidad cerebral para la memoria y el aprendizaje, según estudios de la Universidad de California.

Además, estudios de la Universidad de Massachusetts prueban que cuando una persona está estresada de forma continuada hay un porcentaje muy elevado de probabilidad de que comience a abandonar el deporte y empiece a alimentarse peor. Es paradójico, porque precisamente abandonamos las actividades que más nos ayudan a aligerar y liberar el estrés diario cuando más las necesitamos. El hecho de no hacer ejercicio físico y comer peor nos hará sentirnos más ansiosos y eso nos conducirá a una espiral de hacer aún menos ejercicio físico y alimentarnos peor, lo que puede desembocar en problemas realmente graves como un infarto, un ictus u otra dolencia grave. Cada vez más enfermedades a nivel clínico se asocian con un nivel continuado de estrés.

A lo largo de los siguientes capítulos abordaremos qué nos estresa y cómo nos estresamos de manera inútil e innecesaria, lo cual nos proporcionará un nivel de conciencia superior que nos permitirá combatirlo de raíz, y no como hacemos a menudo, atacando los síntomas. Un buen masaje con un fisioterapeuta está fenomenal, pero si no atacamos la causa que ha generado la contractura muscular, volveremos a generarnos una nueva lesión y tendremos que volver al fisioterapeuta una y otra vez, gastando una gran cantidad de dinero y tiempo. No es mi objetivo, ni el de este libro desde luego, quitar trabajo a los fisioterapeutas o a los psicólogos, psiquiatras o médicos. De hecho, siempre serán necesarios para ayudarnos en momentos puntuales en los que nuestra salud física o mental requiera de una acción de choque. Sin embargo, el *mindfulness*, como comprobaremos, nos ayudará a ser nuestros propios médicos y psicólogos, previniendo la mayor parte de nuestros males, tanto mentales como físicos.

De todos modos, si quieres profundizar aún más en el tema del estrés, puedes leer mi libro *Desestrésate*,[7] publicado en 2010, donde abordé de manera global y extensa este tema.

2. Dispersión

En general tenemos que reconocer que en nuestro mundo VUCA nos encontramos descentrados, dispersos y desconcentrados. Sufrimos de hiperactividad cognitiva, que es la necesidad cerebral de pasar continuamente de una información a otra, o de una tarea a otra con mucha velocidad, lo que tiene como consecuencia una incapacidad total para concentrarnos en una información larga o compleja. Nos cuesta muchísimo estar concentrados en una sola tarea durante más de cinco minutos y eso afecta gravemente a nuestro rendimiento en el trabajo. En seguida nos dispersamos mirando el *Whatsapp*, navegando por Internet o con cualquier otro estímulo que se nos aparezca.

También nos supone un enorme esfuerzo leer un artículo largo y por supuesto un libro (muchas veces tenemos que volver a releer una página entera porque no nos hemos enterado de nada), y eso tiene un gran impacto en nuestra evolución intelectual. El cerebro, como todo músculo, requiere

---

7   Desestrésate, de Javier Carril. Ed. Alienta. 2010. Una visión global sobre el estrés y el alto rendimiento, tanto a nivel personal como empresarial.

de entrenamiento para mantenerlo en forma. La cantidad de información y estímulos disponibles nos abruma y no somos capaces de manejarla. Nos hemos convertido en marionetas de la tecnología y los móviles. Y nuestro cerebro cada vez se hace más torpe y menos capaz de realizar tareas complejas.

3. Desconexión

Los expertos en comportamiento humano están preocupados porque, a medida que estamos más conectados con el mundo a través de las nuevas tecnologías, más desconectados estamos de nosotros mismos y de los demás. Cada vez somos más egocéntricos, menos empáticos y más individualistas. La realidad es que tenemos una relación patológica con nuestros móviles, como dijo Kelly McGonigal, psicóloga especialista en comportamiento en la Escuela de Medicina de Stanford. Estamos atrapados. Realmente, tenemos una altísima dependencia tecnológica, y como sucede con el nivel de estrés, no somos en absoluto conscientes de ello. Consultamos el móvil una media de 150 veces al día, más o menos cada siete minutos. Y si algún día lo perdemos o nos lo olvidamos en algún sitio, nos ponemos histéricos y ansiosos. Igual que haríamos con cualquier droga. El impacto de esto es enorme en las relaciones personales, porque cuando estamos respondiendo un *WhatsApp* o un correo electrónico estamos aislándonos del mundo. Por ejemplo, consultamos el móvil en demasiadas ocasiones mientras estamos cenando con nuestra familia, o en una fiesta con amigos, o simplemente en una reunión de trabajo. Todos hemos visto en el metro o en un restaurante a varios amigos que están juntos pero no se comunican, sino que cada uno está consultando su móvil. Hablaremos más del abuso del móvil y de cómo liberarse de esta tremenda adicción.

En este entorno VUCA en el que vivimos estresados, dispersos y desconectados, la habilidad que es y será la más importante del siglo XXI es la atención, según expertos mundiales como Daniel Goleman. Ser capaces de dirigir nuestra atención hacia donde queremos en cada momento es un desafío tremendamente complicado en nuestra sociedad. Pero es la clave para desarrollar numerosas habilidades, tanto cognitivas como emocionales. La atención es la base de la concentración, de la claridad mental, del foco, así como de la inteligencia emocional y del manejo del estrés.

La capacidad de no dejarnos llevar por la enormidad de estímulos e información que nos bombardean y poder seleccionar lo importante es crucial para alcanzar el éxito en cualquier ámbito. Goleman realiza un exhaustivo análisis de la importancia de la atención en su libro *Focus*, donde diferencia entre varios tipos de atención. En primer lugar, habla de la atención en uno mismo, o «foco interno», que nos ayuda a conectar con nuestros valores, intuiciones y recursos. En segundo lugar, habla de la atención sobre los demás, que mejora nuestras relaciones personales y sociales. Y en tercer lugar, la atención en el entorno o «foco externo», que sería algo equivalente a la inteligencia social. Los tres tipos de atención son esenciales para el éxito en la vida y en el trabajo. Y, por otro lado, distingue entre la «atención focalizada», que sería la concentración reducida, y la «atención expandida» o «periférica», que sería la capacidad de tener una visión más global y sistémica de una situación. Es como ser capaz de ver el árbol o el bosque, en función de lo que sea más interesante o valioso en una determinada situación. Una de las conclusiones más interesantes de Goleman es que la atención está directamente relacionada con la excelencia en cualquier ámbito. Solo si entrenamos nuestra atención y la dirigimos conscientemente hacia lo que queremos alcanzar o mejorar, alcanzaremos la excelencia.

No solo Goleman ha analizado extensamente la importancia de desarrollar la atención. Warren Buffet, el archiconocido inversor, dice que la clave del éxito es el foco o la capacidad para focalizarse, en lugar de dispersarse pretendiendo alcanzar demasiados objetivos.

La atención determina nuestra realidad porque tiene la llave de entrada de la información en nuestro cerebro. Dependiendo de a qué prestemos atención en nuestra vida, viviremos una vida desgraciada o una vida exitosa. De hecho, empresas, organizaciones y medios de comunicación quieren apropiarse de nuestra atención, porque eso les permite influir en nuestra realidad y en nuestra conducta. Por tanto, si la atención es tan importante y decisiva, ¿hay alguna manera de entrenar a nuestro cerebro para ser más selectivos e inteligentes en el procesamiento y selección de la gigantesca cantidad de información que recibe minuto a minuto? ¿Es posible entrenar la atención para ser capaces de focalizar nuestra energía en nuestros objetivos, para no desgastar nuestro tiempo en millones de *inputs* banales, y para no generarnos estrés y ansiedad con miles de tareas simultáneas? Desde luego que sí, porque la atención es un músculo que se fortalece si se entrena, y que en caso contrario, se deteriora y marchita.

Los humanos tenemos dos sistemas de atención. Uno involuntario, que compartimos con los animales, que nos hace atender forzosamente a estímulos nuevos, fuertes, peligrosos. Es un mecanismo de supervivencia, y por tanto necesario. El segundo, específicamente humano, es voluntario. Podemos prestar atención a lo que deseemos, a lo que tiene que ver con nuestras metas, a lo que nos hace más felices. Así, aprender a dirigir la atención se convierte en el vehículo más efectivo para tener una vida más plena y feliz. Y, por supuesto, para ser mucho más efectivos en nuestro trabajo.

El *mindfulness* es un entrenamiento de la atención. De hecho, la palabra *mindfulness* se suele traducir al castellano como «atención plena». Por eso, cuando llevamos un tiempo practicando regularmente, empezamos a ser más selectivos con nuestra atención. Comenzamos a seleccionar más lo que vemos, lo que leemos, las personas con las que nos relacionamos y también las actividades a las que dedicamos nuestro tiempo. Empezamos a cuestionar toda la información que recibimos de los medios de comunicación y nos hacemos más críticos, poniendo en cuestión la verdad de lo que dicen. Personalmente he ido reduciendo intencionalmente mi exposición a las noticias de los medios de comunicación y estoy convencido de que esto ha contribuido positivamente a mi estado emocional actual. Porque, además de no recibir tanto material tóxico de las noticias diarias, el tiempo disponible lo dedico a actividades más productivas como leer, descansar o escribir.

Al dirigir nuestra atención también empezamos a saber dirigir nuestros pensamientos con el fin de atender a los que nos dan poder en lugar de a los que nos limitan y generan sufrimiento.

Recuerdo la historia de un hombre que llevaba muchas horas caminando bajo el sol implacable del verano en medio de un lugar desértico. Estaba realmente extenuado. Y entonces vio entusiasmado un frondoso árbol en medio del seco paisaje y corrió a descansar bajo él. El suelo estaba sin embargo muy duro y el hombre pensó en lo agradable que sería poder contar en esos momentos con una mullida cama. Dio la casualidad de que aquel era un árbol celestial de los que conceden los deseos de los pensamientos, convirtiéndolos en realidad. Así que en ese preciso instante apareció una fabulosa cama. El hombre no podía creer lo que veían sus ojos y rápidamente se echó en la cama a descansar. Pasados unos minutos, mientras disfrutaba del descanso se imaginó lo placentero que sería que hubiera allí una joven que le diera un masaje en los pies. Al punto el árbol cumplió su cometido y apareció una joven que comenzó a frotar sus pies. El hombre estaba maravillado con el árbol celestial. Más tarde empezó a sentir hambre y pensó en lo fantástico que sería poder disfrutar de una sabrosa comida. Entonces, casi de inmediato, un montón de platos con exquisita comida aparecieron ante él y pudo saciar su hambre. ¡Qué a gusto se encontraba! Una buena cama, una encantadora mujer dándole un relajante masaje, exquisitos alimentos con los que saciar el hambre... ¿Qué más se podía pedir? Pero de pronto le asaltó un pensamiento: «Mira que si viniera un tigre y me comiera». En ese momento surgió un tigre y lo devoró.

Esta historia revela la influencia de nuestros pensamientos sobre nuestra vida y cómo dichos pensamientos, sean positivos o negativos, se convierten en autoprofecías cumplidas. De alguna forma atraemos lo que pensamos. La clave, por tanto, está en dónde ponemos nuestra atención.

Aprender a dirigir la atención de nuestros pensamientos impactará directamente en nuestras emociones ya que pensamiento y emoción están directamente conectados. Hacerlo nos ayudará a potenciar nuestras emociones positivas, la clave de la automotivación, la tercera competencia de la inteligencia emocional, y también a manejar mejor o a minimizar el impacto de nuestras emociones negativas, que es en lo que consiste la gestión emocional. La psicóloga Barbara Frederickson, especialista en el estudio de las emociones positivas y sus efectos, dice que cuando nos sentimos bien nuestra mente abre el foco de su atención permitiéndonos captarlo todo. Pasamos de un foco egocéntrico basado en el «yo» y nuestras preocupaciones a un foco más amplio y amable, centrado en el «nosotros». Esta apertura de la atención activa nuestra empatía y conexión con los demás, lo cual potenciará nuestro bienestar y felicidad.

Por tanto, aprendiendo y entrenando la capacidad de dirigir nuestra atención dejaremos de ser marionetas de los medios de comunicación, de la tecnología y del teléfono móvil, así como de nuestros pensamientos y emociones tóxicas. Y a partir de ahí podremos dirigir conscientemente también nuestras decisiones y conductas, podremos elegir escuchar más atentamente a los demás, lo que aumentará nuestra empatía y mejorará nuestras relaciones en la vida y en el trabajo. Todo ello nos llevará a liderar nuestra vida de forma más positiva, con el rumbo que deseamos. En definitiva, aprender a dirigir la atención significa aprender a dirigir nuestras vidas.

¿QUÉ ES EL MINDFULNESS? EL ENTRENAMIENTO MENTAL DEFINITIVO

«Be water, my friend. Be water».

BRUCE LEE

Siempre cuento una historia que ayuda mucho a entender el *mindfulness*.

Un hombre iba cabalgando a toda velocidad en un caballo salvaje, con expresión de esfuerzo y estrés en su semblante. Otro hombre que se hallaba en la carretera de pie, al observar al jinete cabalgando, le preguntó a gritos:

—¡Eh, oiga! ¿Adónde va usted tan deprisa?

Y el que estaba encima del caballo a duras penas se volvió y le respondió:

—No lo sé. ¡Pregúntele al caballo!

Esto es lo que le sucede a la gran mayoría de la gente en su vida. A menudo vamos corriendo sin ningún rumbo ni dirección. Pero ¿qué representa metafóricamente el caballo salvaje? ¿Qué es lo que nos lleva de forma tan compulsiva a una especie de huida hacia adelante? Cuando pregunto esto a veces en los cursos, la gente me responde: «la vida», «las ocupaciones» «la falta de tiempo», o cosas similares. Es curioso cómo siempre buscamos fuera al culpable de nuestros males, cuando siempre está dentro de nosotros. Lo que realmente simboliza el caballo salvaje es nuestra mente. Es ella la que nos lleva en volandas a lugares que muchas veces no elegimos, lugares que muchas veces nos hacen daño y nos generan sufrimiento. La mente va por libre y hace lo que quiere con nosotros porque no la tenemos entrenada. Y una mente no entrenada puede ser nuestro peor enemigo, mientras que una mente bien entrenada se convertirá en el mejor de nuestros amigos. No olvidemos que nuestro cerebro es el órgano más complejo y con mayor poder de transformar nuestra vida.

No somos conscientes de ello, pero somos auténticas marionetas de nuestra mente salvaje e inconsciente. Si no conocemos qué sucede en nuestra mente, nunca podremos domesticarla, manejarla ni dirigirla hacia nuestras metas. Y eso es precisamente lo que a aprenderemos con el entrenamiento *mindfulness*: domesticar a la mente errante y salvaje en primer lugar, y luego entrenarla para desarrollar todo su potencial. De hecho, la propia palabra *mindfulness* literalmente significa plenitud de la mente. Así que a lo largo de los próximos capítulos nos adentraremos en un apasionante viaje de investigación de nuestra propia mente. Porque al final eso es el *mindfulness*: una investigación profunda sobre cómo funciona nuestra mente.

Podemos definir el *mindfulness* como la capacidad para estar atentos en el momento presente, evitando distracciones. Como hemos visto ya, en varias organizaciones se considera una competencia más a ejercitar por parte de todos sus empleados. Por tanto, es una capacidad o habilidad que todos podemos desarrollar o potenciar con un buen entrenamiento.

Por tanto, también podemos definir el *mindfulness* como un entrenamiento mental de la atención en el momento presente. Pero, además, la atención que desarrollamos es una atención sin juicios, con curiosidad, apertura y aceptación. Hay dos palabras que destaco especialmente: *entrenamiento* y *atención*. Es fundamental que sepamos que se trata de un entrenamiento, igual que cuando entrenamos el cuerpo yendo al gimnasio o saliendo a correr. Todos entendemos que si queremos tener un cuerpo en forma, tenemos que salir a correr varias veces o ir al gimnasio a ejercitar los músculos tres o cuatro veces por semana. Sin embargo nos cuesta mucho más entender que la mente funciona exactamente igual. Si queremos tener una mente en plena forma, tenemos que dedicar tiempo a entrenarla, también tres, cuatro o seis veces por semana.

Entrenar implica practicar y practicar, y hacerlo de forma constante. Esta no es una disciplina que promete beneficios inmediatos ni es una receta mágica para ser felices. Si queremos obtener los beneficios demostrados por la ciencia, tenemos que entrenar. Por otro lado, lo que entrenamos es la atención, que como ya vimos en el capítulo anterior es un músculo que se puede desarrollar. Y si no lo entrenamos se atrofia y marchita.

El *mindfulness*, que se suele traducir al castellano como «atención plena» o «conciencia plena», es el estado mental que tenemos cuando estamos totalmente atentos en el momento presente. Es una capacidad difícil de entrenar en este mundo frenético y cambiante, la capacidad para focalizar la atención en el momento presente, en lo que está sucediendo aquí y ahora, evitando distracciones. Atención a lo que está sucediendo en el presente, tanto dentro de uno mismo (mente y cuerpo), como fuera (nuestro entorno, las demás personas). Pero también desarrollaremos la capacidad para estar atentos o presentes respecto a la tarea que estemos realizando, ya sea en el trabajo o en la vida personal.

Nuestra mente errante (el modo cerebral por defecto) se querrá escapar del momento presente una y otra vez, y nuestra labor será devolverla una y otra vez al aquí y ahora. Esta es la esencia del entrenamiento *mindfulness*.

¿Y por qué precisamente se trata de poner atención en el momento presente? Porque en el momento presente está el secreto de la felicidad, además de nuestra máxima eficiencia. Porque cuando desarrollamos la atención en el momento presente, empezamos a ver con más claridad lo que sucede. Y esa claridad nos conducirá a tomar decisiones para mejorar nuestra vida y también nuestra productividad en el trabajo.

Pero además de este punto central que es focalizar la atención en el momento presente, el *mindfulness* es un entrenamiento con el que cultivamos una serie de cualidades fundamentales. Es decir, no es cualquier tipo de atención la que estamos tratando de fomentar. No es una atención agresiva, como la concentración de un francotirador antes de disparar a su víctima, sino una atención amable y compasiva que dirige su foco hacia el bien, no a hacer daño. Cultivamos neuronalmente una forma diferente de relacionarnos con la vida y con nosotros mismos. Es una forma contemplativa de observación sin reaccionar, sin juzgar, sin resistirnos a lo que no nos guste. En definitiva, desaprendemos nuestra forma automática y habitual de reaccionar y relacionarnos con las experiencias de nuestra vida.

A continuación profundizaremos en las cuatro cualidades del *mindfulness*:

1. Apertura mental
2. Aceptación
3. Curiosidad
4. Amabilidad

1. Apertura mental

La apertura de la mente implica, en primer lugar, tratar de suspender nuestros juicios cuando prestemos atención al momento presente. No emitir juicios es algo complicadísimo; de hecho es prácticamente imposible porque es algo que hemos heredado de nuestros antepasados y que tiene una funcionalidad positiva en muchas situaciones. Emitir juicios no es en sí mismo bueno o malo. Simplemente nos ayuda en algunas situaciones y nos perjudica en otras. El hecho de estar totalmente abducidos y dominados por nuestros juicios nos genera una enorme tensión e infelicidad, porque nos aferramos a ellos y creemos que son sucesos y verdades incuestionables. Juzgamos a las personas, a las situaciones, a nosotros mismos.

Verbalizamos constante y automáticamente esos juicios con frases del tipo «me gusta», «no me gusta», «esto es correcto», «esto es incorrecto», «bueno», «malo», «feo», «bonito», «verdad», «mentira», etc. Al vivir condicionados por nuestros juicios tenemos una visión muy limitada del mundo. Hay mucho más allá de esta visión en la que estamos inmersos, y supone una tremenda liberación contemplar el mundo sin necesidad de juzgar si cada persona, situación o información es buena, mala, correcta o incorrecta. Por ejemplo, si juzgamos una idea o conducta de una persona como incorrecta o inadecuada, quizás queramos cambiarla. Como toda persona tiene una necesidad profunda de autonomía y libertad, probablemente se rebelará ante nuestras pretensiones y ya tendremos garantizado el conflicto y la tensión.

Si, por el contrario, juzgamos como correcta la conducta de esa persona, asumiremos que siempre actuará así y cuando de pronto no cubra nuestras expectativas nos enfadaremos generando un conflicto.

Pero ¿quiénes somos nosotros para decidir lo que es correcto o incorrecto, lo que es verdad o mentira? Adoptando esa conducta arrogante y basada en juicios subjetivos como si fueran la realidad demostramos una total necedad e ignorancia. Los juicios son una de las fuentes más importantes de conflicto y estrés en las relaciones personales y profesionales. Gracias a la práctica del *mindfulness,* seremos mucho más conscientes de los cientos de juicios que emitimos cada día, evitando así que nos condicionen y limiten nuestra visión. Cuando decimos que el *mindfulness* es una atención desprovista de juicios, en realidad lo que queremos decir es que no nos dejaremos llevar por dichos juicios, no nos aferraremos a ellos, y por tanto, permaneceremos libres de su influencia. Se trata de ser conscientes de que emitimos juicios de forma mecánica y, en ese momento, decidir volver a la experiencia tal cual es.

Además de juicios, nuestra mente es una máquina incansable de generación de expectativas y deseos constantes, y por supuesto de que todo sea perfecto y placentero, lo cual también nos cierra porque nos impide abrirnos a la vida tal y como es. Manifestamos nuestros deseos y expectativas con frases como: «espero que las vacaciones sean inolvidables», «ojalá consiga este nuevo empleo», «espero que mi pareja esté cariñosa esta tarde», «no tengo ganas de enfrentarme a esta situación conflictiva», «seguro que seré feliz cuando consiga tener estabilidad en el trabajo»... ¿Es necesario que siga? Todas estas expectativas, deseos y juicios están cerrando nuestra mente y nos llevan a vivir una vida muy limitada y llena de sufrimiento, ya que muchas veces las cosas no son como esperamos y deseamos que sean. Por tanto, la generación constante de expectativas es una fuente interminable de frustración. A través del *mindfulness* cultivamos de forma neuronal la capacidad de abrirnos a las experiencias sin tener expectativas o deseos y sin necesidad de juzgar o prejuzgar dichas experiencias. Los juicios, deseos y expectativas cierran nuestra mente y nos hacen rígidos, como si fuéramos cubos de hielo que tratan de protegerse frente al dolor. Por eso buscamos convertirnos en agua, en deshacer la dureza del hielo y ablandarnos, con el fin de ser más adaptables al cambio, más flexibles y abiertos, y así sufrir mucho menos.

2. Aceptación

Otro hábito automático de la mente es resistirnos y rechazar todas las experiencias que no nos agradan. A esto se le llama aversión. La resistencia en realidad no soluciona las cosas, sino todo lo contrario. A lo que te resistes, persiste. Sin embargo, lo que aceptas te transforma. Pero nuestro cerebro se aferra a lo placentero y divertido, y siente total aversión por lo desagradable, doloroso o incómodo, así que su reacción natural es huir o resistirse. Esta resistencia genera un enorme sufrimiento porque equivale a luchar contra la vida y esto es sencillamente agotador.

Lo cierto es que desaprender este modo automático de relacionarse con las experiencias es realmente uno de los mayores desafíos que nos vamos a encontrar. Pero como todo, con persistencia y entrenamiento, el *mindfulness* nos ayudará a deshacer el cubo de hielo duro y congelado que somos, que se resiste y trata de escapar de las cosas negativas de la vida, para convertirnos en agua que fluye, que se adapta a cualquier circunstancia con facilidad, y que además tiene una fuerza enorme para erosionar la roca más sólida.

La aceptación positiva de las partes oscuras y duras de nuestra vida nos proporcionará una paz interior inimaginable que cambiará nuestras vidas para siempre.

3. Curiosidad

Además de la apertura mental y de la aceptación, a través del *mindfulness* desarrollamos la curiosidad, una capacidad que vamos perdiendo a medida que vamos creciendo. «Esto ya lo conozco», «esto ya lo sé», «esto ya lo he probado» son frases habituales que consideramos positivas. Sobrevaloramos la experiencia que hemos acumulado en nuestras vidas y carreras profesionales, cuando en realidad nos está limitando más de lo que imaginamos, porque la falta de curiosidad nos hace rígidos mentalmente y nos lleva a perder frescura y creatividad, además de muchas oportunidades.

En el libro *Not Knowing*, Steven D'Souza y Diana Renner defienden, con numerosos ejemplos reales de personas de éxito (deportistas, empresarios, artistas, etc.), que el dejarse llevar excesivamente por lo que sabemos y por nuestra experiencia condiciona gravemente nuestra creatividad y nuestro rendimiento profesional. Los autores hablan de la importancia de lo que en la tradición zen se ha llamado «la mente de principiante»: es decir, aprender a vivir evitando el condicionamiento de lo que sabemos y transformar la incertidumbre en una oportunidad. Por otro lado, Michael Brown, autor del libro *El proceso de la presencia*, dice que «*solo podemos crecer cuando admitimos que no sabemos*».

La falta de curiosidad provoca que asumamos demasiadas verdades como absolutas, porque por supuesto las hemos comprobado una y otra vez gracias a nuestra experiencia. La experiencia, igual que los juicios, deseos y expectativas, no es algo negativo en sí mismo. La experiencia forma parte del sistema de supervivencia que hemos heredado de nuestros antepasados y nos ayuda a no volver a cometer errores innecesarios. La experiencia nos ayuda a no hacernos daño porque ya sabemos que si acercamos la mano al fuego nos quemaremos. O que si saltamos desde un décimo piso es casi seguro que nos mataremos. Por lo tanto, la experiencia es muy valiosa. Sin embargo, equiparar *experiencia* a *sabiduría* es un grave error: dejarnos condicionar por nuestra experiencia nos hace necios e ignorantes porque, al perder curiosidad asumiendo que ya lo sabemos todo, dejamos de probar cosas nuevas y nos perdemos un montón de oportunidades, tanto en el trabajo como en la vida.

Así que el *mindfulness* nos hace desaprender y cuestionamos muchas de nuestras creencias e ideas preconcebidas desde una actitud curiosa por aprender y explorar muy similar a la de los niños pequeños. Por eso no es de extrañar que con esta práctica poco a poco reconectemos con el niño interior que todos tenemos dentro y percibamos que la vida no es nada rutinaria, sino todo lo contrario. Nos asombraremos de las pequeñas cosas de la vida, como el color rojizo del cielo en un atardecer o el milagro de una tela de araña o la sonrisa de un niño. Quizá pienses que esto es cursi y ñoño, pero la realidad es que lo contrario es absoluta ignorancia.

Einstein, de hecho, dijo: «*Hay dos formas de ver la vida. Una es creer que no hay nada milagroso, y la otra es creer que todo lo es*». En mi caso, el *mindfulness* me ha abierto los ojos, me ha despertado a la experimentación directa de que todo es milagroso en esta vida. Y eso ha sido gracias a la reactivación de mi curiosidad.

Siempre pongo dos ejemplos que ayudan mucho para activar la curiosidad, tanto en la meditación formal como en la vida diaria. Se trata de imaginar que eres un científico que observa con interés y curiosidad todo lo que sucede en la práctica formal (tu respiración, tus sensaciones corporales, etc.) como si fuera la primera vez que percibes tu respiración, la primera vez que escuchas los sonidos de tu alrededor o la primera vez que notas tus sensaciones físicas.

El otro ejemplo es adoptar la mentalidad de un niño pequeño. Los niños pequeños son por definición curiosos. A veces demasiado, como cuando acercan sus dedos a un enchufe. Pues esta actitud de un niño que ve las cosas por primera vez y explora el mundo nos puede ayudar mucho a activar y entrenar la nuestra. En la vida cotidiana es importante recuperar la visión de un niño pequeño o la de un científico al saborear la comida, como si fuera la primera vez que degustaras un alimento, o cuando vas paseando por la calle, observando todo a tu alrededor como si fueras un científico curioso que está indagando en el laboratorio de la vida. Y, por supuesto, también en el trabajo, observándote a ti mismo, la forma en la que trabajas, las veces que te distraes, las veces que no te atreves a decir no, etc. La curiosidad nos abre los ojos a un mundo nuevo que actualmente no estamos percibiendo. Así que recuerda: conviértete a menudo en un niño pequeño o en un científico, lo que te ayude más, para ejercitar la curiosidad.

4. Amabilidad

Por último, gracias al entrenamiento de la atención plena, desarrollaremos la amabilidad y la compasión. En primer lugar, amabilidad con nosotros mismos, y después, amabilidad con los demás y con el mundo. Si no conectamos con nosotros, nunca conectaremos con los demás a nivel profundo. Si no aprendemos a ser amables con nosotros mismos, será difícil que lo hagamos con los demás, porque la rabia interior que sentimos por el hecho de tratarnos agresivamente, tarde o temprano saldrá al exterior y la volcaremos en los demás en forma de gritos, chantaje emocional o castigos.

Podemos también llamarlo «autocompasión» o empatía hacia nosotros. El caso es que cambiaremos radicalmente nuestra relación con nosotros y con la vida en general. Y esta cualidad también se entrena y se aprende. Cualquiera puede conseguir aumentar su actitud amable consigo mismo y con los demás. Una vez más, los juicios y prejuicios son un enemigo fundamental a combatir y dominar, porque son la principal fuente de agresividad hacia nosotros y el resto de personas. Pero es que además la agresividad perjudica el proceso de aprendizaje, al contrario de lo que pensamos; la dureza con la que nos tratamos nos impide mejorar y progresar en cualquier ámbito, ya sea al practicar un deporte, en nuestro rendimiento en el trabajo o en nuestra carrera profesional.

Sobre todas estas cualidades fundamentales del *mindfulness* (apertura, aceptación, curiosidad y amabilidad) profundizaremos en los próximos capítulos. Sirva esta introducción para dar una idea global de lo que es el *mindfulness*. No es simplemente una técnica. No es un simple entrenamiento de la atención. Es mucho más. Es un cambio total y absoluto de la relación que tenemos con todo: con nosotros, con los demás y con la vida hacia una relación más amable, más curiosa y más abierta, que es justo lo contrario a la relación que tenemos habitualmente con el mundo. Cultivaremos el modo del «ser» y del «sentir» para contrarrestar el modo del «hacer» y del «pensar» preponderantes en nuestra vida.

Al final, trabajaremos para ser personas más compasivas, más generosas, más empáticas y abiertas, en definitiva más humanas. Hace poco escuché a Richard Gere, conocido practicante de la religión y la meditación budista (una de las fuentes del *mindfulness*) en una entrevista en la televisión decir que convertirnos en personas cada vez más positivas, más compasivas y más generosas no es algo que se consigue en un día ni en un mes, sino que hay que trabajarlo día tras día. El *mindfulness* nos ayuda de forma estructurada y clara a mejorar cada día como seres humanos.

Mindfulness y meditación

Por cierto, he mencionado varias veces la meditación, y quizá tengas dudas sobre si el *mindfulness* es lo mismo que la meditación o es algo distinto. Pues bien, voy a aclararlo ya. *Mindfulness* es meditación. Eso sí, es un tipo de meditación concreta, que es el que hemos descrito en este capítulo, basada en las tradiciones meditativas milenarias de origen budista (meditación zen, Vipassana, meditación budista). Poner la atención en el aquí y ahora sin juicios y con aceptación es una forma de meditar. Hay otros tipos de meditación que no son *mindfulness*, como la meditación trascendental o la meditación con cuencos o con mantras. No voy a entrar aquí en comparaciones ni tampoco en describir cada uno de los diferentes tipos de meditación existentes; simplemente quiero aclarar que el *mindfulness* es un tipo de meditación.

¿Qué no es el mindfulness?

Por otro lado, después de haber detallado qué es *mindfulness*, creo que es muy útil explicar precisamente lo contrario: qué no es *mindfulness*. Es decir, voy a hacer un repaso de las ideas o mitos erróneos más comunes sobre el *mindfulness*:

- *El mindfulness no es una técnica de relajación.* El objetivo principal del *mindfulness* no es la relajación, sino entrenar la atención en el momento presente. Es cierto que uno de los efectos del *mindfulness* es que nos sentiremos más relajados la mayor parte de las veces que lo practiquemos, que no siempre va a ser así. A veces la práctica del *mindfulness* es incómoda y nada relajante. Pero, sobre todo, no se busca como objetivo principal la relajación porque cuando ordenamos a nuestro cerebro que se relaje, no funciona. Cuando ordenamos a nuestro cuerpo que se relaje, esto tampoco funciona. La sabiduría que nos da el *mindfulness* es que no debemos buscar nada concreto, pues todo lo que deseamos llegará de forma natural, sin forzar. La relajación y la paz interior llegarán a nosotros si no estamos obsesionados por alcanzarlas. Pero si forzamos, aunque sea de manera sutil, empeoraremos las cosas. En una clásica técnica de relajación, lo que buscamos es un estado determinado, normalmente diferente al que sentimos en este momento, mientras que en el *mindfulness* no buscamos un estado determinado, sino que simplemente observamos cómo estamos en el momento presente y sea lo que sea lo aceptamos incondicionalmente. Es una diferencia que puede parecer muy fina, pero que es realmente radical y fundamental. La relajación es un ejercicio muy beneficioso, pero no nos prepara para enfrentarnos a la vida de manera sólida porque constituye una especie de refugio para sentirnos protegidos, así que siempre querremos escapar o huir de lo desagradable o negativo de nuestras vidas. Sin embargo el *mindfulness* nos entrena realmente para la vida porque trabajamos con lo que tenemos momento tras momento, sin huir, sin escapar, sin pretender cambiar lo que está sucediendo, sin pretender obtener un estado mental o emocional determinado.

- *El mindfulness no es algo esotérico ni tiene que ver con ningún tipo de religión.* A pesar de que el *mindfulness* está basado en las técnicas milenarias contemplativas de Oriente, por ejemplo la meditación Vipassana o la meditación budista, como ya expliqué, no tiene nada que ver con la religión. Jon Kabat Zin seleccionó la esencia de la técnica pero quitándole todo tinte religioso. Y en realidad cualquier persona de cualquier creencia puede practicar *mindfulness* y obtener todos sus beneficios. Pero, además, toda religión tiene sus dogmas y sus verdades, que provienen de su Profeta, de su Dios o de sus escrituras sagradas. Y justamente el *mindfulness* nos entrena para huir de todo dogmatismo, para cuestionar todas las verdades absolutas que pretende introducir cualquier religión. Por otro lado, meditar no tiene nada que ver con levitar ni con nada esotérico; es una actividad muy normal y natural. Así que cuanto más la despojemos de adornos y rituales, más nos acercaremos a su verdadera esencia.

- *El mindfulness no es una técnica de autoayuda ni nada relacionado con la «New Age».* No es una moda pasajera ni tampoco tiene mucho que ver con la psicología positiva, aunque a veces se confunde con esta. Por ejemplo, en la psicología positiva nos dicen que cambiemos los pensamientos negativos por pensamientos positivos para llevar una vida más feliz y así alcanzar nuestras metas. Sin embargo, esa recomendación de eliminar todo lo negativo (pensamientos negativos, emociones negativas, experiencias negativas) puede causarnos muchos más problemas y un enorme sufrimiento innecesario. El *mindfulness* propone una alternativa que puede resultar extraña porque no estamos acostumbrados a ella: no eliminar nada. Al contrario, aceptarlo todo y observarlo con curiosidad. Y, como decía en el apartado de la relajación, todo lo que deseamos aparecerá de forma natural, no de forma artificial ni forzada. Además, cambiar un pensamiento negativo por uno positivo, o eliminar una emoción negativa en el momento en que aparece, es una estrategia demasiado simplista que no suele funcionar. Como comprobaremos en el capítulo relativo al hábito 5, existen estrategias mucho más efectivas para manejar nuestros pensamientos y nuestras emociones.

- *El mindfulness no es poner la mente en blanco ni parar los pensamientos.* Este es otro de los mitos sobre la meditación. Muchísima gente cree que meditar es poner la mente en blanco o no pensar en nada. Esa es una instrucción totalmente errónea y muy perjudicial. Muchas personas me han confesado que han intentado meditar en algún momento de sus vidas pero que abandonaron porque les parecía imposible poner la mente en blanco o detener los pensamientos. Por supuesto, ¡es que es imposible! Igual que el corazón produce latidos, nuestra mente produce pensamientos. Y es imposible no pensar en nada, al menos durante más de pocos segundos. Una vez más, si pretendemos conseguir un objetivo tan difícil nos frustraremos y pensaremos que no valemos para ello y a continuación abandonaremos, perdiendo quizá una oportunidad inmensa de transformar nuestras vidas y a nosotros mismos. Por lo tanto, olvídate desde este instante de que debes parar los pensamientos. El *mindfulness* propone observar y contemplar sin juicios nuestros pensamientos, aceptando totalmente lo que aparezca. Como comprobaremos, esta es la llave para manejar nuestros pensamientos y nuestras emociones, en lugar de lo que solemos hacer, que es tratar de eliminar nuestros pensamientos o intentar no pensar en nada cuando estamos preocupados.

Beneficios

Pero, ¿qué beneficios obtendremos si apostamos por el *mindfulness*? Cualquier persona, si empieza a practicar, tarde o temprano obtendrá estos beneficios. Daniel Goleman, en su libro *Focus*, defiende que si practicas veinte minutos durante tan solo cuatro días consecutivos, ya empezarás a percibir sus efectos positivos. Una alumna que asistió a mi curso de dos días, al encontrármela de nuevo me dijo entusiasmada que el curso le estaba cambiando la vida. Se sentía mucho más serena y feliz, relativizaba mucho las cosas, mientras que antes del curso dramatizaba y exageraba las situaciones, lo cual le generaba una tensión innecesaria. Me llamó la atención que dijera que ni su vida ni su trabajo habían cambiado nada, ya que seguía teniendo los mismos problemas y desafíos de siempre. Su vida seguía siendo igual de complicada. Sin embargo, la que había cambiado había sido ella porque afrontaba todo desde otro lugar. Con mucha curiosidad le pregunté qué había hecho para obtener unos beneficios tan profundos en tan pocos días. Me dijo que había practicado una técnica *mindfulness* aprendida en el curso, concretamente la atención en la respiración, durante tan solo diez minutos durante veintidós días después de que terminó el curso. Supongo que estarás de acuerdo conmigo en que el retorno a la inversión de tiempo y esfuerzo es altísimo.

Esencialmente todos desarrollamos los siguientes beneficios o habilidades gracias al *mindfulness*:

- *Habilidades cognitivas*: percibiremos una mayor capacidad para focalizarnos en lo importante, desarrollaremos una mayor visión estratégica y global siendo capaces de ver las cosas con más perspectiva, y también aumentaremos nuestra capacidad de concentración. Por último, notaremos una enorme claridad mental que nos ayudará a tomar mejores decisiones en la vida y en nuestra carrera profesional.

  Podríamos comparar nuestra mente con un vaso de agua lleno de sedimentos que acabáramos de agitar fuertemente. ¿Cómo estaría el agua? Turbia. Así está nuestra mente en el mundo VUCA: confusa, turbia, estresada. No vemos con claridad lo que tenemos delante de nuestras narices. Sin embargo, si dejamos quieto el vaso de agua durante unos cinco minutos, ¿qué sucederá? Que los sedimentos empezarán a reposar en el fondo por la fuerza de la gravedad y el agua poco a poco se volverá transparente y clara. Ese será el proceso que vivirá nuestra mente desde su estado actual de confusión y estrés hasta el de una mente clara y serena que será capaz de ver lo que tiene delante de sus narices. Todos hemos experimentado en nuestras vidas esa confusión mental desde la cual no éramos capaces de ver la solución a un problema determinado por mucho que le diéramos vueltas y vueltas. Y, de pronto, un buen día nos dimos cuenta de que la solución estuvo desde el principio ahí, delante de nosotros. El problema es que no éramos capaces de verla porque nuestra mente estaba cegada por los sedimentos, igual que el agua.

Los sedimentos son una metáfora de nuestros pensamientos, que nos confunden constantemente, y de emociones como el miedo, el estrés o la rabia, o las creencias o ideas limitantes. Cuando estamos bloqueados, con la mente en un estado similar al vaso de agua turbia, decimos cosas como «no soy capaz» o «esto es imposible de resolver» o la archiconocida frase «no tengo tiempo». Si alguna vez te encuentras diciendo alguna de estas frases, cuestiónatelas y practica una o varias sesiones de *mindfulness* para aclarar tu mente. Probablemente esas ideas se diluirán porque no son verdad.

Así que vamos a incrementar la claridad sobre lo que nos está bloqueando. Y gracias a esa claridad, podremos elegir cambiar y mejorar todo aquello que no funcione en nuestra vida o en nuestro trabajo. Y no es casualidad que el agua se vuelva clara y transparente cuando dejamos el vaso quieto. Eso es también lo que sucederá con nuestra mente. Necesitamos parar para que la mente se aclare. Pero ¡cuánto nos cuesta parar y dejar de hacer! No obstante, aunque no lo sepamos, eso es lo que necesitamos hacer en nuestras vidas: parar y quedarnos quietos, en silencio. Necesitamos urgentemente quietud y silencio en un mundo que fomenta lo contrario: ruido y velocidad sin respiro.

- *Habilidades emocionales*: Goleman defiende que el *mindfulness* es la herramienta práctica más efectiva para desarrollar todas las competencias de la inteligencia emocional. Las cinco competencias son la autoconciencia de nuestras emociones, la autorregulación de emociones, la automotivación, la empatía y las habilidades sociales o inteligencia social. Dentro de la gestión de emociones merece la pena destacar la gestión del estrés, que es lo primero para lo que se aplicó el *mindfulness*. Por otro lado, con el *mindfulness* gestionaremos mejor los cambios y la incertidumbre al entrenarnos en observar los eventos de nuestra vida y nuestras decisiones sin engancharnos en juicios y aceptando las experiencias tal y como son y no pretendiendo que sean de otra manera. Podemos defender que el *mindfulness* nos ayudará a ser más felices, la última aspiración del ser humano, porque dejaremos de luchar contra la vida y nos pondremos de su lado, aprovechando y disfrutando de todos los tesoros que nos regala a cada minuto. La felicidad —y esto lo dicen los científicos— se puede aprender y entrenar con estas técnicas.

¿Qué te parece, querido lector o lectora? ¿Merece la pena apostar por el *mindfulness*? Sinceramente, con muy poco esfuerzo podemos esperar muchísimo. No obstante, la clave para obtener todos los beneficios está en integrar esta práctica como una parte de nosotros, como un hábito para toda nuestra vida. Por eso el libro tiene como columna vertebral la definición de siete hábitos que tenemos que desarrollar para alcanzar una vida plena y exitosa.

¿Y por qué siete hábitos? Por un lado, es un pequeño homenaje al gran libro *Los 7 hábitos de la gente altamente efectiva* de Stephen Covey. Pero además tengo la firme convicción y la experiencia personal de que la única forma de alcanzar el éxito es a través de la perseverancia. Repetir una y otra vez de manera consistente las mismas conductas y acciones para hasta convertirlas en hábitos es fundamental para conseguir cualquier logro en la vida o en el trabajo. Nadie en la Historia de la Humanidad ha logrado nada relevante con una acción o conducta puntual. Científicos y deportistas, empresarios y artistas, todos han conseguido grandes logros gracias a incorporar determinadas conductas, acciones y decisiones como hábitos. Gracias a repetir y repetir muchas acciones, y también a acumular muchos errores y fracasos, han logrado sus objetivos. No podemos esperar conseguir una vida extraordinaria ni obtener el éxito en cualquier ámbito o disciplina haciendo algo de forma puntual. Así que el concepto de hábito tiene una importancia esencial en este libro.

A continuación exploraré en profundidad siete hábitos que debe incorporar una mente *mindful,* así como las pautas que todos podemos implementar para convertir una conducta o una acción en un hábito sostenible y duradero.

Los siete hábitos de *mindfulness* para el éxito que propongo son:

1. Sal del piloto automático
2. Focalízate en lo importante
3. Carpe Diem; vive aquí y ahora
4. Acércate al dolor
5. No creas a tu mente ni a tus pensamientos
6. Acepta la vida tal como «es»
7. Cuídate y trátate con amabilidad

Todos ellos deben trabajarse mediante la repetición de conductas, pensamientos y actitudes consistentes en el tiempo para convertirlos en una parte de nosotros y de nuestra forma de vivir y trabajar.

Así pues, una persona *mindful* sabe desactivar el piloto automático que lleva puesto frecuentemente para ser consciente de lo que está experimentando o haciendo (hábito 1); está focalizada permanentemente en lo importante y no se dispersa fácilmente (hábito 2); vive el presente de forma regular y disfruta con intensidad de los pequeños momentos (hábito 3); no rehúye las emociones y experiencias negativas y las afronta con coraje, extrayendo de ellas siempre un aprendizaje (hábito 4); cuestiona la verdad de los pensamientos generados por su mente, y especialmente cuando estos condicionan o limitan su vida (hábito 5); acepta la vida tal y como es aunque sea dolorosa y no se autoengaña pretendiendo que la vida debería ser de otra manera (hábito 6); y finalmente cultiva la compasión y la amabilidad consigo mismo y con los demás de manera constante, evitando juzgarse y tratarse duramente (hábito 7).

En el resto del libro profundizaremos en la metodología del entrenamiento *mindfulness*, en su forma de aplicarlo de forma directa y práctica en la vida, y en el trabajo para aumentar tu felicidad y potenciar tu eficiencia profesional y la claridad mental. Dedicaré un capítulo entero a cada uno de los siete hábitos de *mindfulness* para el éxito, que te garantizo transformarán tu vida por completo.

EL MÉTODO MINDFULNESS. TÉCNICAS FORMALES

«El mindfulness simplemente nos pide ver, abrirnos a nosotros mismos y, al hacerlo, abrirnos al mundo, aprendiendo a estar con aquello que se presente»

Saki Santorelli

¿Podría una persona correr una maratón si durante las últimas semanas hubiera estado sentado en el sofá y comiendo patatas fritas? Evidentemente no, y si alguien lo pretendiera, diríamos que se había vuelto loco. Las personas que han logrado terminar una maratón han tenido que estar varios meses entrenando unos cinco días a la semana, saliendo a correr en periodos intensos y largos.

Esto funciona igual con la mente. Una persona no puede decir un día: «a partir de mañana gestionaré bien mis emociones», o «a partir de mañana no voy a interrumpirme 200 veces consultando el móvil cuando esté haciendo una tarea importante», o «voy a empezar a disfrutar más del presente». Para llegar a conseguirlo hay que entrenar la mente durante meses, incluso años. Y, desde luego, cuantas más horas entrenemos la mente, más resultados obtendremos en la vida y en el trabajo. Este entrenamiento se realiza a través de lo que *The Center for Mindfulness* de la Universidad de Massachusetts denomina «práctica formal».

La práctica formal es la que realizamos de forma regular dentro de un espacio y tiempo controlados por nosotros. Es decir, imaginemos que decidimos practicar una técnica *mindfulness* todos los días por la mañana durante diez minutos en una habitación de nuestra casa. En el momento que previamente hayamos programado nos dirigiremos a esa habitación, cerraremos la puerta para evitar interrupciones y nos sentaremos a practicar. Para controlar el tiempo pondremos una alarma suave del móvil, o también podemos utilizar una de las muchísimas aplicaciones para móviles que existen, gratuitas y de pago, para programar el tiempo que hayamos elegido. Un sonido suave de campanitas zen nos indicará el final de la meditación. A mí personalmente me vale el móvil. Me resulta más cómodo y rápido. En la práctica formal nosotros decidimos el tiempo previamente. Pueden ser diez, veinte, treinta minutos. Lo que cada uno decida.

Yo, desde que comencé a meditar, he practicado entre veinte y treinta minutos diarios, aunque he tenido etapas de mayor y menor compromiso a lo largo de los años que llevo practicando. Esto es bastante normal y no nos debe desanimar o preocupar. Nuestra vida es cambiante e incierta, y nuestras circunstancias en cada momento harán que nos acerquemos con más ganas y motivación a la práctica, o bien que nos alejemos de ella al estar más dispersos en nuestra vida. Por eso, durante los doce años que llevo meditando, ha habido fases en las que he practicado veinte minutos y no todos los días de la semana. En otros momentos he practicado treinta minutos todos los días. Asimismo, he asistido a varios retiros en silencio de práctica intensiva en silencio, de entre cinco y siete días, que son experiencias absolutamente transformadoras y únicas, además de suponer un enorme avance y profundización en la práctica y en las cualidades del *mindfulness*. Pero hay años en los que no he ido a ningún retiro, y otros en los que he asistido a dos. Estos cambios son normales y los debemos aceptar.

Lo importante es no dejarlo, no abandonar completamente. Mantener un mínimo de práctica formal, aunque sea dos veces a la semana. Es mejor un poquito que nada porque practicar siempre produce efectos.

Eso sí, si queremos notar rápidamente los beneficios comentados, debemos practicar mucho. En el programa original de Massachusetts, el MBSR (*Mindfulness Based Stress Reduction*), se recomienda practicar en casa durante las ocho semanas que dura el curso, un mínimo de cuarenta y cinco minutos durante seis días a la semana. Esto es una auténtica barbaridad. Por eso, si te comprometes y haces lo que sea por cumplir esta recomendación, no cabe duda de que cuando termines el curso notarás muchos cambios en tu forma de afrontar los problemas y las dificultades de la vida, te sentirás más ligero y más libre, y probablemente más feliz y esperanzado. Ya hemos detallado que se han realizado muchas investigaciones científicas sobre el impacto del curso MBSR en sus participantes y cómo después de las ocho semanas el cerebro cambia su estructura al desarrollarse positivamente determinadas áreas del mismo como el hipocampo y el córtex cerebral.

La práctica formal es imprescindible, ya que constituye el momento de entrenar nuestra mente. Yo siempre llamo a este espacio nuestro particular gimnasio mental. Exactamente igual que cuando vamos al gimnasio a entrenar nuestro cuerpo, ejercitando los músculos con las diversas máquinas o potenciando nuestra resistencia corriendo en la cinta con la práctica formal entrenamos nuestra mente. No podemos saltarnos este entrenamiento, igual que no nos saltaríamos ir al gimnasio si quisiéramos tener un cuerpo en plena forma. Algunas personas me han preguntado en ocasiones si como práctica formal vale aprovechar una actividad cotidiana que ya estemos haciendo. Por ejemplo, si solemos hacer *running*, intentar poner la atención en la respiración o en las sensaciones del cuerpo mientras corremos. Obviamente hacer algo así sería tremendamente positivo, pero siempre como algo complementario al entrenamiento formal. A esto se le llamaría «práctica informal o cotidiana»: la práctica de la atención plena en cualquier situación de la vida cotidiana o del trabajo, es decir, estar presentes y conscientes en cualquier actividad o tarea que estemos realizando o en cualquier situación que estemos viviendo. Profundizaré en la práctica informal del *mindfulness* en los últimos capítulos del libro. De momento quedémonos con esta diferenciación importantísima. La práctica formal es el entrenamiento de la mente en un espacio y en un tiempo controlados por nosotros, mientras que la práctica informal es la aplicación del *mindfulness* (atención plena o conciencia plena) a cualquier momento o experiencia de nuestra vida.

En la práctica formal nos entrenamos para la vida. Y para ello es esencial que tengamos un cierto control de las condiciones y del entorno en el que vayamos a practicar. A continuación, detallo una serie de recomendaciones para la práctica formal:

- *Cumple con aquello a lo que te has comprometido cada día.* Si un día hemos decidido practicar, por ejemplo, diez minutos, pongamos la alarma a los diez minutos y no nos levantemos hasta que suene (a no ser que haya una emergencia, claro). El cumplimiento del compromiso irá fortaleciendo nuestra disciplina y nuestra confianza. Si nos dejamos llevar por los caprichos de nuestra mente, el avance será muy pequeño. Por ejemplo, imaginemos un día que nos sentamos a practicar y nos sentimos incómodos o impacientes porque la mente nos está machacando recordándonos todas las cosas que tenemos que hacer, diciéndonos que estamos perdiendo el tiempo, que eso es una tontería, que no vale para nada, etc. Esto es lo que hace la mente, tratar de confundirnos y enviarnos mensajes basados en sus miedos y conductas automáticas. Si le hacemos caso y nos levantamos antes de tiempo habremos perdido una pequeña batalla. Y ya sabemos que las guerras se ganan a base de ir ganando pequeñas batallas.

Además, merece la pena recordar que la autoestima depende exclusivamente de cumplir aquello con lo que uno se compromete. Cuando una persona decide hacer algo y luego no lo cumple, su autoestima se hunde un poquito. Y cada vez que vuelva a incumplir un compromiso consigo mismo, su autoestima se hundirá un poquito más. Y así sucesivamente. Por el contrario, si nos comprometemos a hacer algo y lo hacemos, sucederá lo contrario. Las personas no saben el impacto enorme que tiene en sus vidas el hecho de no cumplir aquello con lo que se comprometen porque la baja autoestima afecta a todas las áreas de nuestras vidas.

Así que, simplemente haz lo que habías decidido hacer. De hecho, cada día podemos ir modificando ligeramente el tiempo de nuestra práctica. Quizá un día tengamos una reunión de trabajo muy temprano y no tengamos tanto tiempo para la práctica formal. No pasa nada si ese día decidimos, en lugar de diez minutos, meditar cinco. O quizá otros días nos animemos a practicar quince o veinte minutos. El caso es no abandonar la práctica antes de que suene la alarma que hayamos puesto en función de nuestra intención.

- *Hazlo, te apetezca o no.* La práctica debemos realizarla independientemente del estado de ánimo que tengamos cada día, que por supuesto será cambiante. El peligro es que nos dejemos llevar, una vez más, por el caballo salvaje y caprichoso de nuestra mente que nos dirá que hoy no lo hagamos porque estamos muy nerviosos por un problema concreto, o porque estamos muy cansados o desanimados. Tratará de engatusarnos con frases como: «No hay problema por fallar un día, mañana lo harás» o «hoy quédate en la cama, que se está muy a gusto». Es fundamental hacerlo, ir a nuestro espacio controlado evitando que la mente se apodere de nosotros y nos domine, sin pensar demasiado, actuando sin cuestionarnos ni dudar.

- *No busques resultados o un objetivo.* Hay una historia de un joven que se marchó de su casa para estudiar con un reputado maestro zen. Cuando conoció al viejo sabio, le preguntó:

  —Maestro, ¿cuánto tardaré en ser tan sabio como tú?

  El sabio le respondió:

  —Cinco años.

  —Eso es mucho tiempo —replicó el muchacho sorprendido—. ¿Y si estudio y me esfuerzo el doble?

  —Entonces tardarás diez años —contestó el maestro. A lo que el muchacho protestó frustrado:

  —Eso es demasiado tiempo. ¿Y si estudio también por las noches?

  —Entonces, quince años —dijo el sabio.

  —No lo comprendo —dijo el chico ya muy contrariado y confuso con las respuestas del maestro—. Cada vez que prometo dedicar más energías a mi entrenamiento, tú me dices que tardaré más en lograr mi objetivo. ¿Por qué?

  El sabio, entonces, contestó:

  —La respuesta es muy sencilla. Si tienes los dos ojos puestos en el destino que esperas alcanzar, no te quedará ninguno para que te guíe en el camino.

  Esta historia nos enseña que debemos practicar evitando tener expectativas sobre la obtención de un resultado específico para la práctica diaria o pretendiendo alcanzar un objetivo concreto en el corto o medio plazo.

Simplemente siéntate, pon la alarma y comienza a practicar sin esperar ni desear nada. En realidad, da igual que unos días estés más atento y otros tu mente te distraiga innumerables veces. El entrenamiento funciona exactamente igual aunque pienses que lo estás haciendo mal. Por otra parte, no esperes sentirte bien siempre. Porque tu experiencia no será esa. A veces sentirás una gran paz, una enorme quietud y una increíble concentración. Y otros días sentirás una gran agitación e incomodidad. Es posible que algunos días te duela la espalda o las rodillas, o que tu respiración sea difícil. Todo lo que te suceda es normal, y de hecho está bien. Los momentos de incomodidad y de emociones desagradables son perfectos para ejercitar la apertura mental y la aceptación. Piensa que lo que te suceda en la práctica, sea lo que sea, es una prueba para tu aprendizaje y crecimiento. Pero olvídate de lograr un resultado; elimina desde ya las ideas limitantes de «estoy haciéndolo bien» o «estoy haciéndolo mal»; nunca lo harás mal, simplemente lo harás o no lo harás. Recuerda que hay otro mundo mucho más allá de la visión limitada de una mente que emite juicios y expectativas.

- *Recuerda siempre las cuatro cualidades del mindfulness.* Ten presente practicar las cuatro cualidades: apertura, aceptación, curiosidad y amabilidad, abriéndote a la experiencia tal y como es, aceptando incondicionalmente todo lo que experimentes, todo lo que surja en el tiempo de práctica: dolores corporales, ruido mental, sensaciones o emociones imprevistas, etc.

Practica como si fuera la primera vez que lo haces, con toda tu curiosidad, con «la mente de principiante» que propone la filosofía zen. Además, no te aferres a tus juicios sobre lo que suceda, obsérvalo todo sin reaccionar. Por último, durante la práctica mantén una actitud amable y compasiva hacia ti, tolerando las distracciones de tu mente, tomándolas como algo natural y siendo cuidadoso con tu cuerpo, evitando forzarlo y tensarlo innecesariamente con alguna postura excesivamente rígida o rigurosa.

Técnicas formales

Ya hemos visto algunas recomendaciones fundamentales para la práctica formal. Ahora vamos a detallar el método del entrenamiento y también las distintas técnicas que podemos practicar durante esos de diez a treinta minutos diarios. En definitiva, vamos a explicar la metodología. En el gráfico siguiente puedes ver de forma simple cuál es la esencia del entrenamiento *mindfulness*:

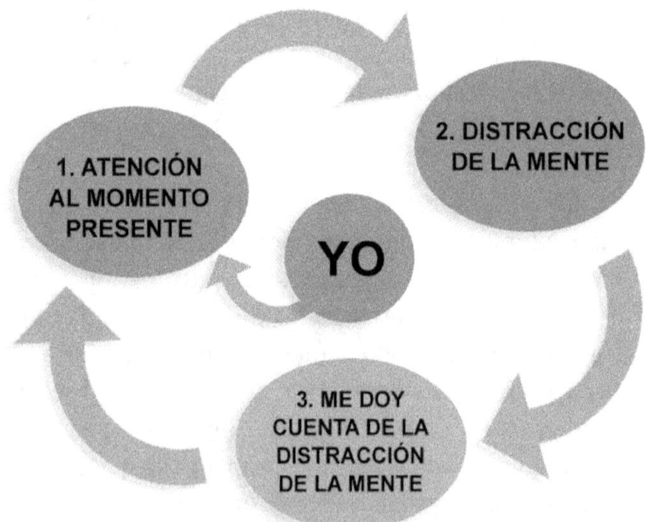

Imagen 1. El método de entrenamiento *mindfulness*.

El método consiste en focalizar tu atención en un objeto determinado en el momento presente y mantener dicha atención. Cuando te des cuenta de que tu mente se ha distraído del objeto, vuelves a focalizarla en él. Aunque llevemos años practicando, al cabo de unos segundos o minutos nuestra mente se distraerá del foco de atención. Sin embargo, a veces y sobre todo cuando empezamos a practicar, podemos pasarnos varios minutos sin darnos cuenta de que nuestra mente se ha desviado del objeto de atención.

Una vez que hayamos devuelto la atención al objeto, al poco tiempo nuestra mente volverá a distraerse y el ciclo se repetirá de nuevo, cientos de veces en un periodo de práctica formal. Las distracciones son parte del entrenamiento y debemos tomarlas como algo natural, evitando pensar que estamos haciéndolo mal y que lo que hacemos no está sirviendo para nada. Yo, después de doce años practicando regularmente a diario, sigo distrayéndome todos los días varias veces. La naturaleza de la mente es divagadora y por tanto el objetivo es estar atentos para darnos cuenta enseguida de ello con el fin de devolver el foco de la atención al momento presente.

Cuanto más practiquemos más notaremos avances claros. Por ejemplo, cada vez nos daremos cuenta antes de la distracción de la mente, y por tanto, antes devolveremos el foco de nuestra atención al objeto. También percibiremos que somos capaces de estar más tiempo focalizados en el objeto de atención con menos distracciones.

Dependiendo de cuál sea el objeto de atención, el tipo de distracción será ligeramente diferente. Pero hay dos tipos de distracciones que son comunes a todas las técnicas: los pensamientos y el sueño. Los pensamientos del pasado y del futuro son una fuente de distracción constante. La mente no descansa ni un momento y enseguida nos confunde recordando acontecimientos pasados, preocupándose por cosas del futuro que aún no han sucedido, o por todas las tareas que hay que hacer. Además, otro tipo de pensamientos son los juicios, las expectativas y los deseos, de los que ya hemos hablado. Pero también la mente genera fantasías, imágenes, ensoñaciones sin sentido, y esto también es normal; tranquilo que no estás enloqueciendo. Por tanto, debemos estar muy alerta para detectarlo cada vez que la mente se desvíe con pensamientos o imágenes, porque estos son la principal fuente de distracción.

Por otro lado, y especialmente cuando empezamos a practicar, es habitual sentir sueño o somnolencia. Aunque el principal objetivo del *mindfulness* no es sentirse relajados, es obvio que uno de sus efectos puede ser la relajación. De hecho, hay personas que cuando comienzan, al bajar tan drásticamente su nivel de actividad y estrés habituales caen totalmente dominadas por el sueño; empiezan a dar cabezadas y a veces se duermen profundamente. Evidentemente, dormirse no es el objetivo del *mindfulness*; a mantenernos despiertos pueden ayudarnos la postura física y también el practicar con los ojos semiabiertos o incluso totalmente abiertos. Yo alterno la práctica formal con los ojos abiertos y con los ojos cerrados. Muchos días lo hago con los ojos abiertos y eso me ayuda a no quedarme dormido y a estar más vigilante. Pero si practicas con ojos abiertos es fundamental sentarse frente a una pared o superficie que no te distraiga. No te sientes frente a una librería o a una zona llena de marcos de fotos o de objetos de distinta clase porque todo eso te distraerá constantemente. Yo practico frente a una pared lisa, sin nada que me distraiga.

Con esta metodología entrenamos la mente y desarrollamos fundamentalmente dos habilidades que son las propias de una mente *mindful*: foco y consciencia. *Foco* es concentrarse en lo que estás haciendo en este momento. *Consciencia* es reconocer o darte cuenta de lo que te distrae en cada momento de ese foco. En la práctica formal el foco lo desarrollamos centrándonos en el objeto de atención, y la consciencia la desarrollamos cuando nos damos cuenta de que nos hemos distraído. Este entrenamiento de la atención es comparable al de un levantador de pesas que fortalece el músculo del bíceps. Cada vez que levanta las pesas, los músculos se hacen más fuertes. En el *mindfulness*, cada vez que nos damos cuenta de que nos hemos distraído y devolvemos la atención al objeto elegido, hacemos lo mismo: fortalecer el músculo mental de la atención.

El método y las cuatro cualidades

En cada fase del método tenemos cientos de oportunidades de entrenar las cuatro cualidades del *mindfulness*. En la primera fase, la atención al objeto, podemos desarrollar la curiosidad, la apertura y la amabilidad. Siendo curiosos con el objeto en el que fijamos la atención (tu respiración, las sensaciones de tu cuerpo, los sonidos, tus pensamientos, etc.), no dando por hecho nada, indagando como si fuéramos científicos que observan con interés. También tu atención hacia tu respiración o tu cuerpo deben ser amables, evitando al máximo dejarte enganchar por los juicios y la agresividad. Así pues, la invitación en esta primera fase del método es a abrirte a la experiencia, es decir, desarrollar la apertura mental, evitando generar deseos de que tu experiencia sea diferente (por ejemplo, que tu respiración sea más profunda o más lenta de lo que está siendo).

Obviamente en la fase 2 no puedes entrenar ninguna capacidad porque estás en el limbo, es decir, en modo inconsciente. Tu mente se ha distraído del momento presente y te encuentras dominado por tus pensamientos. Por eso, esta fase es la única en la que no estamos en modo mental *mindfulness*.

En la fase 3, cuando te das cuenta de que te has distraído, puedes ejercitar la amabilidad contigo mismo, porque en este momento es muy fácil que surjan la autoexigencia y los reproches. Puede que te enfades, sobre todo cuando te hayas distraído veinte veces en unos pocos minutos, y empieces a juzgarte o a decirte cosas feas como que no vales para esto, que es mejor que abandones, y cosas por el estilo. Es fundamental en ese momento recordar la cualidad de la amabilidad. Ser autocompasivos e indulgentes con nosotros mismos, recordándonos que las distracciones son totalmente normales y que forman parte del proceso de entrenamiento. Y, sin más, evitando desgastar energía en enfadarnos o juzgarnos, devolver la atención al objeto de la meditación.

La aceptación puedes ejercitarla en las fases 1 y 3, porque sin duda habrá muchas sensaciones incómodas o dolores, tensiones en el cuerpo que no te agradarán. Es el momento de aceptar la experiencia a medida que se presenta, igual que cuando te das cuenta de que te has distraído es esencial aceptar la distracción, aceptar que no eres perfecto ni buscas la perfección, y volver a la respiración, o al cuerpo, o a los sonidos en el momento presente.

Así que, como ves, el método está muy bien pensado, no solo para que ejercites el músculo mental de la atención, sino también para que vayas desarrollando las cuatro cualidades del *mindfulness*. Además, está diseñado para que puedas detectar todos los aspectos que están limitándote y generándote sufrimiento en tu vida, porque todo lo que te suceda en la práctica formal es un reflejo directo de lo que te sucede en la vida. Si estamos atentos, podremos ver con mucha claridad qué es lo que nos está bloqueando y qué es lo que nos está generando tensión y ansiedad.

Por ejemplo, si en la práctica aparece frecuentemente la impaciencia porque estamos deseando que termine el tiempo de la meditación, seguro que en nuestra vida la impaciencia también nos está generando problemas. O, por ejemplo, si cada vez que nos distraemos del objeto de atención nos castigamos y juzgamos duramente, esa actitud de autoexigencia extrema será habitual en nuestra vida real cada vez que cometamos un error o tomemos una mala decisión. Así que mantente muy atento en la meditación formal porque empezarás a ver muchas cosas sorprendentes sobre ti mismo, algunas de ellas no precisamente agradables, aunque otras sí serán increíblemente poderosas y maravillosas. En caso de descubrir o tomar conciencia de algo oscuro sobre ti o sobre tu vida es esencial que traigas la amabilidad y la autocompasión a ese momento y que no te juzgues sino que ejercites la comprensión y la empatía contigo mismo.

Diferencias entre el estado de flujo y el estado mindfulness

La atención que entrenamos a través del *mindfulness* no es una atención de tipo «*flow*», en la cual nos olvidamos de nosotros y quedamos totalmente abducidos por el objeto de atención. A este estado de olvido de uno mismo por estar concentrado en una tarea se le ha denominado «estado de flujo» o «*flow*». El psicólogo Mihály Csíkszentmihályi, que ganó fama mundial con la teoría del flujo, lo describe así: «*El flujo o, estado de flow, es un estado subjetivo que las personas experimentan cuando están completamente involucradas en algo hasta el extremo de olvidarse del tiempo, la fatiga y de todo lo demás, excepto la actividad en sí misma*». Este estado de flujo suele ir acompañado de una sensación de placer una vez concluida la tarea. Pero mientras esta se está desarrollando, ni siquiera nos damos cuenta de si nuestro estado está resultando agradable o desagradable. Es decir, las características del estado de flujo tienen matices muy distintos al estado *mindfulness*.

En el *mindfulness* uno de los objetivos es desarrollar la meta-atención, que es la atención sobre cómo es nuestra atención. Es la capacidad de ser conscientes de que somos conscientes, o la capacidad de percibir que nuestra atención se ha desviado, o si nuestra atención es concentrada, expandida, débil o fuerte. Aunque parezca extraño, cuando llevamos un tiempo entrenando, cualquiera de nosotros es capaz de desarrollar la metaatención. Es como si hubiera un observador que observara al observador, o como dice la maestra de meditación Vipassana Patricia Genoud «*ser consciente de la consciencia del momento presente*». Este estado, y en general el estado mental *mindfulness*, en mi opinión es mucho más poderoso que el estado de flujo, en el cual no nos damos cuenta de nada porque estamos totalmente absorbidos por la tarea. Y, por lo tanto, no aprendemos nada sobre nuestra mente ni sobre nosotros. En el siguiente gráfico resumo las diferencias que, desde mi experiencia, existen entre el estado de flujo y el estado *mindfulness*:

Estado de flujo (*flow*) de Csíkszentmihályi	Estado *mindfulness* (atención plena)
• Nos olvidamos de nosotros y del entorno	• Somos conscientes de nosotros y del entorno
• Concentración total y exclusiva en el objeto o tarea que estamos realizando	• La concentración en el objeto o en la tarea no es exclusiva, sino que nuestra atención es más global: atención a las distracciones de la mente, al cuerpo, al entorno (meta-atención)
• Sensación de fluidez	• Sensación de consciencia
• Desarrollamos el foco y la concentración	• Desarrollamos el foco, la concentración, la consciencia y las cuatro cualidades: apertura, curiosidad, aceptación y amabilidad con nosotros mismos
• Sentimos bienestar y placer después de terminar la tarea porque durante la tarea no somos conscientes de nada	• Sentimos bienestar y placer durante la tarea, y también después por el hecho de haberlo hecho con consciencia

Imagen 2. Diferencias entre el estado de *flow* y el de *mindfulness*.

El mismo Csíkszentmihályi dice que el estado de flujo se puede lograr a través de la práctica de la meditación. Pero está claro que con la meditación *mindfulness* se puede lograr mucho más. Las distintas técnicas *mindfulness* entrenan nuestra mente para la atención focalizada, que equivaldría al estado de flujo, pero también para la atención expandida o periférica, en la cual, no solo somos conscientes del objeto de atención o de la tarea, sino de qué hace nuestra mente, cómo nos condiciona o distrae, y también del entorno que nos rodea. Por eso para mí el estado *mindfulness* es sin duda el estado superior de la mente, con el que desarrollamos todo nuestro potencial.

La postura física

La postura es importante porque lo ideal es practicar en una posición que nos ayude a mantener la atención. Por ejemplo, sentados. No obstante, como veremos más adelante, el *mindfulness* se puede practicar en las siguientes cuatro posturas: sentado, tumbado, de pie, y caminando. Por supuesto, si practicamos tumbados tenemos más posibilidades de quedarnos dormidos. En cualquier caso lo haremos sobre una superficie llana, en el suelo sobre una esterilla de yoga o una alfombra, con el fin de que no sea excesivamente cómodo. Aun así, es fácil dormirse cuando practicamos tumbados, por lo que es interesante la opción de abrir los ojos.

En las siguientes imágenes puedes observar las diferentes opciones de la postura de meditación sentado. Yo lo llamo una postura de dignidad, con la espalda recta, el cuello alineado con la espalda también recta, hombros ligeramente hacia atrás para permitir llenar de oxígeno los pulmones y expandirse al abdomen, y las rodillas a una altura más baja que las caderas para proteger la espalda. La inmovilidad del cuerpo es fundamental para aquietar la mente.

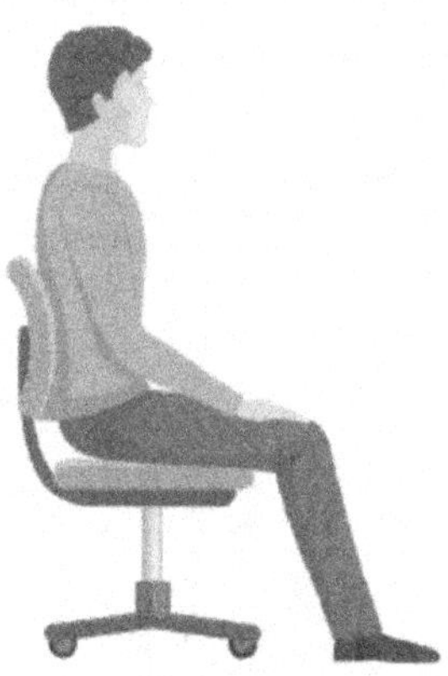

Imagen 3. Postura de meditación sentado en una silla[8].

Sentado en una silla puedes practicar *mindfulness*. Si la silla tiene un respaldo recto, puedes apoyar la espalda si te sientes más cómodo. Sin embargo, si tiene un respaldo que se prolonga hacia atrás, debemos alejar nuestra espalda para no tener ningún contacto con ella, o tenerlo solo con la parte inferior del respaldo. Porque si nos dejamos llevar, nuestro cuerpo se echará hacia atrás y nos relajaremos demasiado, perdiendo atención y consciencia. Los pies deben estar bien asentados en el suelo, nada de cruzar piernas ni pies. El contacto con la tierra tiene un componente esencial porque la meditación nos conecta con la realidad, y con la postura también buscamos aterrizar y conectar con la realidad.

En cuanto a las manos, podemos dejarlas encima de nuestros muslos de forma cómoda, o bien juntarlas en el regazo o en el abdomen formando una especie de cuenco, con una mano envolviendo por debajo a la otra y los dedos pulgares en ligero contacto. La forma de cuenco es un modo tangi-

---

8   Adaptado del libro *Vivir con plenitud las crisis* de Jon Kabat-Zinn.

ble y fácil de comprobar que estamos atentos aquí y ahora. Si no estamos atentos, la forma del cuenco se deshará y perderemos el contacto de los pulgares.

En la imagen siguiente puedes observar varias opciones, con más zonas de contacto de nuestro cuerpo con el suelo.

Imagen 4. Tres posturas de meditación sentado en el suelo[9].

Yo particularmente medito todas las mañanas en la postura 1: en el suelo, con la cadera abierta y las rodillas en contacto con el suelo. Me ayudo con un cojín especial de meditación llamado *zafú*, que es especialmente duro. Es esencial utilizar este cojín porque eleva la columna vertebral de modo que las rodillas descienden por debajo de las caderas, evitando dañar la espalda y haciendo que se mantengan en contacto con el suelo. Si la flexibilidad de tu cuerpo no permite que alguna de tus rodillas esté en contacto con el suelo, pon debajo de esa rodilla una manta o un pequeño cojín, de modo que la rodilla esté sostenida por algo y no en el aire.

También existen las opciones 2 y 3, en las cuales nos ponemos de rodillas, apoyando nuestras nalgas en el *zafú* o bien en una banqueta especial de meditación, que tiene

---

9 Adaptado del libro *El camino del mindfulness*, de John Teasdale, Mark Williams y Zindel Segal.

muy poca altura. Son también posturas válidas y sanas para la espalda. En los retiros intensivos alterno estas posturas porque es imposible estar cinco días consecutivos practicando meditación durante doce horas en una sola postura. Las rodillas y los tobillos empiezan a doler de forma insoportable y por eso conviene ir cambiando de posición para que la presión vaya trasladándose de una zona a otra del cuerpo.

Todas las posturas de práctica formal sentada nos proporcionan el marco ideal para mantener nuestra atención en el momento presente. No se busca la excesiva comodidad, pero tampoco una postura demasiado rígida o dolorosa porque si el cuerpo nos duele demasiado será más difícil realizar nuestro entrenamiento mental de la atención. Además, la cualidad de la amabilidad se ejemplifica también con la postura. Ante todo debemos cuidarnos y evitar tensar o forzar nuestro cuerpo de forma excesiva. No tiene ningún sentido lesionarse en plan masoquista; eso no nos conducirá a ningún éxtasis espiritual e iríamos en contra de algunos de los valores clave del *mindfulness*: la amabilidad y la autocompasión.

Lo bueno que tiene esta variedad de posturas es que si un día no hemos podido practicar en nuestra habitación, en nuestro espacio controlado, podemos hacerlo en cualquier lugar mientras haya una silla o una butaca: en el avión, en el tren, en un despacho, etc. Por ejemplo, yo cuando tengo que coger un avión muy pronto y debo madrugar mucho, no me levanto media hora antes para meditar. Esos días decido cuidarme demostrándome amabilidad y no me levanto antes porque eso significaría dormir muy poco. Y, a cambio, realizo mi práctica formal en el avión, una vez que hemos despegado, sentado cómodamente en mi asiento. Cierro los ojos y empiezo a meditar, poniéndome la alarma del móvil al final del tiempo de práctica que he decidido previamente.

Las técnicas formales mindfulness

Como decía antes, el método consiste en primer lugar en focalizar la atención de la mente en un objeto. Los objetos pueden ser los siguientes:

- La respiración
- El cuerpo entero y sus sensaciones físicas
- La sensación física de una parte del cuerpo
- Los sonidos
- Los pensamientos
- Las emociones

La ventaja es que todo esto lo tenemos siempre al alcance de nuestra mano para utilizarlo en nuestra práctica: nuestra respiración, nuestro cuerpo, los sonidos de nuestro alrededor, y los pensamientos o emociones.

Como instrucción común a prácticamente todas las técnicas, se recomienda respirar por la nariz, tanto en la inhalación como en la exhalación. Hay varios motivos. Uno de ellos es que el aire entra en los pulmones más cálido y húmedo cuando inspiramos por la nariz, lo cual es mucho más sano que cuando respiramos por la boca. La razón de esto está en unos filamentos que tenemos en las fosas nasales, que realizan esta función de depuración del oxígeno. Además, la respiración nasal potencia la respiración diafragmática o abdominal, un tipo de respiración que genera calma y sensación de bienestar. La respiración abdominal nos ayuda a serenar la mente, en contraposición con la respiración torácica, que es normalmente lo que realizamos cuando aspiramos el aire por la boca, que es un tipo de respiración más superficial y que nuestro organismo utiliza de forma automática en la vida diaria y en especial en los momentos de emergencia para reaccionar con mayor rapidez.

La respiración abdominal es la predominante cuando nacemos. Puedes comprobarlo mirando cómo respira un recién nacido. Pero a medida que crecemos vamos perdiendo el hábito de este tipo de respiración y durante prácticamente todo el día respiramos hinchando y deshinchando el tórax. La respiración abdominal potencia además nuestro sistema inmunológico y en general reduce las hormonas del estrés, por lo que es realmente beneficiosa para la salud. A través de la respiración abdominal entra mucho más oxígeno en nuestros pulmones, en todas las células de nuestro organismo y también en nuestro cerebro, que necesita oxígeno para funcionar a máximo rendimiento.

Por otro lado, si atendemos a la sabiduría de las tradiciones espirituales orientales en las que se basa el *mindfulness* y a otras tradiciones espirituales milenarias, todas ellas dan una importancia fundamental a la respiración nasal y diafragmática como un recurso para alcanzar serenidad mental y conseguir estados de conciencia elevados.

De todos modos, no debemos obsesionarnos con lograr respirar de forma abdominal. Esto debe venir poco a poco sin forzar, por sí solo, practicando la respiración nasal sin más, inspirando y espirando el aire por la nariz, de forma natural y sin forzar. En las prácticas *mindfulness* se nos indica que observemos la respiración mientras respiramos por la nariz, pero no que intentemos hinchar y deshinchar el abdomen con cada respiración, porque eso sería forzar o querer tener una experiencia distinta a la que quizá estemos teniendo, lo que va en contra del espíritu de la atención plena. Por tanto mi recomendación es que te limites a inspirar y espirar por la nariz y te olvides de hinchar el abdomen como se nos indica en muchas técnicas de relajación, y todo llegará por sí mismo. El día menos pensado te darás cuenta de que tu tripa se dilata y se contrae suavemente con tus respiraciones.

Y cuanto más practiques la respiración nasal, más fácil te resultará acceder a la respiración abdominal en tu vida diaria.

Vamos a repasar brevemente las instrucciones básicas de cada una de las técnicas. No voy a extenderme porque te voy a proporcionar un audio con las instrucciones detalladas de la mayoría de las técnicas, que he grabado con mi voz, y que puedes descargarte con ayuda de los bidis que te proporciono en cada una de ellas o desde mi canal de YouTube[10].

Estos audios son muy útiles como apoyo cuando empezamos, y si quieres puedes practicar cualquier técnica con la guía de los audios. De esta forma aprenderás de forma inconsciente las pautas básicas y con el tiempo podrás practicar si quieres sin el apoyo de los audios.

Técnica #1. Atención a la respiración

Siéntate con una postura que te permita estar relajado y alerta a la vez. Cierra los ojos. Durante el tiempo que decidas, practica la atención sobre el proceso de tu respiración, inspirando y espirando por la nariz. Presta atención a la respiración con frescura (mente de principiante), sin intentar modificarla ni controlarla, descubriendo sus sensaciones como si fuera la primera vez que respiras, sensaciones en las fosas nasales, en el pecho, en el abdomen, observando cómo este se dilata y contrae. Enfócate en observar cada inspiración y cada espiración, y también el espacio entre ambas. Cada vez que te des cuenta de que tu mente se ha distraído del objeto (la respiración), simplemente devuelve la atención a la respiración, sin reproches ni juicios, cultivando la amabilidad contigo mismo.

---

10   https://www.youtube.com/javiercarril

Las primeras veces que se practica esta técnica es normal que forcemos la respiración, que respiremos muy intensamente. Con esa respiración puede que hiperventilemos y nos mareemos. Si te mareas, intenta suavizar la respiración y dejar que suceda, en lugar de respirar fuerte.

Otra experiencia habitual es relajarse demasiado y casi dormirse. Ten en cuenta que el sueño es una distracción más, así debemos tomarlo. Por lo tanto es importante practicar cuando estés despierto y en las posturas que he recomendado en este capítulo.

Además, meditando es muy normal ser mucho más consciente del resto de sensaciones físicas o incluso de los sonidos de alrededor. Esto es porque la respiración nos lleva directamente al momento presente y a una mayor conciencia, por lo que de forma natural nos damos cuenta de cosas que antes no percibíamos. Por ejemplo, notaremos picores o tensiones que antes no sentíamos. Será una buena señal de que estamos conscientes, en el presente.

A continuación puedes descargarte un ejercicio *mindfulness* de respiración con ayuda de este bidi:

Técnica #2. Contar las respiraciones

Esta es una variante interesante de la técnica anterior. Se trata de practicar la atención sobre el proceso de la respiración, inspirando y espirando por la nariz, pero en este caso concentrándonos en contar nuestras respiraciones del 1 al

10, las inspiraciones con los números impares y las exhalaciones con los números pares. De esta manera: primera inspiración (1), primera exhalación (2), siguiente inspiración (3), siguiente exhalación (4), y así sucesivamente hasta llegar al número 10... Cuando llegues al 10, vuelve a empezar y así hasta el fin del tiempo programado.

En esta técnica lo normal es que te pierdas en la cuenta por falta de atención, y que de pronto te encuentres contando por el número 25, o bien no sepas por qué número ibas. En ese caso, con amabilidad y aceptación, vuelve a empezar desde cero de nuevo.

Muchos participantes encuentran tremendamente útil esta técnica, pues les resulta más fácil concentrarse y no dejarse llevar por distracciones. Estoy de acuerdo; es una técnica fantástica para empezar a ir logrando una mente más enfocada y concentrada. Yo estuve practicando durante los primeros años esta técnica exclusivamente y me resultó tremendamente valiosa, pues permite comprobar de una manera muy tangible si tu mente está distraída o está concentrada. Si te pierdes muchas veces es que estás muy distraído. Pero también tiene la ventaja de que es muy fácil la comprobación de que estás avanzando, porque a medida que practiques, irás notando que cada vez te pierdes menos en la cuenta. Y al cabo del tiempo, como me sucede a mí, puedes estar veinte o treinta minutos seguidos sin haberte perdido ni una sola vez en la cuenta del 1 al 10.

Técnica #3. Atención a los sonidos

Siéntate con una postura que te permita estar relajado y alerta al mismo tiempo. Cierra los ojos. Durante el tiempo que decidas, practica la atención sobre cualquier sonido que aparezca y desaparezca momento tras momento, como si tuvieras un potente radar dentro de ti capaz de detectar cualquier sonido, desde el más cercano al más sutil o lejano. Presta mucha atención a los sonidos sin juzgarlos como agradables o desagradables, sin generar imágenes o significados, solo tratando de experimentarlos como sonidos puros, escuchando con la mayor atención. También pon toda tu atención en el espacio de silencio que hay entre un sonido y otro, a los cambios en los sonidos, de volumen, de intensidad, a cómo aparecen, cómo luego desaparecen, cómo otros se mantienen constantes. Trata de percibir el cambio permanente y empieza a relacionarte con el cambio de modo positivo, aceptándolo. Cada vez que te des cuenta de que la atención de tu mente se ha distraído del objeto (los sonidos a tu alrededor), sin juzgarte o enfadarte, devuelve tranquilamente la atención a los sonidos. Recuerda mantener la curiosidad y escuchar cada sonido como si fuera la primera vez que lo escuchas.

Esta es una de mis técnicas favoritas y la de mucha gente que no se siente cómoda practicando la atención a la respiración. A muchas personas les resulta más fácil mantener su atención en los sonidos porque hay más estímulos diferentes y se aburren menos. Lo importante es no generar imágenes ni historias o juicios. Si te das cuenta de que tu mente está haciendo esto, trátalo como una distracción más y vuelve a enfocarte en escuchar, exclusivamente escuchar. Como mucho puedes describir con una palabra cada sonido, por ejemplo: «pájaros», «tráfico», «pasos», «silencio», «autobús», etc.

A continuación puedes descargarte un audio con un ejercicio *mindfulness* de atención a los sonidos con ayuda de este bidi:

Técnica #4. Atención al canal visual

Sentado, en el suelo o en la silla, focaliza toda tu atención en un elemento a través de tus ojos. Puedes elegir varios tipos de objetos para entrenarte: una vela es un buen elemento, o también las nubes que pasan lentamente, o simplemente el color del cielo.

Durante los inicios de mi práctica meditativa realicé numerosas veces el ejercicio de atención visual con una vela o con las nubes. Me quedaba inmóvil sentado observando los movimientos y colores de la vela, o bien los lentos y sutiles cambios de las nubes pasando, y lo cierto es que eso me hacía sentir en paz. Posteriormente he abandonado esta práctica formal pero me parece una opción muy interesante. Saki Santorelli, director de la Clínica de Reducción de Estrés de la Universidad de Massachusetts y profesor del curso MBSR, en su libro *Sánate a ti mismo* explica que practica esta técnica de atención visual con sus alumnos al inicio de algunas clases del curso, invitándolos a quedarse mirando el paisaje en silencio por la ventana durante unos minutos, mientras permanecen sentados inmóviles en sus sillas.

Técnica #5. Escáner corporal

Esta técnica se suele practicar tumbados boca arriba, con los brazos a lo largo del tronco, sobre una esterilla de yoga o una alfombra. Sin embargo se podría practicar también sentados en una silla o en cualquiera de las posturas que hemos visto. El motivo de practicar tumbados es que en esa postura tenemos más riqueza de sensaciones físicas en todo el cuerpo. Se recomienda cerrar los ojos pero al estar tumbados es muy fácil quedarse dormidos, por lo que si notas somnolencia o sueño practica todo el ejercicio con los ojos abiertos. Realiza un escáner lento y amable de todo tu cuerpo, dirigiendo una atención selectiva sobre cada zona del mismo, desde la planta de los pies hasta la cabeza, y observando con atención todas las sensaciones que se presenten en cada parte que estás explorando (sensaciones de frío, calor, contacto, tensión, hormigueo, vibración, dolor...) Abriéndote a la experiencia que tengas momento tras momento, escanea lentamente tu cuerpo de abajo a arriba (pies, piernas, rodillas, muslos, pelvis, espalda, hombros, brazos, manos, dedos, abdomen, pecho, cuello, cara y cabeza). No debes mover la parte del cuerpo que estés explorando, ni tampoco es necesario sentir una sensación. Es muy normal no sentir nada en varias zonas de tu cuerpo y no hay ningún problema. De hecho, la ausencia de sensación es una sensación más, así que no fuerces ni te pongas nervioso si no sientes nada en algunas zonas de tu cuerpo. También es totalmente normal notar tensiones, dolores, rigidez en el cuerpo, incomodidad. Tómalas como sensaciones normales que te están dando un mensaje claro. Quizá te estén diciendo que debes ir al fisioterapeuta, o que debes empezar a hacer deporte, o que estás oxidado. Debes escuchar a tu cuerpo, todo lo que diga en cada momento, con apertura y aceptación.

Por último, aparte de ausencia de sensación física o sensaciones desagradables, puedes tener sensaciones agradables o simplemente neutras, como por ejemplo la sensación de contacto con el suelo. La clave es cultivar la curiosidad y estar atento a lo que te dice tu cuerpo.

Estamos muy desconectados de nuestro cuerpo y con el escáner incrementamos nuestra conexión con él, para ejercitar esa conexión y darnos cuenta de qué necesita en cada momento en nuestra vida cotidiana. Porque nuestro cuerpo muchas veces nos chilla, pero nosotros no lo escuchamos y seguimos corriendo y agotándonos, haciendo tareas o trabajando sin parar ni descansar.

El *feedback* de muchos participantes es que el escáner corporal es la más difícil de todas las técnicas formales *mindfulness* porque se distraen muchas veces, se duermen, apenas sienten sensaciones, etc. Mi experiencia personal es muy similar; es la técnica que más me ha costado integrar, pero cada vez que la vuelvo a practicar, más beneficios le encuentro y más cómodo me siento realizándola. Es normal que haya muchas distracciones o que nos entre sueño porque estamos tumbados. No obstante, por el hecho de que no nos guste esta técnica o la veamos más difícil no debemos abandonarla, porque es una práctica tremendamente valiosa.

A continuación puedes descargarte un audio con un ejercicio *mindfulness* de escáner corporal con ayuda de este bidi:

Técnica #6. Caminar con atención plena

Se trata de poner la atención en tu cuerpo mientras andas. Para ello es importante ralentizar exageradamente tu ritmo de caminar para hacerlo de manera consciente. En el curso de *mindfulness* muchos participantes bromean diciendo que es el ejercicio de la conocida serie de televisión, *The walking dead*, pues al hacerlo se mueven como si fueran zombis.

Si te sirve el símil, camina como si fueras un gato vigilante, atento al aquí y ahora. Presta atención a cada paso, a las sensaciones corporales en las plantas de tus pies, a los dedos de los pies doblándose antes de dar el siguiente paso, a las sensaciones de peso en tus piernas y rodillas cada vez que cambias el paso, o incluso ampliando aún más la atención hasta las caderas, notando la sensación del peso del cuerpo en ellas. Se trata de poner atención al proceso de caminar, porque no nos dirigimos a ningún destino, como en nuestra vida cotidiana. No hay ningún lugar al que ir ni tenemos prisa por llegar a ningún sitio. Solo se trata de observar las sensaciones y el movimiento de nuestro cuerpo mientras caminamos, como si fuéramos científicos.

Puedes poner también tu atención en la respiración, acompasando cada paso con cada inspiración y espiración si eso te ayuda a concentrarte. Las manos las puedes unir formando un cuenco en contacto con el abdomen, a unos tres centímetros por debajo del ombligo, o bien dejarlas sueltas. Si tu mente se distrae, al darte cuenta de ello evita reprochártelo o enfadarte contigo mismo; acepta la distracción como algo normal del proceso y devuelve la atención al objeto (tu cuerpo caminando), como en todas las técnicas.

Puedes practicar este ejercicio en el pasillo de tu casa o incluso en una habitación donde tengas como mínimo unos tres o cuatro metros para caminar. En este caso en el que tienes un espacio limitado, camina cuatro o cinco pasos y cuando llegues al otro lado de la habitación quédate quieto durante unos segundos manteniendo conciencia plena. A continuación gira tu cuerpo con total atención a las sensaciones y vuelve a emprender los pasos. O bien puedes tratar de experimentar caminar hacia atrás, o incluso con los ojos cerrados, para experimentar la diferencia.

Como consejo te diría que empezaras por dar pasitos cortos para evitar desequilibrarte demasiado, y a medida que sientas más confianza empieces a darlos un poco más largos si quieres.

Por supuesto es maravilloso practicar esta técnica en la naturaleza, en la playa notando el contacto con la arena fina o el agua del mar, o en una superficie de césped. Pero puedes practicarla en cualquier sitio.

Técnica #7. Yoga

Es considerado una técnica *mindfulness* por el *Center for Mindfulness* de Massachusetts. «Yoga» viene de la palabra yugo, que significa unión entre cuerpo y mente. Así que es una técnica de conexión con el cuerpo, pero también estamos entrenando la atención en el momento presente, como con el resto de técnicas. Fomentamos la escucha y la conciencia abierta de nuestro cuerpo, sensaciones agradables, desagradables o neutras. Y también experimentamos la profunda conexión entre mente y cuerpo. Con el yoga estamos potenciando capacidades como la flexibilidad, la fortaleza y el equilibrio, no solo en el cuerpo sino también en la mente, porque ambos están conectados directamente. La clave es experimentar con consciencia y atención las sensaciones corporales a medida que realizamos las diferentes posturas o estiramientos, y poner atención también a cómo van cambiando nuestras emociones según vamos cambiando nuestra posición corporal. Debemos llegar hasta donde podamos según nuestra flexibilidad, explorando nuestros límites, pero nunca forzar porque podemos lesionarnos. Recuerda que ante todo está el cuidado de nosotros mismos, la amabilidad y la autocompasión. Esto no es una competición, ni contigo ni con nadie más, sino una exploración científica de tu cuerpo y tu mente.

Aunque también te recomiendo que busques en tu ciudad un centro de yoga para empezar a practicar con un profesor. Eso sí, ahora hay muchos tipos y variantes de yoga, y a veces esta práctica se ha distorsionado demasiado para convertirla en simples estiramientos o en algo demasiado trascendente o esotérico. Por eso es muy importante que el profesor tenga el enfoque *mindfulness*. De todos modos, por si te sirve de orientación, la base de yoga tradicional en la que se basa el yoga *mindfulness* es el «Hatha Yoga».

A continuación puedes descargarte un audio con un ejercicio *mindfulness* de yoga tumbado con ayuda de este bidi:

Técnica #8. Atención a los pensamientos y a las emociones

En esta práctica la atención se dirige hacia tu mente, hacia tu actividad mental momento tras momento, es decir, a tus pensamientos sobre el pasado o sobre el futuro, a imágenes mentales, deseos, juicios, emociones. En el resto de técnicas los pensamientos siempre se han considerado una distracción respecto al objeto de atención. Pues bien, en este caso son el objeto de atención. Por tanto, sentado en la postura que hayas decidido, dirige la atención hacia cualquier pensamiento que aparezca y desaparezca durante el tiempo de meditación. Presta mucha atención a los pensamientos como si se estuvieran proyectando en la pantalla de tu mente, dejándolos estar (como dice la canción de los Beatles *Let it be*), no tratando de alejarlos ni de rechazar los que son desagradables, ni tampoco aferrándote a los agradables, aceptándolos tal cual vienen y se van. Es como si fueras un espectador o testigo de tu propia actividad mental. Evita juzgar o evaluarlos (pensamiento positivo, pensamiento negativo...), solo toma nota de que aparecen, se mantienen en tu mente y desaparecen.

Además de pensamientos, puedes detectar imágenes. Una vez que identificas que un pensamiento o imagen ha entrado en tu mente, tratas de clasificarlo como «pensamiento de pasado», «pensamiento de futuro» o «pensamiento de presente» y nada más. Deja que se marche por sí solo a la espera del siguiente. Es decir, no trates de borrarlo o eliminarlo de tu mente, simplemente déjalo estar hasta que se haya marchado. Es como si fueras un cazador de tus propios pensamientos, atrapándolos a medida que entran en el espacio de tu mente.

Ten en cuenta que los recuerdos son pensamientos del pasado y las proyecciones o visualizaciones de posibles situaciones futuras son pensamientos del futuro. Puede que aparezcan pensamientos imaginarios o fantasías, incluso pensamientos e imágenes absurdos o surrealistas. Esto es normal; tranquilo que no te estás volviendo loco. El motivo de todo ello es que a través de cualquier técnica *mindfulness* estamos conectando con el inconsciente y por eso van emergiendo cosas de él. A veces nos vendrá un recuerdo de una experiencia de hace años y no entenderemos por qué aparece en nuestra práctica en ese momento, o quizá emerja algo oscuro de nuestra vida. Es una buena oportunidad para ejercer la aceptación, la autocompasión y la amabilidad con nosotros mismos.

Si te enganchas en un pensamiento o un bucle de pensamientos y notas que te has marchado del momento presente, puedes conectar unos segundos con la respiración, observarla, y cuando sientas que estás preparado, vuelve a la observación ecuánime de tus pensamientos. Además de los pensamientos e imágenes de tu mente, durante esta práctica observa si algún pensamiento lleva consigo alguna carga emocional. En caso de que percibas que aparece alguna emoción, simplemente ponle un nombre que la describa: amor, miedo, alegría, tristeza, rabia, etc. A esto se le llama «etiquetar» la emoción.

Puedes pensar en este ejercicio como si fuera la cinta transportadora de maletas de una terminal de aeropuerto, cuando empieza a moverse la cinta y comienzan a salir las maletas. Imagina que tus pensamientos y tus emociones son las maletas y que tú lo que tienes que hacer es tomar nota de cada una: «maleta roja», «*trolley* marrón», «bolso gris», etc. Nunca juzgamos la maleta (el pensamiento o emoción) como si dijéramos: «qué maleta más fea» o «no me gusta ese bolso de viaje» o «me gustaría que apareciera ahora una maleta rosa Samsonite». Eso es lo que hacemos habitualmente con nuestros pensamientos. Por tanto, en este ejercicio solo tomamos nota y clasificamos todo lo que vaya apareciendo en nuestra mente como si fueran maletas que salieran por la cinta. Y tampoco nos metemos dentro de la maleta (que sería como engancharnos y perdernos en nuestros pensamientos). Siempre mantenemos una distancia emocional para poder observar nuestra actividad mental.

Muchos participantes de nuestros cursos se sorprenden con este ejercicio porque se dan cuenta de que en algunos momentos no aparece ningún pensamiento, o bien baja mucho el volumen de los mismos. Con el resto de técnicas, cuando no querían que entraran pensamientos estos entraban a borbotones, y ahora, cuando permiten que entre cualquier pensamiento, resulta que entran muchos menos. ¿Qué sentido tiene esto? Este es un enorme aprendizaje sobre cómo funciona nuestra mente, y es esencial para aprender a manejarla. La mejor forma de dominar el caballo salvaje de nuestra mente no es luchando contra ella, sino permitiendo que se manifieste, observándola desde la distancia. Sin embargo nos cuesta entenderlo porque normalmente nuestro modo de actuar es muy distinto. Por ejemplo, en la típica noche de insomnio, cuando estamos agobiados con pensamientos que no nos dejan dormir, ¿qué intentamos hacer? Tratamos de eliminar o borrar esos pensamientos para poder dormir. ¿Funciona? No, por supuesto que no. Al contrario, cuando luchamos contra nuestros pensamientos y tratamos de eliminarlos, los estamos realimentando y les damos mucha más fuerza, lo que nos genera aún más ansiedad y hace que tardemos más en dormirnos. Por tanto, te recomiendo que si alguna vez estás enganchado en un bucle de pensamientos negativos o en la típica noche de insomnio, si no te funciona cualquiera del resto de técnicas *mindfulness*, practica con esta técnica de observación ecuánime de tus pensamientos y emociones clasificándolos como te he explicado (pasado, futuro...); notarás cómo el volumen de pensamientos va descendiendo y eso te permitirá tomar el control y dormirte antes. ¡No me creas, pruébalo!

Antes de continuar, una breve reflexión sobre los pensamientos y las emociones. Pensar es la actividad natural de la mente. El *mindfulness* no consiste en detener ni eliminar tus pensamientos; tampoco en poner la mente en blanco como ya comentamos. Es un proceso de hacer reposar la mente en su estado natural, que es naturalmente abierto y consciente de los pensamientos, las emociones y las sensaciones. La mente es como un río y no tiene sentido detener su curso. Sería como intentar detener los latidos del corazón. Pero esto no significa que tengas que estar a merced de todo lo que produce. Cuando no conoces la naturaleza y el origen de tus pensamientos, estos te controlan a ti. Meditar es ser consciente de todo lo que sucede en tu mente. Lo que no es la meditación es tratar de controlar o cambiar la experiencia. Lao Tse Tung dijo: «*Cuida tus pensamientos, porque se volverán tus palabras. Cuida tus palabras, porque serán tus actos. Cuida tus actos, porque se convertirán en costumbres. Cuida tus costumbres, porque forjarán tu carácter. Cuida tu carácter, porque definirá tu destino, y tu destino será tu vida...*»

La clasificación de los pensamientos es fundamental (pensamiento del pasado, pensamiento del futuro, pensamiento del presente) porque eso nos permite distanciarnos emocionalmente de ellos y no ser dominados por su fuerza.

Podemos clasificarlos simplemente diciendo: «pensamiento de futuro o pasado», o también diciéndonos internamente: «ahora estoy pensando sobre el pasado», «ahora estoy pensando en algo del futuro», «ahora tengo un pensamiento de pasado», «ahora tengo un pensamiento de futuro». Recuerda que el pasado es algo que ha sucedido hace treinta segundos, o diez minutos, o dos meses. Y que el futuro es algo que va a suceder o algo que vas a hacer dentro de unos segundos, o dentro de unos minutos. Por eso, casi todos los pensamientos que aparecerán en tu mente serán de pasado o de futuro. Por ejemplo, el pensamiento: «*A ver si suena la alarma y termina el tiempo de la meditación*» es un pensamiento de futuro, porque estamos deseando que suceda algo del futuro (dentro de unos minutos). O, por ejemplo, el pensamiento: «*Me he distraído ya muchas veces en los minutos que llevo practicando*» es un pensamiento de pasado porque se refiere a algo que ha sucedido hace unos minutos o segundos.

En cuanto a las emociones, en varias investigaciones científicas se ha comprobado que simplemente el hecho de etiquetar una emoción, es decir, ponerle un nombre que sea lo más preciso posible para describir lo que sientes, hace que la intensidad de la misma descienda. En uno de los estudios se proyectaron vídeos e imágenes muy impactantes y desagradables a dos grupos diferentes de personas. A uno de los grupos se le dio la simple instrucción de que sus miembros escribieran la emoción que sentían ante esas imágenes y vídeos a medida que se iban proyectando mientras que al grupo de control no se le dio ninguna instrucción. El grupo de personas que etiquetó sus emociones (escribiendo el nombre de la emoción) logró distanciarse y manejar mejor las emociones desagradables. La amígdala, órgano del cerebro situado en el sistema límbico responsable del miedo, la ira y otras emociones negativas, descendía su actividad notablemente en los escáneres cerebrales realizados a este grupo de personas, en contraste con las imágenes de los cerebros del grupo de control, cuya actividad amigdalina se mantenía en niveles muy elevados.

A continuación puedes descargarte un audio con un ejercicio *mindfulness* de atención a los pensamientos y a las emociones con ayuda de este bidi:

Técnica #9. Atención expandida aquí y ahora

A esta técnica se le suele llamar también «conciencia abierta sin elección» o «atención periférica», porque se trata de abrir el campo de atención para tratar de captarlo todo. Puede ayudarte imaginar que después del ejercicio te van a hacer un examen en el que te van a preguntar sobre todas las cosas que han sucedido durante los últimos minutos. Así que siéntate cómodamente con la espalda recta, en una postura de dignidad, y comienza a practicar la atención sobre todo lo que sucede aquí y ahora, momento tras momento, tanto dentro de ti como fuera (atención expandida o periférica). Presta atención a cualquier sensación física, emoción, pensamiento o sonido que aparezca en el momento presente. Se trata de ampliar el foco de atención para estar atento a toda la experiencia global, incluyendo el entorno. Cada vez que te des cuenta de que no estás en el presente porque estás enganchado a pensamientos del pasado o el futuro, devuelve la atención al momento presente. Vuelve al aquí y ahora sin culpabilidad ni juicios: solo date cuenta de ello; es algo que ya ha pasado y todo lo que sea pensar sobre ello es una nueva distracción de la mente. En este caso se trata de una atención receptiva y activa, no proactiva. Me refiero a que esperamos con apertura lo que capte nuestra atención momento tras momento. Aunque también podríamos experimentar focalizando nuestra atención primero en la respiración, después en el cuerpo a nivel global, a continuación en los sonidos, después en los pensamientos y emociones, y por último a todo lo anterior a la vez. Esta es una opción interesante si te resulta difícil abrir el foco de atención a todo lo que suceda al mismo tiempo. Algunas personas se sienten algo perdidas con esta práctica porque no saben adónde dirigir su atención como en otras técnicas de atención más concretas como las que te dirigen a la respiración, los sonidos o el escáner corporal. Sin embargo es muy interesante realizar esta meditación porque es como navegar en un océano de incertidumbre y aprender a estar sereno en él sin un único ancla específico y claro (como por ejemplo la respiración). Por tanto, esta práctica nos entrena para la vida de forma muy valiosa.

Se trata por tanto de estar presente y alerta, simplemente, como si te abrieras a toda la experiencia interior y exterior, incluyendo todas las técnicas anteriores a la vez. Percibe cómo cambia la experiencia momento tras momento, aceptando el cambio, relacionándote con él con amabilidad.

A continuación te proporciono un bidi que incluye un ejercicio *mindfulness* de atención abierta:

Aunque podríamos estar practicando durante años una sola técnica, y esto estaría muy bien (de hecho, yo estuve durante los primeros siete años practicando la atención a la respiración en sus dos variantes), quizá sea más recomendable combinar varias de ellas e ir alternándolas en nuestro tiempo diario de práctica formal. Por ejemplo, unos días podemos elegir practicar la atención a la respiración, otros la atención expandida al presente y otros yoga o escáner corporal, etc. Utilizando una diversidad de técnicas estaremos potenciando la flexibilidad cognitiva del cerebro, lo que significa entrenar a nuestra mente para adaptar su lente dependiendo de la circunstancia y la necesidad. A veces en nuestra vida o en nuestro trabajo será necesario focalizarnos en el árbol (en los detalles) y otras mejor ver el bosque (visión más global y de perspectiva). Y eso es lo que estamos haciendo en el entrenamiento *mindfulness* con las distintas técnicas. A veces reducimos el foco de atención (respiración, escáner) y otras lo ampliamos (sonidos, atención expandida).

Es importante destacar también que podemos mezclar varias técnicas durante un mismo tiempo de práctica. Por ejemplo, nuestro foco de atención puede ser nuestra respiración y los sonidos al mismo tiempo. O también podemos estar atentos durante los primeros minutos de nuestra meditación a las sensaciones físicas que aparezcan en nuestro cuerpo para después reducir el foco de la atención solo a la respiración. La clave para practicar es hacerlo como si fuéramos exploradores o científicos trabajando en nuestro laboratorio personal. Es decir, que experimentemos y probemos distintas formas de practicar, en diferentes posiciones o posturas, sentados en una silla o en el suelo, que mezclemos técnicas o que practiquemos una técnica cada día. Todo es válido si lo estamos realizando con una actitud curiosa y exploradora.

No obstante, como entiendo que quizá desees unas pautas más cerradas, yo te recomendaría desde hoy mismo practicar cada una de las técnicas con los audios de apoyo que te proporciono en este libro y que también puedes encontrar en mi canal de YouTube, unas dos o tres veces. Y con todo lo que experimentes y aprendas, crea tu propio menú. Después de haber probado todas, lo mejor es que practiques los primeros meses con las técnicas más fáciles o agradables para ti. Y luego incorpora poco a poco las otras técnicas de vez en cuando, porque ten en cuenta que las más difíciles son las que te desafiarán a sacar más de tu zona de confort, y por tanto, será con las que más aprenderás y crecerás. Así que no conviene desechar ninguna. Además, es normal que algunas no te gusten o te resulten incómodas; no es necesario que te gusten para practicarlas y obtener sus enormes beneficios.

En cuanto a practicar con ojos cerrados o abiertos, puedes hacerlo de las dos formas. Yo hay días en los que medito con los ojos cerrados y otros en que lo hago con los ojos abiertos. La efectividad de la práctica es la misma, aunque las sensaciones son distintas. Con los ojos abiertos te notarás más despierto, mientras que con los ojos cerrados notarás una mayor intimidad y conexión con tu interior. Pero si practicas con ojos abiertos, recuerda que en tu campo de visión no debe haber nada que te distraiga. Debes hacerlo frente a una pared o una superficie inerte, como una puerta de un armario, por ejemplo.

Para terminar este capítulo dedicado a las técnicas formales, resumiré las tres acciones que realizamos en la práctica *mindfulness* y a continuación repasaré los aspectos esenciales de cómo practicar. Las tres acciones son las siguientes:

1. *Observar o atender* todo lo que va sucediendo en el momento presente. En lugar de observar y atender, lo que habitualmente hace el ser humano es hacer cosas, tareas, actividades sin parar, perdiéndose todas las oportunidades y el conocimiento que emergen al observar con atención la realidad.

2. *Sentir o percibir.* Se trata de sentir sensaciones y emociones, sean estas positivas o negativas, y de percibir todo lo que sucede momento tras momento en el entorno. En lugar de sentir y percibir, el ser humano se dedica en todo momento a pensar, pensar y pensar. Vivimos desde la cabeza y así nos desconectamos de nuestras emociones y de nuestro cuerpo.

3. *Describir o etiquetar.* Se trata de describir internamente todo lo que vamos sintiendo, percibiendo y observando; etiquetando las emociones y las sensaciones con palabras, o clasificando los pensamientos (si son del futuro o del pasado). En lugar de describir y etiquetar, lo que hace el ser humano es juzgar, prejuzgar y evaluar toda experiencia o persona con la que se encuentra como positiva o negativa, agradable o desagradable, verdad o mentira.

Recuerda siempre practicar aplicando las cuatro cualidades *mindfulness* (aceptación, apertura, curiosidad y amabilidad) con el fin de desaprender los hábitos mentales negativos que has adoptado a nivel inconsciente desde que tuviste uso de razón: juicios, prejuicios, expectativas, deseos, resistencias, presuposiciones. Y, finalmente, repaso algunos consejos útiles que te pueden ayudar a avanzar en la práctica formal:

- Debes buscar siempre un equilibrio entre tensión y relajación, tanto de la postura corporal como de la actitud mental. Evita relajarte demasiado porque tu atención caerá o incluso te dormirás, pero tampoco estés demasiado rígido o tenso porque puede que te hagas daño
- Evita forzarte o exigirte demasiada perfección en la práctica. Esto no va de hacerlo bien o mal, así que intenta no juzgarla de esta forma. Simplemente siéntate y hazlo sin más
- No tengas prisa por alcanzar un resultado, ni esperes resultados determinados; es fundamental no tener ninguna expectativa
- No reprimas nada ni rechaces nada de lo que suceda en la práctica, eso forma parte de la misma
- Adopta la actitud de un científico que trata de observar de la manera más objetiva la realidad y tus experiencias. O, si te sirve, con la actitud de un juez de silla de un partido de tenis, que no emite valoraciones positivas o negativas sino que simplemente describe lo que ve (dentro, fuera), aunque en nuestro caso no es una atención fría ni racional, sino una atención amable y compasiva
- Si aparece alguna incomodidad o molestia durante la práctica (picor, dolor en alguna zona del cuerpo), no reacciones de forma inmediata y automática para quitarla. Espera y aguanta al menos durante un minuto, y si es posible durante todo el tiempo de práctica, salvo que estés en una postura que esté causando un daño o perjuicio a tu cuerpo. En este

caso muévete o cambia tu postura de forma inmediata, con conciencia. La primera prioridad de la práctica es cuidarte y no hacerte daño

Lo importante es empezar cuanto antes. Tu vida no te espera. El reloj sigue su marcha de forma implacable, así que decide desde este momento comenzar a experimentar el *mindfulness*, con los audios de apoyo. Solo tienes que seguir mis instrucciones, dejarte llevar y empezar a observar sus efectos en tu vida cotidiana. ¡Mucha suerte!

HÁBITO 1. SAL DEL PILOTO AUTOMÁTICO

«Si queremos paz, primero tendremos que tomar conciencia del caos que existe en nuestra vida, porque solo resolviendo ese caos podremos recuperar verdaderamente la paz».

MICHAEL BROWN

Muchos gurús y expertos como Jeremy Rifkin, autor del libro *La sociedad de coste marginal cero*, predicen que la tecnología está produciendo ya robots más eficientes que los seres humanos y que pronto miles de personas se quedarán sin trabajo al ser sustituidas por máquinas. Mientras, el ser humano se está robotizando y deshumanizando cada vez más. En la película *2001, una odisea del espacio* de Stanley Kubrick, el computador Hal 9000 parece más humano que los propios tripulantes de la nave espacial, demostrando emociones de miedo, ambición y rabia.

Además del complejo entorno VUCA en el que vivimos, que ya hemos analizado, es importante que sepamos un poco más acerca de cómo funciona nuestro cerebro, porque eso nos proporcionará una información fundamental sobre lo que nos sucede a los seres humanos en el siglo XXI y por qué. También nos ayudará a entender mejor el *mindfulness* y por qué es tan efectivo.

¿Recuerdas cuando estabas aprendiendo a conducir? En las clases de la autoescuela supongo que estabas nervioso, en tensión, tratando de abarcar todas las tareas simultáneas necesarias: tenías que pisar el embrague al mismo tiempo que introducías la primera marcha, después levantabas el pie del embrague al mismo tiempo que pisabas el pedal del acelerador, además de tener que estar atento a mover el volante, a usar los intermitentes, las luces, estar pendiente de los retrovisores, de la carretera, del volumen del coche, etc. En fin, que conducir es realmente una actividad muy compleja que nos genera mucho estrés cuando la estamos aprendiendo y que al mismo tiempo nos obliga a estar muy concentrados.

Sin embargo, ¿qué ha sucedido cuando has repetido las mismas acciones que implican manejar un automóvil durante miles y miles de veces, durante todos los años que llevas conduciendo? Pues que tu cerebro ha automatizado todo ese conjunto de acciones simultáneas y las ha pasado al inconsciente. Ahora puedes conducir sin pensar en cómo lo haces, sin apenas ser consciente de la cantidad de acciones que realizas. De hecho, cuando conducimos nunca vamos atentos o pendientes de cómo hacemos cada cosa. Normalmente vamos pensando en nuestras cosas, en nuestras preocupaciones, recuerdos, o en las cosas que tenemos que hacer. Nuestros pensamientos están en todas partes, en el pasado o en el futuro, menos en el momento presente, que es conducir, atentos a la carretera, a las señales de tráfico, al coche que se cruza, al camino, etc.

Esta automatización de tareas la realiza nuestro cerebro con cada acción o conducta que repitamos muchas veces. Es como si el cerebro diera por buena una conducta cuando recibe la información en forma de acción realizada repetidas veces. Asume que es una conducta correcta y positiva para nosotros y la traslada al inconsciente. La convierte en rutina, en algo automático, con una buena intención: ahorrar energía y liberar espacio para poder dedicarlo a otras actividades más importantes, aunque finalmente lo cierto es que ocupamos ese espacio libre en pensar y preocuparnos.

Digo que es con una buena intención porque el cerebro está programado desde nuestros antepasados para ayudarnos a sobrevivir. Por lo tanto, el hecho de preocuparnos por lo que puede llegar a suceder en el futuro o por lo que hemos hecho en el pasado en principio es un método eficaz para evitar peligros o amenazas y para la supervivencia.

Pero ya no estamos rodeados de amenazas reales. Me refiero a una serpiente que surge de la nada y nos ataca o a un depredador que avanza a toda velocidad hacia nosotros para cazarnos, como les sucedía a nuestros antepasados hace cientos de miles de años. Esas sí eran amenazas reales, no un correo electrónico de tu jefe o una llamada de tu hijo. Sin embargo nuestro cerebro sigue reaccionando igual, como si esos eventos pudieran poner en riesgo nuestra supervivencia y continúa con su automatización de conductas y acciones para ahorrar energía y evitar esas «amenazas».

El cerebro necesita repetición para establecer y fortalecer las conexiones neuronales. Cuando repetimos una acción o conducta, va generando conexiones neuronales relacionadas con la misma, hasta que esa conexión neuronal es muy sólida y consistente. Eso lleva a la creación de hábitos, patrones y rutinas automáticas. Todo esto proporciona a nuestro cerebro una falsa sensación de seguridad y estabilidad.

Por tanto, automatizamos muchas conductas y las realizamos sin pensar (conducir, caminar, comer, trabajar...). Esta configuración cerebral va creando un modo mental que se caracteriza por una fuerte tendencia a funcionar de un modo automático. Esto es positivo para algunas situaciones, pero que si no sabemos gestionarlo adecuadamente se va adueñando de todas las esferas de nuestra vida y puede provocarnos efectos no deseados: dejamos de saborear la comida; nuestro trabajo se convierte en mediocre porque ya no cuestionamos nuestro modo de hacer las cosas; tomamos decisiones sin pararnos a reflexionar; nos dejamos llevar por nuestra impulsividad y por nuestros deseos aunque no sean productivos ni beneficiosos; nuestras relaciones se deterioran porque no escuchamos y estamos pensando en otras cosas; y no filtramos la información que recibimos, por lo que dejamos de ser críticos. Asimismo, nos convertimos en marionetas de la tecnología y damos todo por hecho y no valoramos las pequeñas cosas cotidianas.

Si tomamos el ejemplo de conducir, esta tendencia automática de nuestro cerebro puede ocasionar peores consecuencias para nuestra supervivencia. Si no estamos atentos a cómo conducimos, a la carretera, a las señales, tenemos muchas más posibilidades de tener un accidente, que puede ser mortal. O bien de que nos pongan una multa porque no estamos atentos a la señal de un radar o de reducción de la velocidad. Así que esta automatización, aunque el cerebro la realice con una buena intención, en muchas situaciones nos perjudica e incluso puede ponernos en peligro, que es justo lo contrario a lo que el cerebro intenta evitarnos.

Pero hay un aspecto más inquietante en este proceso de automatización de toda conducta o acción que repetimos muchas veces: que el cerebro no nos pide permiso. Nosotros no elegimos; en el momento en que realizamos una acción muchas veces, el cerebro interpreta que eso es lo correcto y lo pasa al inconsciente sin que nosotros nos demos cuenta.

También el cerebro hace esto con las ideas o informaciones que recibe. Cuando recibe muchas veces la misma información o idea, la automatiza o pasa al inconsciente y no la cuestiona nunca más. La ha convertido en verdad absoluta. De ahí vienen nuestras ideas preconcebidas, creencias y prejuicios sobre la vida, y sobre personas y situaciones.

Esto se acentúa cuando las fuentes de las que recibimos la información son confiables. Por ejemplo, cuando desde pequeñitos nuestros padres nos han repetido cientos de veces que somos de una determinada manera, nuestro cerebro lo interioriza y lo considera una verdad absoluta. Si tus padres te han dicho: «Eres un vago» y te lo han repetido cientos de veces, y además otras personas, amigos, profesores o hermanos te han dicho lo mismo muchas veces a lo largo de tu vida, al final estarás convencido de que eres un vago y no te lo cuestionarás jamás. Irás por la vida cargando con esa mochila innecesaria, cuando a lo mejor no es cierto que seas un vago.

Igual sucede si te han dicho algo positivo, como por ejemplo, «eres muy responsable» o «eres muy perfeccionista». Muchas veces irás con esa idea preconcebida de ti por la vida y eso probablemente te limite y condicione de diversas maneras.

También esta automatización sucede con las ideas socialmente aceptadas. Si escuchas muchas veces y de distintas fuentes que consideras fiables que «el pan engorda» o que «para ser feliz, hay que casarse y tener hijos» o que «hay que marcarse objetivos en la vida», al final tu cerebro interiorizará todas esas ideas como verdades absolutas y lo hará sin que tú hayas sido consciente del proceso.

Supongo que te darás cuenta de las consecuencias negativas y limitantes que esto puede tener en nuestras vidas. Estamos hablando de que el cerebro activa rápidamente el piloto automático en muchos momentos de nuestras existencias. De hecho, la mayor parte de ellas las vivimos con el piloto automático puesto.

El piloto automático hace que realicemos muchísimas tareas en el trabajo y en la vida personal sin tener ninguna consciencia de ellas, como robots. Mientras hacemos todas esas cosas sin pensar ni ser conscientes de ellas, nuestro cerebro emplea el espacio libre para preocuparse y rumiar sobre acontecimientos del pasado o del futuro. Estamos viviendo una vida virtual, no real, porque no estamos casi nunca en el momento presente, que es lo único real. Lo que estamos viviendo, experimentando, haciendo en el momento presente es la vida real. Sin embargo pasamos la mayor parte de nuestra vida en el futuro y en el pasado, y el hecho de no vivir la vida real tiene un impacto enorme en nuestra felicidad y también en nuestro rendimiento. Un impacto del que no somos en absoluto conscientes.

Cuando vamos con el piloto automático, que significa que no somos conscientes de lo que estamos viviendo, experimentando o haciendo, nos convertimos en robots y nos deshumanizamos. Eso afecta a nuestras relaciones en la vida y en el trabajo. Por ejemplo, no escuchamos a los demás porque nuestra mente está pensando en el futuro o el pasado, en nuestras preocupaciones o tareas pendientes. Nos volvemos egocéntricos, individualistas y poco empáticos.

La robotización también tiene un efecto de seguir al rebaño, de hacer las cosas que todo el mundo hace, de seguir una ruta de vida ya preestablecida por la sociedad (estudiar una carrera universitaria, hacer un máster, conseguir un trabajo seguro y estable, casarse, tener hijos, ascender en el trabajo para ganar más dinero, comprarse una casa, etc.), siguiendo las normas y evitando cuestionar el estatus quo. También dejamos de preguntarnos acerca de muchas rutinas que realizamos cada día. Nos sorprendería descubrir cuántas de ellas que tenemos totalmente interiorizadas no nos aportan nada positivo a nuestro bienestar emocional o a nuestra productividad, sino todo lo contrario. Muchas las hemos adoptado sin ser conscientes de ello porque hemos visto que alguien importante para nosotros, como nuestros padres o amigos, tenía esa rutina.

El hecho de que el modo mental automático se apodere de nosotros en el trabajo hace que realicemos tareas repetitivas de forma rutinaria y con falta de atención, con lo que cometemos más errores, y por supuesto, nos volvemos menos creativos. El piloto automático supone un freno total a nuestra capacidad para innovar en nuestro trabajo. De hecho, está totalmente asociado a la zona de confort. La zona de confort es la zona en la que nuestro cerebro está cómodo porque no tiene que hacer ningún esfuerzo de adaptación ni tampoco tiene que preocuparse porque ahí se siente seguro y estable. Sin embargo en la zona de confort no aprendemos ni crecemos. Es una zona de bajo rendimiento, donde es fácil que nos acomodemos si nos dejamos llevar por el piloto automático. Y acomodarse es muy peligroso en el mundo en que vivimos, donde la competitividad es brutal y el cambio constante. La persona que deja de aprender y crecer se queda obsoleta en cuestión de meses. Como dice Eric Hoffer, escritor y filósofo norteamericano, «*en tiempos de cambio, quienes estén abiertos al aprendizaje se adueñarán del futuro, mientras que aquellos que creen saberlo todo estarán bien equipados para un mundo que ya no existirá*».

La única forma de mejorar es poner atención de forma consciente a perfeccionar nuestro desempeño. De nuevo Goleman, en su libro *Focus*, nos dice que en modo automático no podemos aspirar a alcanzar la excelencia en ningún ámbito.

Por supuesto, con el piloto automático dejamos de cuestionarnos nuestro modo de hacer las cosas. La frase típica es la de «esto siempre lo he hecho así y me ha ido bien». ¡Cuántas veces hemos oído esta frase, que representa el estancamiento y la rigidez ante el cambio! Así que, si no somos conscientes de todo esto y no hacemos algo al respecto, nuestro cerebro seguirá y seguirá automatizando tareas y conductas hasta hacernos cada vez más cómodos y rígidos. Así, cuando llegue un inevitable cambio que no nos guste, no sabremos gestionarlo, nos desbordará emocionalmente y no podremos actuar apropiadamente.

Tampoco nos cuestionamos el hecho de hacer cientos y cientos de actividades y tareas a lo largo del día. Los expertos en comportamiento humano han desarrollado el concepto de «hacedor humano» que está aplastando al ser humano. Nos estamos convirtiendo en compulsivos hacedores humanos que no dejan de hacer cosas durante el día sin pararse un momento a preguntarse: «¿qué estoy haciendo?», «¿cómo lo estoy haciendo?» y «¿para qué estoy haciendo esto?» Si nos hiciéramos estas preguntas frecuentemente, nuestro rendimiento se dispararía a niveles increíbles. Pero seguimos y seguimos corriendo, en gran parte porque los demás también corren y no paran de hacer cosas. Es el síndrome de estar ocupado o hiperocupado, algo que nos encanta porque nos da la sensación de que estamos siendo útiles. Nos han educado en creer que si estamos parados sin hacer nada estamos perdiendo el tiempo, una supuesta verdad absoluta que nuestro cerebro ha interiorizado inconscientemente y que no se cuestiona. Por eso estamos estresados todo el día y no nos permitimos descansar ni disfrutar ni un momento. Otra consecuencia de no parar ni un momento es la falta de claridad mental, por lo que entramos rápidamente en la multitarea, en intentar solucionar varios temas a la vez, aunque sepamos que es ineficiente. De hecho, la multitarea es lo contrario de priorizar.

Ir con el piloto automático tiene que ver también con el hecho de reaccionar de manera descontrolada e impulsiva ante muchas situaciones o hechos. Cuando recibimos un *e-mail* incendiario, muchas veces nos dejamos llevar por el calentón que nos produce y, sin valorar si es lo adecuado, respondemos inmediatamente. Más tarde, cuando estamos más serenos, nos damos cuenta de que nos hemos equivocado y que esa respuesta airada nos meterá en problemas innecesarios. Esto técnicamente se llama estímulo-reacción automática.

Hay muchos estímulos que provocan nuestra reactividad automática. El típico *WhatsApp* que recibimos cuando estamos en una reunión de trabajo o en una cena familiar. Lo normal es que nos lancemos a leerlo como si fuera lo más importante sin darnos cuenta de que quizá no sea el momento adecuado para ello. Otro ejemplo es que un compañero de trabajo critique nuestro trabajo delante de otros y entonces nuestra reacción automática sea la de ponernos a la defensiva, enfadarnos y gritarle. Y así recibimos miles de estímulos en un solo día, a los cuales normalmente reaccionamos de manera mecánica.

En cualquiera de estas situaciones, el cerebro activa la alarma como si nuestra supervivencia estuviera siendo amenazada y entonces reaccionamos automáticamente. Nos dominan el miedo o la rabia, y cuando nos dejamos llevar por esta reactividad automática tomamos malas decisiones. Luego nos arrepentimos de haber gritado a alguien o de haber enviado un *e-mail* agresivo, pero ya es tarde. Es como si dentro de nosotros hubiera un Alien que saliera y dominara nuestras conductas y decisiones. Es decir, perdemos el control y nos convertimos en marionetas. Marionetas del móvil, marionetas de nuestros miedos, marionetas de nuestras verdades absolutas.

Walter Mischel, famoso psicólogo social austriaco, investigador de la Universidad de Stanford y después de la Universidad de Columbia, realizó el famoso experimento de la golosina con niños de unos cuatro años. Se les entregaba una nube o golosina y el investigador les decía que se tenía a ausentar de la sala para realizar algunas gestiones durante unos minutos. Si esperaban esos minutos sin comerse la nube, el investigador, como premio a su fuerza de voluntad, les daba una segunda golosina. El tiempo de espera era de unos diez o quince minutos. Algunos niños no conseguían resistir la tentación y, olvidando la potencial recompensa, se comían la nube en el primer minuto. Sin embargo, otros niños lograban aguantar utilizando estrategias de distracción o desplazando su atención hacia otro sitio. Este experimento es un claro ejemplo de estímulo-reacción automática. Los niños que se dejaban llevar por la tentación del estímulo de la nube no se planteaban que podían tener el doble de premio, lo cual los perjudicaba claramente. Este estudio demuestra que el cerebro trata de ser eficiente pero que en muchas ocasiones lo hace de forma muy torpe, consiguiendo el efecto contrario. En cambio, los niños que lograban resistir la tentación y no se comían la nube realizaban lo que se llama un espacio o pausa entre el estímulo (la nube) y su respuesta (aguantar la tentación de comerse la primera nube), lo que les llevaba a un mayor beneficio (dos nubes).

La clave del experimento de la golosina es la capacidad que tenemos para generar un espacio entre los estímulos y nuestras respuestas, cuando entran en juego la conciencia y un nivel de claridad que nos hace tomar la mejor decisión.

De hecho, lo más interesante del experimento de la nube fue que Mischel realizó un seguimiento de esos niños durante quince años. Los niños que lograron autocontrolar sus instintos automáticos y generar ese espacio entre estímulo y respuesta, es decir, los que esperaron sin comerse la golosina a que volviera el investigador y obtuvieron el premio de la segunda nube, tenían más éxito y eran más felices en sus vidas quince años después. Así que el hecho de obligarnos a generar un espacio antes de responder a los diversos estímulos que recibimos (*e-mails*, *WhatsApps*, comportamientos de los demás, imprevistos difíciles, etc.) nos ayuda a tener una vida más feliz y exitosa en todos los campos.

También Viktor Frankl, famoso psiquiatra que sobrevivió a los campos de concentración nazis donde asesinaron a toda su familia y a muchos amigos, habló de la trascendencia del espacio que existe entre estímulo y respuesta para nuestra vida. Frankl, durante esa experiencia terrible fue capaz de estudiar al ser humano en situaciones límite y volcó su experiencia en el libro *El hombre en busca de sentido*. Lo más relevante que descubrió es que entre el estímulo y la respuesta existe ese espacio en el que reside nuestra libertad y nuestra capacidad de elegir la respuesta, que justamente es donde se encuentran nuestra capacidad de crecimiento y nuestra felicidad. Nadie –decía Frankl– nos puede arrebatar esa libertad interior para elegir la actitud con la que afrontamos las cosas, ni en la situación más crítica. Así que el espacio del que estoy hablando significa algo esencial: el ser más libres para elegir nuestra respuesta. Cuando nuestros automatismos mentales nos dirigen no somos libres. Y, créeme, la mayoría de las decisiones y conductas diarias no las estamos eligiendo. Es nuestro inconsciente el que está dirigiendo nuestras vidas, el inconsciente que se manifiesta a través del piloto automático. Es como si en nuestro cerebro tuviéramos un *software* que estuviera dirigiendo nuestra vida.

Por supuesto, el piloto automático nos lleva a juzgar y prejuzgar a las personas en base a las ideas preconcebidas o a las experiencias que hemos tenido con ellas. Etiquetamos de manera rápida y superficial y luego nos es difícil salirnos de esa etiqueta. Por supuesto también nos juzgamos y prejuzgamos a nosotros mismos, etiquetándonos de forma limitante y olvidando nuestro enorme potencial como seres humanos.

También asumimos y presuponemos demasiadas cosas sin cuestionárnoslas, simplemente porque hemos tenido experiencias similares. Es como si estuviéramos conduciendo un coche y solo miráramos a los retrovisores, sin dirigir la vista ni un momento a lo que nos espera en la carretera, pendientes solo de lo que ha pasado ya. ¿Te lo imaginas?

En la vida hacemos eso mismo; vivimos siempre mirando el retrovisor y nuestro cerebro vincula inmediatamente cualquier experiencia a experiencias anteriores para realizar una clasificación rapidísima y superficial, que en teoría nos ayuda a tomar decisiones. El problema es que con esa operativa inconsciente e inmediata no tomamos las mejores decisiones porque la evaluación que hacemos es precipitada y superficial. La consecuencia final es que nos volvemos poco críticos, dejamos de cuestionarnos las ideas y los juicios preconcebidos y nos hacemos progresivamente más reaccionarios y menos abiertos de mente.

El hecho de vivir la mayor parte de nuestro día con el piloto automático puesto, pensando en el futuro o el pasado, dejándonos llevar por nuestros miedos instintivos, reaccionando sin pensar en los estímulos que recibimos y tomando decisiones precipitadas, adoptando sin cuestionarnos rutinas y creencias preconcebidas, encerrándonos en nuestra zona de confort donde no aprendemos ni innovamos, o huyendo de las emociones y experiencias negativas, tiene un enorme impacto en nuestra felicidad y en nuestro rendimiento.

Lógicamente, la calidad de nuestras acciones y tareas se verá perjudicada. Seguramente te ha sucedido que has hecho un montón de cosas durante el día pero que aun así no te sientes satisfecho y contento. El motivo es que todos, absolutamente todos, queremos hacer las cosas bien, y nos sentiremos mal porque, en los breves momentos de lucidez en los que tenemos consciencia, sabemos que no estamos dando lo mejor de nosotros. Y eso nos lleva a la desmotivación y después a la pérdida de autoestima. Es probable que ya sintamos lo que se denomina el «síndrome del día de la marmota». En la película norteamericana *Groundog day* (1993), traducida en España con el título *Atrapado en el tiempo*, Bill Murray se ve atrapado en un día que se repite una y otra vez, algo que lo lleva a desesperarse completamente. Seguro que has experimentado esta sensación alguna vez: la sensación de que todos los días se repiten y son iguales, que no hay nada especial ni diferente. Es más, que las semanas son todas iguales.

Es la rutina llevada a su máxima expresión. Imagina cómo es nuestra vida cuando tenemos el síndrome del día de la marmota. Esto proviene de habernos dejado llevar demasiado, sin darnos cuenta, por el piloto automático. Ha tomado el control de nuestras vidas y nosotros debemos hacer algo para salir de él y desconectarlo.

De esto va el *mindfulness*, de desconectar el piloto automático, de despertarnos de la anestesia en la que nos tiene sumidos, aletargándonos y generándonos la sensación de que la vida es aburrida y rutinaria, y solo podemos salir de ella cuando nos marchamos de vacaciones. El objetivo principal del entrenamiento *mindfulness* es salir del modo piloto automático y empezar a vivir más conscientemente, a darnos más cuenta de nuestras actitudes y conductas, de sus consecuencias en nuestra felicidad y en la de los demás. En comenzar a dominar las reacciones instintivas que nos llevan a tomar malas decisiones.

Yo siempre comparo la progresiva toma de consciencia del *mindfulness* con la marea alta y baja. Cuando en el mar la marea está alta solo vemos la superficie, la masa de agua, pero no vemos nada más. Eso es equivalente a ir con el piloto automático, con el cual tenemos una percepción tremendamente limitada de la realidad y de la vida. Sin embargo, cuando comienza a bajar la marea, empezamos a ver las cosas que estaban en el fondo. Descubriremos mucha basura, pero también tesoros maravillosos que estaban ocultos. Y cuanto más baje la marea, más cosas descubriremos de nosotros mismos y de nuestra vida que antes no veíamos. Así que el *mindfulness* empieza a aclarar nuestra percepción de la realidad, de nuestra vida, de nuestros comportamientos. Y no solo tomaremos conciencia de muchas cosas negativas, sino también de muchas cualidades y dones maravillosos que ni imaginábamos que teníamos. Esa claridad, ese despertar de la anestesia mental y emocional en la que estamos viviendo cambia nuestras vidas. Cuando hemos empezado a «ver», no queremos dejarlo, queremos seguir investigando y descubriendo cosas que están ocultas y que están condicionando nuestra vida. En esos momentos en que descubramos cosas que no nos gusten de nosotros será importante recordar que debemos aceptarnos y ser amables con nosotros, ejercitando dos de las cualidades esenciales del *mindfulness*.

Lograr el primer hábito del *mindfulness* para el éxito –desconectar el piloto automático– implica ser conscientes con el fin de poder elegir nuestra respuesta. Y esta elección tiene que ver con la libertad. El *mindfulness* nos ayuda a desconectar del piloto automático para hacernos más libres y auténticos.

Timothy Gallwey, uno de los padres de la metodología del *coaching*, defiende en su libro *El juego interior del tenis* la fórmula: Rendimiento = Potencial - Interferencias. Dice Gallwey que todos los seres humanos tenemos un potencial enorme que ni siquiera conocemos. El problema es que hay determinadas interferencias que nos impiden descubrirlo y desarrollarlo. Esas interferencias provienen de los automatismos de nuestro cerebro: juicios sobre uno mismo y sobre los demás, prejuicios, creencias limitantes, ideas preconcebidas y rutinas no cuestionadas.

Me encanta la canción *Desde mi libertad* que cantó la artista Ana Belén de forma preciosa, y que tiene mucho que ver con los límites que nos ponemos nosotros mismos y la libertad que sentimos cuando nos desprendemos de todos esos límites mentales.

Desde mi libertad

Sentada en el andén,
Mi cuerpo tiembla y puedo ver,
Que a lo lejos silba el viejo tren
Como sombra del ayer.
No será fácil ser
De nuevo un solo corazón,
Siempre había sido una mitad
Sin saber mi identidad.

No llevare ninguna imagen de aquí
Me iré desnuda igual que nací,
Debo empezar a ser yo misma y saber
Que soy capaz y que ando por mi piel.

Siempre había sido una mitad,
Sin saber mi identidad
No llevare ninguna imagen de aquí,
Me iré desnuda igual que nací,

Debo empezar a ser yo misma y saber,
Que soy capaz y que ando por mi piel,

Desde mi libertad
Soy fuerte porque soy volcán,
Nunca me enseñaron a volar
Pero el vuelo debo alzar.

Nunca me enseñaron a volar
Pero el vuelo debo
Alzar

Cantante: Ana Belén.
Autores: Danilo Vaona, Víctor Manuel San José y Peter Felisatti.

«*No llevaré ninguna imagen de aquí*», «*debo empezar a ser yo misma y saber que soy capaz*» significa desconectar de los automatismos mentales para vivir una vida más auténtica y plena. El *mindfulness* te enseñará a eliminar todas las capas que te están impidiendo ser tú mismo y darte cuenta de lo que eres capaz. Pero, para ello, como dice la canción, debes cuestionar la imagen que has construido de ti durante toda tu vida.

«*Nunca me enseñaron a volar, pero el vuelo debo alzar*». Nunca nos han enseñado realmente a volar en nuestra vida. Ahora es el momento; el *mindfulness* nos ofrece un método real y directo para volar y ser realmente libres de nuestros condicionamientos inconscientes.

Es el momento de que tú también alces por fin el vuelo. ¿Te atreves?

HÁBITO 2. FOCALÍZATE EN LO IMPORTANTE

«La mayoría de las personas no hacen las cosas simples que les permitirían ser más felices, incluso cuando saben cuáles son».

RICHARD KOCH

magina a un arquero que está intentando lanzar su flecha a una diana situada a una gran distancia. Coloca la flecha, tensa el arco y apunta al centro. Está muy concentrado, atento al momento presente, focalizado en su objetivo. Y entonces empieza a preocuparse por una decisión errónea que ha tomado en el trabajo o por la cantidad de tareas que deberá acometer esa misma tarde. En ese momento, lanza la flecha. ¿Cómo crees que será su lanzamiento? Probablemente no será el mejor de su vida, sino uno de los peores. Su mente le ha jugado una mala pasada; en el momento en que estaba más focalizado, un pensamiento ha irrumpido sacándolo del momento presente y distrayéndolo.

Ahora imagina al mismo arquero que está en su momento de máxima concentración, a punto de disparar su flecha, y justo antes de hacerlo nota que en el bolsillo de su pantalón su móvil vibra con un mensaje. Entonces empieza a tener un poco de ansiedad porque se pregunta si será algo urgente del trabajo, si será su jefe que quiere algo inmediato. O tal vez sea su hijo pequeño, al que dejó esa mañana con dolor de cabeza. Quizá el colegio se está poniendo en contacto con él porque su hijo se siente muy mal. Entonces se deja distraer por el estímulo y decide dejar el arco y la flecha y consultar su móvil. Lo más normal es que ese mensaje no tenga relevancia, quizá sea un correo del trabajo que podría haber leído una hora después y no hubiera pasado nada. O tal vez haya recibido un chiste o un vídeo estúpido de un grupo de *WhatsApp*. Después de un minuto comprobando el móvil vuelve a coger el arco y la flecha y tras varios segundos ejecuta su tiro. ¿Cómo será su resultado, su efectividad? La respuesta es evidente: una vez más su lanzamiento será bastante mediocre. Su mente no estaba focalizada ni concentrada, ya que se ha visto interrumpida varias veces, bien con sus pensamientos sobre el pasado o el futuro, o bien con la tecnología.

Aunque parezca una exageración, esto es lo que hacemos habitualmente en nuestro trabajo o en la vida. Tratamos de focalizarnos en una tarea importante pero nos cuesta un horror mantener ese foco. Apenas dura unos minutos o segundos, ya que nuestra mente enseguida nos distrae con sus pensamientos y también nos interrumpimos innumerables veces con los múltiples estímulos que provienen del teléfono móvil. Quizá la distracción provenga de las notificaciones del Facebook, Twitter, LinkedIn o Instagram. O tal vez nos interrumpamos a causa de unos cuantos mensajes de los grupos o contactos de *WhatsApp*, o por la recepción de uno o varios correos electrónicos. Todo esto nos genera una ineficiencia y una dispersión desastrosas. Perdemos una cantidad inimaginable de tiempo con todas estas distracciones y luego decimos que «no tenemos tiempo», una mala excusa que ponemos para justificar que estamos dispersos y desfocalizados.

El segundo hábito de *mindfulness* para el éxito, focalizarse en lo importante, nos entrena a evitar y combatir las miles de distracciones que nos dispersan y desvían de nuestros objetivos y perjudican nuestro rendimiento. Además de nuestra propia mente salvaje (recuerda la historia del caballo desbocado y su jinete sin control) y de la tecnología, también tenemos muchas otras interrupciones externas y un exceso de información. Mantener la atención y el foco en lo importante es un reto enorme en el siglo XXI, pero fundamental si queremos alcanzar el éxito en cualquier disciplina. La clave del alto rendimiento es sin duda la capacidad de focalizarse constantemente en el momento presente, evitando distracciones.

Las dos habilidades esenciales de una mente *mindful* son el foco y la consciencia. Foco es concentrarse en lo que estamos haciendo en este momento. Consciencia es reconocer o darse cuenta de lo que nos distrae de ese foco en cada momento. Algunas personalidades de éxito como Warren Buffet o Bill Gates han declarado que la habilidad clave para el éxito es el foco.

La habilidad de la consciencia es igualmente importante, o lo que se llama *meta-atención*: atención sobre cómo es nuestra atención. Es decir, la capacidad de percibir que nuestra atención se ha desviado de lo importante, o la capacidad de darnos cuenta de si nuestra atención es concentrada, expandida, débil o fuerte.

El cerebro es un músculo más y podemos entrenarlo para que sea capaz de estar más focalizado, más atento. Cada vez que nos damos cuenta de que nos hemos distraído y refocalizamos la atención en el objeto elegido, hacemos lo mismo: fortalecer el músculo mental de la atención.

También es importante recordar los dos tipos de atención que podemos desarrollar con la práctica del *mindfulness*: la atención expandida y la atención concentrada. Con las distintas técnicas que he explicado entrenarás al cerebro a flexibilizar su percepción para poder enfocarte en el bosque (visión global) o en el árbol (detalles). Esto te hará más eficiente como persona y como profesional, porque serás capaz de adaptar tu lente dependiendo del objetivo o de la circunstancia, y tener las dos visiones. Es lo que se llama la «flexibilidad cognitiva» del cerebro.

Pero ¿dónde ponemos el foco en nuestra vida? ¿Y en nuestro trabajo? Porque esto determina en gran parte nuestra felicidad y nuestro rendimiento. La famosa ley del 80/20 que formuló el economista Vilfredo Pareto en 1897 nos da una idea de por dónde van los tiros. La ley de Pareto, demostrada en numerosos ámbitos como la naturaleza, la economía y la empresa, establece que siempre hay un desequilibrio en las tareas que hacemos y su efectividad. El 80% de las tareas que realizamos nos aportan el 20% de nuestros resultados, mientras que solo el 20% de las tareas que realizamos aportan el 80% de nuestros resultados. Esto quiere decir que realizamos un gran conjunto de acciones o tareas que nos aportan poco o nada, o que contribuyen mínimamente a nuestros objetivos importantes. Y lo peor de todo es que esas tareas constituyen, por normal general, el 80% de nuestro esfuerzo.

Por otro lado, según la ley de Pareto hay unas pocas acciones o tareas que realizamos, el 20% aproximadamente, que contribuyen de forma significativa a la consecución de nuestros objetivos y resultados. Realmente hay pocas cosas que son importantes. De hecho, la mayoría no lo son.

Este principio nos indica que debemos cuestionarnos lo que hacemos con espíritu crítico. ¿A qué acciones o tareas dedicamos nuestro precioso tiempo y nuestra limitada energía? ¿Realmente contribuyen de una forma relevante a la consecución de nuestros objetivos prioritarios, tanto en nuestra vida personal como en la profesional?

Una vez que descubramos que hay muchas tareas que no nos aportan ningún valor, debemos empezar a eliminarlas o minimizarlas. Y, desde luego, nos costará bastante esfuerzo hacerlo porque el piloto automático activado por nuestro cerebro sin nuestro permiso tiene una enorme fuerza y opondrá una gran resistencia. Tengamos en cuenta que al eliminar tareas rutinarias estamos haciendo a nuestro cerebro salir de la zona de confort, y eso le genera estrés y miedo porque percibe que amenaza su seguridad y estabilidad. Pero este es un estrés positivo que, aunque a corto plazo nos genere incomodidad, conflictos y estrés, en el largo plazo nos ayudará a aumentar nuestro rendimiento, nuestros resultados y nuestra eficiencia. Así que merece la pena empezar a analizar y eliminar estas tareas de baja prioridad a las que dedicamos muchísimo tiempo y energía. Más de una persona se muestra escéptica respecto a este punto. Nuestro ego arrogante sale a la luz porque a nadie le gusta reconocer que está derrochando o empleando mal el tiempo que es muy ineficiente. Pero debemos ser humildes y abrir nuestra mente, y observar con curiosidad lo que estamos haciendo con nuestra vida y con nuestra jornada laboral. Solo así daremos un salto de gigante en nuestra productividad.

Por otro lado, también debemos observar con mucha atención las tareas y acciones que sí nos están ayudando a avanzar y a crecer, que como hemos dicho son las menos. Quizá muchos días ni siquiera estés dedicando ni un minuto a esas tareas de alta prioridad y eficiencia. Una vez identificadas, debemos ponerlas por delante de todas las demás, aunque esto también nos costará un esfuerzo enorme. Tendremos que salvar muchas dificultades y vencer la presión de los demás para no seguir haciendo lo que estábamos haciendo hasta ahora. Igual que a nuestro cerebro le cuesta cambiar, al cerebro de los demás también. Y los cambios que hagas en tu forma de planificar tu agenda, en tu manera de gestionar tus correos electrónicos y en cualquier otra rutina, provocarán un comportamiento resistente, incluso agresivo, por parte de los demás. Así que debes persistir, con el foco puesto en tu rendimiento, tu eficiencia y tu felicidad. Al final, si logras superar esos obstáculos, no solo tú te beneficiarás, sino que también lo harán tu familia y tus compañeros de trabajo.

El foco en lo importante también se ha desarrollado a través de la matriz de priorización que creó el que fuera presidente de EEUU, Dwight David Eisenhower. En la matriz dividió las tareas en cuatro categorías: 1. Importantes y urgentes; 2. Importantes y no urgentes; 3. No importantes y urgentes; 4. No importantes y no urgentes. En mi libro *Desestrésate* ya hice una reflexión profunda sobre esta herramienta, así que ahora me voy a limitar a comentar los puntos principales.

No nos damos cuenta y no queremos reconocerlo, pero todos dedicamos mucho tiempo a hacer un montón de tareas o acciones del cuadrante 4, que no son ni importantes ni urgentes, esas tareas que, si decidiéramos hoy mismo dejar de hacer harían que nuestra vida siguiera igual o incluso mejorara. Así que empecemos por eliminar todas las actividades del cuadrante 4.

Jim Collins, en su libro *Empresas que sobresalen*, propone que realicemos una lista de las cosas que deberíamos dejar de hacer. Una vez terminada la lista, empieza a eliminar una por una las tareas y actividades que has escrito, sin piedad, con valentía. Sin duda es un ejercicio que recomiendo efusivamente porque lo que sobra en nuestra agenda son actividades y tareas pendientes por hacer. Tantas cosas que hacer nos sepultan en una vida sin foco y desconectada de lo importante. Como he dicho ya, hay muy pocas cosas realmente importantes, así que la lista de cosas para dejar de hacer supondrá una limpieza de nuestra vida, eliminando lo superfluo y poco importante, que es mucho.

Respecto al cuadrante 3, el de las tareas no importantes y urgentes, es muy habitual que confundamos urgencia con importancia y creamos que algo es importante simplemente porque alguien nos lo reclama con urgencia. Son los típicos «fuegos» que abundan en todas las empresas y que generan tanta ineficiencia. Eisenhower dijo que las tareas importantes por lo general no suelen ser urgentes y que las tareas urgentes normalmente no son importantes. Deberíamos recordar esta frase siempre, como un mantra, para empezar a diferenciar y eliminar toda la basura que nos impide dar lo mejor de nosotros mismos en el trabajo. Normalmente dedicamos mucho tiempo a este cuadrante cuando estamos demasiado preocupados por las expectativas, necesidades y deseos de los demás. Por eso, en cuanto alguien nos pide algo con urgencia, enseguida corremos para contentarlo sin valorar si eso es importante o no.

Te animo a que empieces a frenar a las personas histéricas que te interrumpen y te presionan para que dejes siempre lo que estás haciendo para hacer la tarea que ellos necesitan. Al principio te costará decir que no o poner límites, pero aprender a decir no es el único camino para reducir lo que hay en este cuadrante. La buena noticia es que las personas, si insistes con firmeza, terminarán cediendo y reeducándose. Incluso tu jefe lo hará, aunque es verdad que hacer esto con personas de un nivel jerárquico superior requiere de coraje y persistencia. El miedo paralizante a perder el trabajo o a no ser promocionado es el peor aliado aquí.

Vayamos al cuadrante 1, el de las tareas importantes y urgentes, llamado también el cuadrante de la crisis. Con este cuadrante no tenemos que hacer nada, porque siempre estará activado con algunas tareas que hacer. Y no nos quedará otra que hacerlas cuando surjan porque son importantes y además urgentes. Eso sí, es un cuadrante que genera mucho estrés, ya que cuando las tareas han llegado a él significa que son acciones críticas (importantes y urgentes). Para evitar estar estresado constantemente, deberás realizarlas antes de que se conviertan en un incendio. Por eso es tan importante no posponer las tareas incómodas o difíciles.

Por último, el cuadrante 2, el de las acciones importantes pero no urgentes, es la clave de todo, el más importante de los cuatro. Es el cuadrante donde residen el éxito, el liderazgo y la excelencia. Las tareas importantes pero que no son urgentes son las esenciales, en las que deberíamos enfocarnos de forma obsesiva.

Yo desde hace años me he convertido en un auténtico radical del cuadrante número 2, de incrementar mi tiempo cada día en las tareas y actividades importantes y no urgentes, las que están conectadas con mi visión personal, con mi misión en la vida, con mis valores, con mis metas prioritarias. Esto me ha cambiado la vida.

En el cuadrante 2 está la llave del alto rendimiento. Son las tareas que realmente nos aportan valor, las que contribuyen altamente a nuestros objetivos prioritarios, las que equivalen al 20% de la ley de Pareto. Yo siempre digo que el *mindfulness* es una actividad claramente del cuadrante 2, porque es importante pero nadie nos está presionando para sentarnos a meditar. ¿Quién te envía un *e-mail* urgente presionándote para que te pongas a meditar ahora mismo? Nadie, obviamente.

Otros ejemplos de tareas o acciones importantes y no urgentes serían: planificar la agenda cada día y cada semana durante unos minutos, preparar una presentación en público, marcarse objetivos a largo plazo, dedicar tiempo a leer, cuidarse físicamente haciendo deporte de forma regular, ir a cursos de formación para reciclarse y mejorar como profesional o dedicar tiempo a la familia.

Todas esas actividades no son urgentes y, sin embargo, son muy importantes para nuestra felicidad y para nuestro rendimiento. Lo que suele suceder es que, si no dedicamos un espacio de tiempo mínimo de un 30% del día al cuadrante 2, tarde o temprano caeremos en una crisis personal, profesional o de salud. Y entonces esas actividades pasarán al cuadrante 1: se habrán convertido en importantes y, además, en urgentes. Eso implica mucho estrés. Además, a veces ya es demasiado tarde para abordar esas acciones importantes y ya no volvemos a tener otra oportunidad en la vida porque habremos estado posponiéndolas demasiado tiempo. Y entonces querremos darnos de cabezazos contra la pared, porque en el fondo sabíamos que debíamos dedicarles tiempo y no lo hicimos. Surgirán el arrepentimiento, la culpa, la sensación de estupidez, cosas que es mejor no experimentar. Así que siempre es preferible afrontar antes las cosas importantes y no urgentes para prevenir problemas graves, o incluso irreparables, en el futuro.

Para que puedas trabajar este aspecto tan crucial del foco, te propongo el siguiente ejercicio: escribe en una hoja diez actividades o tareas que consideras que pueden proporcionarte un beneficio para tu vida o tu carrera profesional en un plazo de cinco o incluso diez años. Es decir, no escribas las tareas que te van a generar un beneficio a corto plazo (en una semana, en un mes). Porque, por definición, el cuadrante 2 tiene un espíritu de largo plazo y la mayoría de las actividades realmente importantes requieren un tiempo para que se consoliden y generen beneficios. Es el caso del *mindfulness*, donde la clave es generar un hábito de práctica regular diaria. O del ejercicio físico, donde no ves ningún beneficio la primera vez que sales a correr, ni la segunda ni la tercera. A continuación, comparto contigo cuales son mis diez actividades del cuadrante 2, por si te ayuda:

1. Practicar una técnica *mindfulness* todos los días durante veinte o treinta minutos
2. Disfrutar plenamente de un mínimo de dos o tres pequeños momentos placenteros cada día (buscarlos y crearlos proactivamente)
3. Cuidar mi salud y realizarme las pruebas o análisis médicos necesarios en cada momento
4. Dedicar tiempo a estar con mi mujer y mis tres hijas: a hablar con ellas, a escucharlas, a compartir momentos de ocio

5. Dedicar tiempo a formarme en temas financieros e inversiones y a aumentar mi patrimonio con el objetivo de ser cada día más independiente financieramente

6. Hacer ejercicio físico regular todas las semanas y cuidar mi alimentación: comer sano y disfrutar de las tres comidas con plenitud

7. Dedicar tiempo a dirigir mi empresa, a hacerla crecer y a crear un equipo sólido de *coaches* y formadores, en lugar de solo llenar mi agenda con el trabajo de campo (que es impartir cursos de formación en habilidades y realizar procesos de *coaching*)

8. Generar en la jornada de trabajo varios momentos de descanso y distensión

9. Leer un libro al mes, aproximadamente (ensayos, novelas)

10. Celebrar reuniones frecuentes con mis dos socios para reflexionar estratégicamente sobre mi empresa y sobre nuevas tendencias

En mi caso, estoy cubriendo los temas fundamentales para mí: la salud, la familia, la estabilidad financiera, la conexión conmigo mismo y con mis necesidades, el desarrollo intelectual y el emocional, la parte de disfrutar de la vida, y también la parte de planificar el futuro, así como la autorrealización profesional a través de mi trabajo. Para ayudarte a hacer tu lista de actividades del cuadrante 2, puedes plantearte cuáles son los roles más importantes que desempeñas en tu vida y en tu trabajo: padre, marido, hijo, hermano, gerente, etc. Y también cuáles son las áreas fundamentales para ti (salud, ocio, deporte, salud, familia, trabajo, aficiones, situación financiera, etc.) A partir de tus roles y áreas importantes, define las acciones o tareas prioritarias.

También es necesario que hagas una reflexión sobre cuál es tu misión en la vida. ¿Cuál quieres que sea tu legado para el mundo cuando te marches? ¿Qué contribución quieres hacer al mundo? ¿Para qué estás aquí?

Da igual la profesión que tengas; todos podemos contribuir a crear un mundo mejor, una sociedad mejor. Ya sea con nuestra conducta o actitud en la vida cotidiana, ya sea ejerciendo una profesión que ayude a las personas a ser más felices o dedicando gran parte de nuestro tiempo a ayudar a personas necesitadas. ¿Cuál es tu misión o propósito vital? Tengo claro que mi misión en este mundo es ayudar a las personas a descubrir y desarrollar su máximo potencial para que sean más felices en sus vidas y más exitosos en sus trabajos viviendo una vida plena.

Date un tiempo para reflexionar sobre tu propósito vital antes de escribir las diez actividades prioritarias. Quizá te ayuden las siguientes preguntas:

- *¿Cómo quieres que te recuerden las personas cuando ya no estés aquí?*
- *¿De qué manera quieres contribuir, con tu vida o con tu trabajo, a hacer un mundo mejor?*

No te preocupes si no te llegan respuestas claras a estas preguntas y a las anteriores sobre tu misión vital. Son preguntas profundas y difíciles. Probablemente no te las hayas hecho antes en tu vida, aunque nunca es tarde. Como dice Richard Koch en su libro *El principio 80/20*, es mejor hacerse las preguntas correctas que tener las respuestas correctas a las preguntas erróneas.

Después de identificar tus roles más importantes, las áreas de tu vida más importantes para ti, y de reflexionar sobre tu propósito o misión vital (aunque no lo tengas totalmente claro), te invito a que realices el siguiente ejercicio:

Ejercicio TopTen de actividades prioritarias

Escribe tus diez tareas o actividades importantes y no urgentes, aquellas que te aportarán un beneficio positivo dentro de cinco y diez años, y que estén conectadas a tu misión o propósito vital.

1. ____

2. ____

3. ____

4. ____

5. ____

6. ____

7. ____

8. ____

9. ____

10. ____

Este ejercicio es fabuloso porque es una manera fácil de medir si estás focalizado en lo importante o estás disperso dedicando tu tiempo y energía a cosas de segundo orden. Recomiendo hacer un chequeo del mismo cada semana. Si en una semana has dedicado poco o nada de tiempo a alguna de esas diez acciones, estás empezando a desenfocarte. Corrige el rumbo y, sin enfadarte, planifica la siguiente semana incluyendo en tu agenda tiempo para esas diez acciones. Quizá consideres que a alguna de ellas no hay que dedicarle tiempo semanalmente, sino una vez al mes o cada tres meses. Por ejemplo, al tema de la salud o a las revisiones médicas. Bueno, está bien. Adapta este ejercicio a tus necesidades, pero mantén la firmeza y la honestidad contigo mismo. Se trata de tu vida y de aumentar tu foco. Se trata de mantenerte enfocado cada día del resto de tu vida.

Debes construir una fortaleza que proteja la ejecución de todas esas actividades. Recuerda que estás luchando por evitar lo que le sucede a la mayoría de la gente: vivir la vida en función de lo que esperan los demás o la sociedad de ellos, lo cual claramente es sinónimo de infelicidad y frustración.

Si quieres tener éxito en tu vida y en tu carrera profesional, el único modo es mantenerte enfocado en tus prioridades, en lo importante para ti, en tus objetivos. Para ello debemos asumir algo crucial: que no podemos llegar a todo. Quien pretende llegar a todo, abarcar demasiado, se pierde en el maremágnum de las cosas y su mente se confunde, de modo que no puede distinguir ya lo que es importante y lo que es superfluo. Yo siempre digo que soy muy selectivo en el empleo de mi tiempo, incluso despiadado. Todo lo que no me aporta algo valioso lo elimino y dejo de dedicarle tiempo.

Ten en cuenta que todos tenemos 1440 minutos al día. ¿Por qué tenemos la sensación de que unas personas los aprovechan al máximo mientras que otros no llegan a nada? El motivo es el foco. La mayoría de la gente cree que las personas que aprovechan el tiempo al máximo son personas muy ocupadas que hacen muchas cosas. ¿Y qué importa que una persona haga muchas cosas si esas cosas no son realmente importantes o valiosas? Eso no vale para nada. No te centres en la cantidad de cosas que haces, sino en la calidad de tus acciones.

Los 1440 minutos diarios son un precioso regalo que recibimos cada día para aprovecharlos al máximo. Esos minutos no volverán jamás, no podremos dar marcha atrás e intentar volver a utilizarlos. Míralo de esta manera: cada día que vives es un día menos en la cuenta atrás. No los derroches y focalízate en el TopTen de actividades que has escrito.

Y cada vez que tu mente te diga: «no tengo tiempo», o «no hay suficiente tiempo para hacer todo lo que quiero hacer», cuestiona esos pensamientos. Es una enorme y perversa mentira. La frase «no tengo tiempo» es una de las que más he escuchado en mi vida y generalmente es una excusa para justificarnos. Sí hay tiempo más que suficiente para hacer las cosas importantes, pero no hay tiempo suficiente en absoluto para hacerlo todo. Por eso hay que ser muy selectivos con lo que hacemos con cada día de nuestra vida.

Pero, aunque tuviéramos cincuenta horas cada día, seguiríamos diciendo que «no tenemos tiempo». El motivo es la falta de foco. Si estamos focalizados, tendremos la sensación de que hay tiempo más que suficiente para lograr todos nuestros objetivos, personales y profesionales.

El segundo hábito del *mindfulness* es aprender a dirigir el foco de tu atención hacia lo que es realmente importante en todas las áreas de tu vida personal y profesional. Recuerda: en función de donde pongas el foco en tu vida, así será esta. Si pones el foco en lo negativo, eso crecerá. Si por el contrario adquieres el hábito de enfocarte en lo más valioso de tu vida, también eso aumentará.

HÁBITO 3. CARPE DIEM.
VIVE EL MOMENTO PRESENTE

«Saca la basura, Dan. La basura es cualquier cosa que te distraiga de lo único que realmente importa: este momento, aquí, ahora... Cuando por fin logres vivir el presente, te sorprenderá todo lo que puedes hacer, y lo bien que lo haces».

Diálogo de la película *El guerrero pacífico*,
VICTOR SALVA, 2006

Aldous Huxley, autor de la famosa novela *Un mundo feliz*, escribió otra obra titulada *La isla* en los últimos años de su vida, cuando conoció y experimentó la meditación oriental contemplativa. Cuenta la historia de un periodista que viaja a una isla lejana para realizar un reportaje. Esta isla contiene una civilización única. Sus habitantes, a diferencia de los del resto del mundo, están cuerdos y son felices. El protagonista quiere averiguar cuál es su secreto para alcanzar la felicidad. Cuando llega a la isla, la primera cosa que le llama la atención son unos periquitos de colores posados en las ramas de los árboles que repiten constantemente: *«Atención. Aquí y ahora... Atención. Aquí y ahora...»* Cada vez que lo hacen, el protagonista se centra en el presente, tratando de entender de dónde proviene esa voz y el significado de la frase, pero pocos segundos después empieza a preocuparse por el futuro o por su pasado más reciente, hasta que vuelve a escuchar la frase de nuevo: *«Atención, aquí y ahora».* Y la frase le vuelve a enfocar en el momento presente. Más adelante, los isleños le explican que han enseñado a todos los periquitos de la isla a repetir esa frase para que les recordara continuamente que tenían que vivir el ahora y disfrutar del presente. Al final, ese era el gran secreto de la felicidad de la isla: vivir el momento presente.

En la película *El club de los poetas muertos*, el profesor Keating realiza una auténtica labor de despertar la conciencia de sus alumnos, que andaban confusos y desorientados. Y una de sus lecciones esenciales es que aprovechen el momento, resumida en la conocida expresión «Carpe Diem». El origen de esta expresión se le atribuye al poeta Horacio, cuya frase completa fue: «*Carpe diem, quam minimum credula postero*», que significa «aprovecha este momento y no te fíes de lo que pueda suceder mañana». En la película, el profesor Keating anima a vivir el momento presente, una de las piedras angulares del *mindfulness*.

El entrenamiento *mindfulness* nos ayuda a generar este tercer hábito de las personas *mindful*: la capacidad para aterrizar en el presente y evitar estar demasiado tiempo en el futuro y el pasado. Ya comentamos que durante la mayor parte de nuestro tiempo la mente está fuera del presente, proyectando, preocupándose, fantaseando, imaginando el futuro. O bien recordando acontecimientos, tanto agradables como desagradables, rumiando decisiones o vivencias. La mayor parte del tiempo estamos viviendo una vida virtual.

El hecho de viajar al pasado o al futuro no es necesariamente malo; de hecho, es tremendamente útil y valioso en muchas ocasiones. Recuerda que el *mindfulness* no rechaza nada, sino que trata de poner luz a determinados patrones mentales con el fin de que no condicionen ni dominen nuestra conducta, nuestras decisiones y en definitiva nuestro destino.

No es malo dejar a la mente vagar sin rumbo de vez en cuando; es así cuando muchas veces conecta elementos y es capaz de resolver creativamente un problema de forma espontánea. Por supuesto, yo dejo que mi mente divague muchas veces. Pero atención al matiz. Yo soy el que permito a mi mente divagar, yo soy el que dejo al caballo que me lleve de vez en cuando adonde él quiera. Pero cuando decido retornar al presente puedo hacerlo porque he domesticado a mi mente para que sea mi aliada. Aún así, a veces mi caballo salvaje vuelve a dominarme porque la programación de serie que tenemos los seres humanos es muy poderosa. Eso es algo normal y no hay que preocuparse mientras seamos capaces de dirigirla en las situaciones y momentos importantes.

Por tanto, cuando eliges conscientemente reflexionar sobre algún tema o analizar alguna decisión que has tomado o un hecho del pasado, no vas con el piloto automático puesto, sino en modo *mindfulness*, porque estás eligiendo conscientemente pensar sobre algo del pasado con el fin de aprender la lección, o bien porque has elegido planificar algo del futuro. Si lo estás decidiendo, no hay problema, pues eres tú quien tiene el control. El problema es que la mayoría de las veces es tu mente, y no tú, quien decide llevarte al pasado o al futuro, confundiéndote, estresándote y alejándote de lo que realmente está sucediendo en el momento presente.

También es fundamental marcarse objetivos. Si el ser humano no se hubiera marcado objetivos no habría logrado los espectaculares avances que ha conseguido a lo largo de la Historia. Como *coach* profesional defiendo la necesidad de marcarnos objetivos en nuestra vida y en nuestra carrera profesional. Es la única manera de progresar, de sacarnos de la zona de confort y alcanzar nuestras metas. El problema es cuando los objetivos se convierten en el centro de todo, cuando hipotecamos nuestro bienestar y nuestra felicidad a la consecución de los mismos. Es como cuando no logramos una meta que llevamos mucho tiempo persiguiendo, y entonces nos sentimos unos fracasados e infelices. Ahí es cuando el objetivo se habrá convertido en nuestro enemigo, porque nos estará nublando la vista y nos estará impidiendo ser felices. Nos habremos apegado a él como si fuera nuestra tabla de salvación vital y ese es el error.

Para mí hay que marcarse objetivos y trabajar duro para conseguirlos, pero si no los conseguimos no pasa nada, porque lo que verdaderamente importa es lo que ha sucedido dentro de uno mismo en el camino, lo que hemos aprendido y crecido en el proceso de intentar lograr la meta. Ese aprendizaje y esas vivencias son lo realmente importante respecto al hecho de fijarse objetivos, no el conseguir o no conseguir estos.

Obviamente, es mucho más agradable alcanzar nuestros objetivos, pero es importante aceptar que no todo depende de nosotros, o dicho de otra manera, que no podemos controlar todo lo que influye en la consecución de los objetivos. En el camino hay imprevistos, cambios y elementos que no podemos controlar. Solo podemos dominar nuestras decisiones, actitudes y conductas. Y en la consecución de casi todos nuestros objetivos siempre hay una parte que depende de otras personas.

A lo que me refiero es a que hay que evitar aferrarse o apegarse a las metas, como si fueran el único medio para ser felices y exitosos. Si es así, estaremos perdidos y seremos unas tristes marionetas de nuestros propios objetivos, lo que significará perder nuestra libertad. Como he dicho ya, el *mindfulness* nos hace más libres; estar esclavizados por nuestros objetivos es justo lo contrario. Se trata de aligerar la carga, aunque no por ello dejar de luchar y pelear por nuestros sueños.

Otro ejemplo positivo de estar en el futuro es el hecho de planificar nuestra agenda para la siguiente semana o mes. Evidentemente esta es una acción muy efectiva y positiva para priorizar y estar enfocados. Pero cuando estamos planificando con toda nuestra concentración las actividades de la semana o del mes evitando todas las distracciones, ¿acaso no estamos en el momento presente, con la máxima atención en esa tarea de planificar? Pues claro que sí. Igual que cuando decidimos conscientemente reflexionar durante media hora sobre nuestras metas. Estamos en el aquí y ahora, cumpliendo la máxima del *mindfulness* de estar presentes con lo que estamos haciendo. Así que el secreto es elegir con toda nuestra intención y consciencia dedicar nuestro tiempo a una actividad y poner toda la atención en ella. Y eso es *carpe diem*.

Bajo la perspectiva de la filosofía *mindful*, si decidimos escaparnos del presente fantaseando o pensando en las próximas vacaciones, entonces no estaremos presentes porque no estaremos afrontando los desafíos que la vida nos pone delante. Y nos estaremos perdiendo lo que está sucediendo delante de nuestras narices, lo que estamos viviendo, a la vez que no estaremos poniendo solución a nuestros problemas, así que estos aumentarán.

Yo tenía esta tendencia hace muchos años, antes de descubrir la meditación. Como no estaba del todo satisfecho con mi trabajo de publicista, sobre todo durante los últimos cuatro años que trabajé en ese sector, solía escaparme con mis pensamientos y enseguida estaba deseando que llegara el siguiente fin de semana o las siguientes vacaciones. Entonces —o eso al menos creía yo— estaría contento, por fin sería feliz. Sin embargo, cuando llegaba ese momento tampoco lo disfrutaba al máximo porque enseguida mi mente me llevaba otra vez al futuro, agobiándome con pensamientos como: «dentro de dos días tendré que volver y afrontar ese proyecto tan difícil, qué horror»; o si estaba en mis vacaciones de verano, mi mente me generaba ansiedad al recordarme que en pocos días debería volver de nuevo al trabajo y que pasarían meses hasta las próximas vacaciones largas. Al final nunca estaba en el presente y no disfrutaba plenamente de mis momentos de ocio o de vacaciones.

Muchas personas se dejan llevar por este hábito tóxico de marcharse al futuro, que tiene que ver con una especie de aplazamiento de la felicidad. «Seré feliz cuando me suban el sueldo» o «cuando me vaya de vacaciones podré disfrutar de verdad de la vida», o «cuando se independicen mis hijos, por fin podré ser feliz», o «cuando me jubile, mi vida será maravillosa». ¿Y qué hay de nuestra vida hasta que llegue ese momento? Que se pasará volando sin disfrutarla, y cuando queramos darnos cuenta se habrá acabado. A menudo escucho decir a personas cercanas que están deseando jubilarse porque esperan ser felices en ese momento y me resulta triste. Si no hemos aprendido a ser felices aquí y ahora en nuestra vida, no sabremos cómo hacerlo cuando nos jubilemos. Porque la felicidad se aprende y se desarrolla, no es algo que venga porque sí. Este es un punto esencial que debemos interiorizar. Y, sin duda, probablemente el aspecto más importante para ser felices sea vivir el presente en toda su plenitud, independientemente de si es agradable o desagradable, justo lo que entrenamos a través del *mindfulness*.

Y en cuanto al pasado, pues también es útil viajar allí en ocasiones. Por ejemplo, cuando hacemos un balance de los últimos diez años de nuestra vida, de los aprendizajes, vivencias, fracasos y éxitos. O cuando decidimos conscientemente analizar una decisión errónea con el fin de no volver a cometer el mismo error en el futuro. Pero lo que no sería sano ni funcional es, una vez más, escapar del presente recordando momentos maravillosos y placenteros que hayamos vivido en el pasado. Esto es lo que llamamos nostalgia. Si nos dejamos llevar por ella, viviremos infelices toda nuestra vida, siempre pensando que cualquier tiempo pasado fue mejor, sobrellevando nuestra vida como un gran peso, y nos estaremos perdiendo todos los regalos y misterios que nos ofrece el momento presente, instante tras instante.

Por tanto, aquí y ahora es el momento para elegir ser felices. La felicidad, como he dicho, es algo que se aprende y se entrena. La felicidad ante todo es una elección personal. Recuerda lo que Bronnie Ware, la enfermera de cuidados paliativos, recogió en su libro: las cinco cosas principales de las que se arrepentían las personas que estaban a punto de morir. Una de ellas era la de no haberse permitido ser felices en su vida. Toma nota.

Cuanto más tiempo estemos en el presente, más felices seremos, te lo garantizo. Porque si estamos atentos descubriremos las maravillas de cada instante de la vida. Empezaremos a valorar los pequeños momentos y cada día será diferente y único, algo muy diferente a lo que ocurre cuando tenemos el síndrome del día de la marmota. Esto no es fácil porque lo fácil es escapar del presente cuando este no cumple nuestros deseos y expectativas. Huimos al futuro con nuestros deseos de que lleguen las vacaciones o determinadas experiencias positivas, o huimos al pasado refugiándonos en los momentos felices vividos. Es una tentación en la que es muy fácil caer.

Otra película muy interesante que aborda la importancia de estar en el aquí y ahora es *El guerrero pacífico*, una cinta interpretada por Nick Nolte. En esta película, un atleta joven muy ambicioso y competitivo se entrena para ganar una competición olímpica importante. Sin embargo, su rendimiento no es el que quiere; a menudo se desconcentra y eso afecta a sus resultados. Hasta que conoce a un viejo empleado de una gasolinera que es una especie de maestro zen. El viejo maestro capta la atención del joven atleta con algunos comentarios y conductas hasta que él decide pedirle que lo entrene a nivel mental para ganar la competición.

En una secuencia el maestro le dice que debe sacar la basura que hay en su interior. La basura —dice— es todo aquello que lo distrae de lo único realmente importante: este momento, aquí y ahora. También le dice: «*Cuando seas capaz de vivir el momento presente, te darás cuenta de todo lo que puedes hacer y de lo bien que lo haces*». Eso es lo que te sucederá a ti, que descubrirás un nuevo universo dentro y fuera de ti, un universo de posibilidades, desde que empieces a focalizar tu mente en el presente.

En otra secuencia de la película, el maestro zen lleva al joven atleta a un parque y le dice que no se está dando cuenta de todo lo que está sucediendo así, que no está atento porque su mente está llena de preocupaciones y planes de futuro. El joven atleta le contesta, arrogante, que en ese instante no está sucediendo nada. Entonces el maestro le coge fuertemente de los brazos para despertar su conciencia y su atención. Y en ese momento el atleta es capaz de detectar cosas asombrosas que sí están sucediendo: una mariquita que avanza por una hoja de un árbol, un perro que corre y caza un objeto en el aire, dos amigos que se ríen, dos mujeres que están besándose. La razón por la que antes no veía todas esas cosas era porque su mente estaba totalmente llena con pensamientos sobre el futuro o el pasado. Igual nos sucede a nosotros, que no nos damos cuenta de lo que está sucediendo realmente en cada momento porque estamos demasiado ocupados preocupándonos de cosas que seguramente no lleguen a suceder nunca, o deseando experiencias que luego no vamos a disfrutar, o anclándonos en el pasado con recuerdos agradables o con decisiones o experiencias dolorosas. Una auténtica locura que nos impide vivir la vida real, la que se despliega instante tras instante delante de nuestros sentidos.

Al final de la película, el joven logra ganar la competición gracias a que es capaz de focalizar su mente en el momento presente y vivirlo con la máxima plenitud y concentración. En nuestro desempeño profesional no hay mejor herramienta que la capacidad de estar presentes, aquí y ahora. De hecho, la única manera de alcanzar el máximo rendimiento es estar concentrados plenamente en el presente, en la tarea que estamos desarrollando. Pongamos varios ejemplos.

Si estamos en una reunión y nuestra mente no está presente en lo que está sucediendo momento tras momento porque está recordando algo del pasado o preocupándose por algo del futuro, nos perderemos mucha información que puede ser necesaria para el óptimo desempeño de nuestro trabajo. O si dirigimos a un equipo, cuando uno de nuestros colaboradores quiere contarnos un problema, si no estamos atentos en el momento presente, no le escucharemos ni demostraremos empatía, por lo que él dejará de confiar en nosotros y de contarnos sus problemas. Además, se nos escaparán matices importantes para liderar mejor a ese profesional con el fin de desarrollar todo su potencial.

O, simplemente cuando estamos realizando una tarea importante del trabajo: leyendo un informe, escribiendo un correo importante, o preparando una presentación. Si nuestra mente está viajando al pasado o al futuro, tardaremos mucho más tiempo en terminar lo que estamos haciendo, derrochando una gran cantidad de tiempo que, recordemos, es limitado y no vuelve. Si hiciéramos cualquiera de esas tareas con la máxima atención en el momento presente, podríamos dedicar el tiempo sobrante a descansar, a pasarlo con la familia o a ir a jugar un partido de pádel. O, si queremos también, lo podemos dedicar a otras tareas importantes del trabajo.

No hay duda. Cuanto más tiempo estemos en el presente aprovechando el momento, más felices seremos y más rendimiento extraeremos de nuestro tiempo, tanto en nuestras actividades personales como en el trabajo. Muchas personas me dicen que estar el 100% de nuestro día en el aquí y ahora sería agotador, pero lo que es verdaderamente agotador para nuestra mente es el desgaste que se produce con las preocupaciones y los pensamientos constantes negativos, y también por las constantes huidas de la realidad que hacemos. Todo eso es estresante, mientras que estar presentes, concentrados en el ahora, puede ser muy relajante incluso. Porque la atención plena al aquí y ahora que entrenamos a través del *mindfulness* no es una atención agresiva ni estresante, sino una atención suave y calmada.

Para aumentar nuestra felicidad y nuestro rendimiento no es necesario estar todo el día presentes, aunque sí es recomendable estarlo el mayor tiempo posible. Porque el hecho de vivir la vida real que se despliega ante nosotros en cada momento nos proporciona una claridad enorme, mientras que estar en la nebulosa de los viajes astrales al pasado o al futuro nos genera confusión mental. La claridad es crucial para tomar las mejores decisiones, tanto en la vida como en el trabajo. Y es uno de los más grandes beneficios que percibiremos gracias a vivir en el presente. Esa claridad nos permitirá resolver desafíos y problemas de forma sencilla y rápida, que no seríamos capaces de resolver con una mente confusa.

Y la claridad nos llevará a no autoengañarnos, a no contarnos películas de ciencia ficción o románticas sobre la vida, a aceptar más la vida tal y como es, y a aumentar nuestra sabiduría. Sí, si volvemos una y otra vez al presente nos convertiremos en personas mucho más sabias. Porque descubriremos que la vida está cambiando constantemente, que todo es pasajero y efímero, que la existencia en la Tierra es muy corta y que debemos exprimirla al máximo. En definitiva, estaremos mucho más en contacto con la realidad. Eso es sabiduría. Y no estoy hablando de ser realistas, ni de ser optimistas o pesimistas, sino de tener una percepción mucho más profunda de las cosas.

La sabiduría es muy distinta del conocimiento. Una persona puede tener muchos conocimientos y ser absolutamente estúpida. La acumulación de conocimientos no nos hace más sabios e incluso a veces nos convierte en seres mentalmente más rígidos, porque creemos que somos poseedores de la verdad. La verdad no se puede aprender leyendo libros; la única forma de aprenderla es experimentarla en el momento presente. No hay otra forma de alcanzar la sabiduría.

Algunas personas opinan que aprovechar el momento sin pensar en el futuro es irresponsable e incluso egoísta. El hecho de aprovechar y vivir el momento presente no significa que nos olvidemos del futuro y nos dediquemos a gastar todo nuestro dinero, o nos pongamos a viajar por todo el mundo como si nos fuéramos a morir mañana. Vivir el momento no nos impide dedicar tiempos específicos a planificar el futuro, o a analizar y recordar el pasado. *Carpe diem* es aprovechar y vivir el momento presente con consciencia y responsabilidad. No tiene nada que ver con el desfase y con el hecho de entregarnos a una vida de excesos sin pensar en las consecuencias futuras.

El equilibrio, desde mi experiencia personal, está en marcarse objetivos y planificar el futuro, y luego entregarse al presente con plenitud. Y, de vez en cuando, revisar de nuevo nuestros objetivos y planificar nuestras actividades para alcanzarlos. Y volver al presente una y otra vez. No tiene nada que ver con la inconsciencia y la irresponsabilidad, pues el *carpe diem* debe ir acompañado de unos valores, de un rumbo en la vida.

En cualquier caso, aprovechemos la parte positiva de vivir el presente para aumentar nuestro disfrute de la vida, de las pequeñas experiencias. Aprovechémoslo para aumentar nuestro rendimiento y nuestra concentración en el trabajo.

Estoy convencido de que el gran secreto de la felicidad duradera y auténtica está en vivir aquí y ahora cada momento de nuestras vidas. Es algo tan sencillo que nadie repara en ello, y lo que hace la mayoría de la gente es salir a la búsqueda de experiencias intensas, placenteras y divertidas. Está muy bien vivir esas experiencias, pero siempre serán puntuales y no darán la sensación de felicidad duradera, sino todo lo contrario.

Una buena técnica para ayudarnos a vivir el presente es recordarnos que vamos a desaparecer en unos años. Steve Jobs, en su famoso discurso en la Universidad de Stanford, ya lo decía: «*La muerte es el mejor invento de la vida*». Yo personalmente utilizo el recuerdo de que me voy a morir para obligarme a vivir más el presente. Y, paradójicamente, eso me ayuda a ser más feliz cada día, porque valoro mucho más todo lo que tengo, soy mucho más consciente de todos los momentos y experiencias especiales que vivo cada día, y eso me permite también focalizarme en los pequeños logros y éxitos de cada día, en lo que me hace sentir orgulloso.

El filósofo Francis Raemy expresó de manera magnífica la importancia de vivir el presente: «*Durante mucho tiempo pensaba que mi vida por fin iba a comenzar. ¡La verdadera vida! Pero siempre había un obstáculo en el camino, alguna cosa que tenía que solucionar antes, un asunto no terminado, un tiempo que pasar, una deuda que pagar. Y entonces... la vida iba a comenzar! Hasta que me di cuenta de que esos obstáculos eran justo mi vida.*

»Esta perspectiva me ha ayudado a comprender que no hay camino que lleva a la felicidad. La felicidad es el camino. Así que agarra cada momento que tienes y compártelo con alguien especial, y recuerda que el tiempo no te espera. Por tanto, deja de esperar a que termine el colegio de tus hijos, a que te suban el sueldo, a perder diez kilos, a casarte, a tener niños, a que tus hijos se vayan de casa, o simplemente a que llegue el viernes por la noche, o el domingo por la mañana, la primavera, el verano, el otoño o el

invierno, o a morir para decidir que no hay mejor momento que ahora para ser feliz. La felicidad es una trayectoria y no un destino».

El ser humano ha alcanzado en el siglo XXI unos niveles de bienestar desconocidos antes en la historia. Y sin embargo hoy sabemos que la depresión es una de las enfermedades que más personas padecen en el mundo. Hemos multiplicado nuestras posesiones materiales, alejándonos de nuestros valores; quizá hemos triunfado en la vida, pero no en la nuestra. Vive y disfruta el presente. Porque el presente es perfecto. El presente es perfecto sencillamente porque es lo que está sucediendo. Si es doloroso, entonces es perfecto porque esa experiencia te está dando una lección que debes aprender para crecer como persona. Si es placentero también es perfecto porque te está invitando a que lo disfrutes como si fuera el último de tu vida. Siempre es perfecto. Porque es lo que sucede en realidad, no lo que debería suceder en nuestras fantasías. «El presente es perfecto» es uno de mis mantras cada vez que caigo en el victimismo o en una actitud de resistencia a la vida cuando esta no es agradable o no se cumplen mis expectativas y deseos. Es una frase de enorme sabiduría y me ha ayudado muchísimo en momentos difíciles. Recordarme que el presente es perfecto me hace ver que, cuando las cosas no van bien, debo aprender una lección importante para crecer como ser humano.

Como el resto de hábitos del *mindfulness*, el hábito de vivir el presente se puede entrenar día a día, en cualquier momento, en cualquier lugar. Practicando la meditación *mindfulness*, saboreando una comida, disfrutando de un atardecer, concentrados en una tarea en el trabajo, estando presentes mientras nos lavamos los dientes, poniendo atención en una reunión, caminando por la calle o ¿cómo no? practicando sexo.

HÁBITO 4. ACÉRCATE AL DOLOR

«Estamos empezando a percibir nuestra vida tal como es. Tan revelador como incómodo, este es el precio inevitable del despertar».

Saki Santorell

Cuando estamos poseídos por el modo mental automático, nuestro cerebro tiende a alejarse o a rechazar las experiencias desagradables y buscar experiencias placenteras. Esto es normal. Muchos dirían que es lo sensato y que lo contrario sería masoquismo. Al fin y al cabo, nuestro cerebro está orientado a la supervivencia. Su objetivo principal es que sobrevivamos a las amenazas del mundo y por eso busca siempre la estabilidad y la seguridad. Está programado desde hace cientos de miles de años para huir de lo doloroso y desagradable. Y es cierto que en algunas situaciones esto es realmente útil e imprescindible. Si hay fuego, nos alejamos de él. O si estamos nadando y vemos una aleta de tiburón, nadamos con toda la energía que podemos en dirección contraria para salvar nuestra vida. También nuestro cerebro puede reaccionar de otras dos formas: con violencia y agresividad ante esa amenaza, o bien paralizándonos. Por ejemplo, cuando un atracador se acerca a nosotros con un cuchillo para atacarnos, una posible reacción es luchar contra él y pegarle fuerte, o bien quedarnos paralizados por el pánico. Por tanto, nos encontramos con las tres reacciones instintivas del mecanismo del estrés frente a un acontecimiento que se percibe como una amenaza: *«fight, flight or freeze»* (pelear, volar o congelarse). En esas situaciones realmente hay un peligro para nuestra supervivencia. Sin embargo, afortunadamente no vivimos en una época llena de peligros reales. El hecho de que una experiencia sea dolorosa no significa que nuestra supervivencia se vea amenazada. Sin embargo, nuestro cerebro reacciona de la misma forma que si lo estuviera: huyendo o escapando, quedándose paralizado, o actuando con violencia.

Otra consecuencia de ir por la vida con el piloto automático puesto es la reacción de nuestras emociones. De forma mecánica nuestro cerebro se aferra y apega a las emociones agradables y rechaza, evita o escapa de las emociones y experiencias desagradables. Como veremos más en profundidad en el capítulo dedicado a la inteligencia emocional, esta forma automática de reaccionar a las emociones, en lugar de hacernos sentir mejor, nos genera mucho más sufrimiento. Pues el problema no son las emociones y experiencias dolorosas, sino cómo reaccionamos ante ellas, huyendo, escapando, haciendo todo lo posible por no sentirlas. Al final, esto acaba complicándonos más la vida, y aumentando la infelicidad y el sufrimiento, sencillamente porque estamos tratando de borrar una parte esencial e inevitable de nuestra existencia, que son las experiencias y las emociones negativas. A lo que te resistes, persiste. Si te resistes a lo negativo o doloroso de la vida, esto persistirá y aumentará. Si tratas de borrar o eliminar una emoción negativa, lo que harás será alimentarla. Por el contrario, aceptar nuestras emociones y estados de ánimo es el paso fundamental de la gestión eficaz de las mismas.

Byron Katie, autora del maravilloso libro *Amar lo que es,* dice que el dolor de la vida es inevitable, pero el sufrimiento es opcional. Nadie en la Historia de la Humanidad ha podido evitar el dolor psicológico y físico. Ni siquiera las personas de más éxito, las personas multimillonarias o los genios de cualquier ámbito han podido. Porque el dolor forma parte de nuestra vida. Igual que no existirían la luz sin la oscuridad, la vida sin la muerte, el bien sin el mal, no podrían existir el placer sin el dolor, ni la felicidad sin la infelicidad. Así que la clave del cuarto hábito del *mindfulness* es aprender a vivir con el dolor inevitable de la vida. Si no lo hacemos, estaremos abocados a lo que dice Katie, al sufrimiento. Y, recordemos, el sufrimiento sí se puede evitar, algo que también solía predicar Buda. No sufrimos por lo que nos pasa, sino por los pensamientos, interpretaciones y reacciones que tenemos sobre lo que nos pasa.

Por tanto, para ser más felices y manejar mejor el dolor de la vida, debemos desarrollar el hábito de no dejarnos llevar por la reacción automática de nuestra mente, que tiende a reaccionar alejándonos y huyendo de los acontecimientos y de las experiencias dolorosas. Y esto es realmente difícil, porque ya hemos comprobado la enorme fuerza que ejerce el piloto automático sobre nuestras vidas, sobre nuestras conductas y decisiones. Si no entrenamos a nuestra mente con el *mindfulness* para desactivar el piloto automático, nos pasaremos toda la vida reaccionando de forma contraproducente al dolor. Y entonces aumentaremos nuestro sufrimiento e infelicidad. Por eso el *mindfulness* nos enseña a desaprender algo que hemos adquirido de forma innata y a relacionarnos con el dolor de forma totalmente nueva. En lugar de huir de él, comenzamos por aceptarlo como parte de la experiencia vital. Pero aún nos queda un paso más que dar. Y este es el que nos cuesta más entender habitualmente.

Se trata de aproximarnos al dolor, de acercarnos al miedo, a la tristeza, a la rabia, a la frustración y a la ansiedad. Se trata de ir hacia una situación difícil en lugar de huir de ella. Parece de locos, ¿verdad? Entiendo tu posible reacción, porque parece una invitación a sufrir mucho más de lo que ya lo hacemos en nuestra vida, pero paradójicamente no es así, sino todo lo contrario. Si nos aproximamos al dolor de la vida con las actitudes mentales que estamos cultivando con la práctica *mindfulness* (curiosidad, apertura, aceptación y amabilidad), no solo no aumentaremos el sufrimiento, sino que seremos capaces de manejar ese dolor e incluso aprender algo valioso de él que nos haga crecer como personas. Dicho de otra manera, en la oscuridad del dolor aparecerá la luz más intensa.

Siempre me gusta contar la historia del buda de arcilla porque con ella podemos entender el profundo impacto que producirá en nosotros el hábito de acercarnos al dolor. Lo mejor de esta historia es que ocurrió de verdad. Allá en el siglo XIII, en un templo de Tailandia había una estatua de buda hecha con arcilla que alcanzaba casi cinco metros de altura. Durante generaciones fue considerada sagrada, como cualquier estatua de buda en un país donde la religión budista está muy extendida, aunque no tenía demasiado valor al ser de un material como la arcilla. En el año 1955 se decidió trasladarla a otro templo más apropiado para su tamaño. Al parecer, esta delicada tarea le fue encomendada a un reconocido monje. El problema es que el traslado se realizó en época de monzón, y entre las intensas lluvias y el hecho de que la estatua era muy voluminosa y pesaba mucho, se cayó y la arcilla se rompió por varios sitios.

Disgustadísimos, el monje y sus ayudantes decidieron pasar la noche meditando sobre las alternativas disponibles. ¡Un buda sagrado agrietado por varias partes! Fueron horas largas, oscuras y lluviosas. Sin embargo, el monje, en vez de desesperarse, se enfocó en encontrar una salida. Al observar la escultura resquebrajada, cayó en la cuenta de que la luz de su vela se reflejaba a través de las grietas del buda. Observaba un extraño brillo detrás de cada grieta producida en la estatua de arcilla. Primero pensó que eran las gotas de lluvia. Se aproximó y observó que detrás del barro había algo. Así que decidió romper la estatua, algo que podría haber parecido una locura e incluso un sacrilegio. Pidió un martillo y comenzó a romper el barro, descubriendo que debajo se escondía el buda de oro macizo más grande del mundo, que medía más de cuatro metros y pesaba casi cinco toneladas. Durante siglos este increíble tesoro había sido recubierto con arcilla para protegerlo de ser robado. Con el tiempo la gente se olvidó de que hubiera existido un buda de oro macizo de tanto valor.

Esta fascinante historia real nos recuerda varios puntos clave del *mindfulness*. Todos tenemos oro dentro de nosotros, pero desde que nacemos nuestro cerebro es programado y condicionado con muchas verdades absolutas, y aprendemos lo que es correcto e incorrecto, lo que debemos hacer y lo que no, lo que la sociedad y el mundo esperan de nosotros. Eso nos va alejando de nuestra verdadera esencia, de quienes somos, cubriendo de arcilla nuestro oro interior. Sin embargo, ese tesoro siempre permanece dentro de nosotros, esperando a que algún día nos arriesguemos, como hizo el monje, a romper el barro. El monje, en lugar de huir o rechazar las grietas del buda, se aproximó a ellas con interés, con curiosidad. Y en el dolor, en las grietas, encontró la plenitud y la luz.

En nuestra vida también nos sucederá, si estamos dispuestos a acercarnos a la parte dolorosa de ella. El brillo que se oculta detrás de cada herida nos ayudará a crecer y a vivir una vida más plena. Pero para ello debemos ser valientes y estar dispuestos a sumergirnos en el dolor, en lo desagradable, en las heridas que tenemos. Acercarnos a ellas y observarlas sin juicios, como nos dice el *mindfulness*. En su libro *Sánate a ti mismo*, Saki Santorelli, director de la Clínica de Reducción del Estrés de la Universidad de Massachusetts, dice: «...*nuestras heridas y defectos son indicios seguros de nuestra plenitud fundamental... nuestro sentimiento de incompletitud, nuestra frágil y tierna vulnerabilidad es un signo indiscutible de nuestra fortaleza. Esta suave ternura es un portal, pero nosotros la ocultamos, la llamamos defecto, sin nunca darnos cuenta de que es el punto de acceso a maravillosas posibilidades».* Y comparte el maravilloso poema del místico y poeta sufí Rumi:

Confía la cura de tu herida a un cirujano
Antes de que las moscas se posen en ella
Hasta cubrirla por completo.
Esas moscas son tus sentimientos egoístas,
Tu amor por lo que crees tuyo.

Deja que el médico espante las moscas
y ponga una venda en la herida.

No gires tu cabeza. Sigue mirando
El lugar vendado porque es el lugar
Por donde la Luz entra en ti.

Y no creas, ni por un momento,
Que estás sanando.

Rumi nos sugiere seguir mirando la herida, no girar la cabeza ante el dolor. Porque ahí es de donde vendrá la sabiduría. Pero pongamos algunos ejemplos. Cuando tenemos un dolor físico fuerte, como una jaqueca o un malestar de estómago, o nos duele un músculo porque lo tenemos contracturado, solemos hacer todo lo posible por eliminarlo. Desde luego, si podemos hacerlo, genial. Podemos tomarnos un medicamento para aliviar el dolor o tumbarnos a descansar si eso nos hace sentirnos mejor. Sin embargo, ¿qué pasa si ese dolor persiste? Si ya hemos hecho todo lo que podríamos hacer, ¿cuál sería la mejor manera de gestionarlo?

En la práctica *mindfulness* se nos enseña a aceptar todo lo que suceda durante la meditación, sea agradable o desagradable. Recuerdo perfectamente algunos momentos críticos de dolor intensísimo en los retiros de meditación zen en los que participé hace años. En estos retiros, normalmente te pasas cinco días enteros sin hablar ni comunicarte con nadie. De hecho, la invitación es a mantener la mirada siempre hacia abajo para no tener ni siquiera contacto visual con tus compañeros de retiro. Y se practica la meditación sentada (llamada zazen en la tradición zen) desde las 6:00 h hasta las 22:00 h, con breves periodos de meditación caminando y algún tiempo para descansar. Imagínate estar horas y horas meditando en periodos de treinta minutos. Aunque yo iba cambiando de postura y practicaba en varias posiciones permitidas, como las explicadas en el capítulo 7, el dolor era insoportable. Cuando terminaba cada periodo de media hora de meditación sentado, todos nos levantábamos y practicábamos durante unos siete minutos la meditación caminando, sobre todo para activar la circulación sanguínea de piernas y pies, entumecidos y rígidos después de la absoluta inmovilidad de la meditación sentada. Porque allí nadie movía un músculo. La maestra zen era tremendamente exigente y realmente intimidaba. A veces, si por el cansancio y el dolor no podías mantener la espalda recta, ella se acercaba a ti y corregía tu postura para que no te relajaras ni un momento.

El primer día pude soportarlo más o menos bien, pero el segundo empezaba a tener periodos de meditación sentada realmente duros, con dolores intensos en las rodillas, en las nalgas, en la espalda, así como las piernas y en los pies, dormidos totalmente. Cada vez que sonaba el gong del final de la meditación sentada y había que levantarse, a mí me costaba un horror porque tenía los pies y las piernas dormidos y literalmente no podía levantarme a riesgo de desequilibrarme y caerme. Era un auténtico suplicio.

Si el segundo día fue realmente duro, puedes imaginar cómo fueron el tercero, el cuarto y el quinto. El dolor en ocasiones era totalmente insoportable. Tenía la sensación de que me iba a lesionar gravemente las rodillas y realmente no iba a poder levantarme. Eso me generaba una enorme ansiedad, que aumentaba aún más cada vez que pensaba que aún debían faltar muchos minutos antes de que sonara el gong y finalizara el periodo de meditación. O sea, una tortura física y psicológica. Sin embargo, hubo algunos momentos en esos retiros en los que, sorprendentemente, después de estar sufriendo un dolor indescriptible durante mucho rato, de pronto tenía un momento de paz. Era realmente increíble. En el momento de mayor dolor físico y a punto de estallar de ansiedad, sentía una paz total. El dolor intenso continuaba pero de pronto era capaz de manejarlo y estar bien. Ahí me di cuenta de que la mente es capaz de cosas increíbles, incluyendo el hecho de manejar el dolor más insoportable. Eso no significa que eliminemos el dolor. De hecho, en esos momentos de paz seguía sintiendo dolor, pero de alguna forma no me dominaba, sino que me había liberado de su tiranía. ¿Qué es lo que sucedió?

Sencillamente acepté que el dolor estaba ahí y punto, no quise eliminarlo ni escapar de él. Fue algo que sucedió sin proponérmelo conscientemente. Si hubiera querido hacerlo no lo hubiera logrado. Pero todo sucedió porque una parte de mí se dejó llevar y dejó de luchar. Dejar de luchar, esa es la clave. No nos damos cuenta, pero cuando no soportamos un dolor y no sabemos manejarlo es porque estamos luchando contra él y queremos vencerlo o eliminarlo. Y eso no funciona. Al contrario, sigue aumentando con cada intento nuestro de luchar contra él. Así que gracias a esa experiencia crítica aprendí una de las lecciones más importantes de mi vida: que debemos aprender a convivir y a no luchar contra el dolor, sea físico o emocional.

Cuando abandonamos la lucha una parte de nuestra mente se aclara, deja de estar ofuscada luchando contra el dolor, y entonces aparecen el aprendizaje, la apertura a la experiencia y la curiosidad que cultivamos con el *mindfulness*. En lugar de cerrarnos y resistirnos, nos abrimos y observamos con curiosidad el dolor, nos aproximamos a él incluso con amabilidad y compasión. Y ahí encontramos un espacio de libertad en el que vivir serenamente incluso en la peor de las tormentas. Este aprendizaje es esencial para nuestra vida.

Te voy a poner otros dos ejemplos impactantes de apertura y aproximación al dolor, en este caso emocional. Hace poco leí una breve entrevista del ex-futbolista Pedja Mijatovic, famoso sobre todo por el gol que le dio la séptima Copa de Europa al Real Madrid. Aquel momento fue el más importante de su carrera deportiva. En esta entrevista le preguntaban si cambiaría aquel gol por algo, a lo que él respondió: *«Por la salud de mi hijo que murió hace ocho años. Y no solo por su vida. Cambiaría todo lo que he conseguido por haberle escuchado decir algo. Porque Andrea era paralítico cerebral, no hablaba, no caminaba, no se comunicaba. Lo habría dado todo por escuchar un 'hola, cómo estás'. No pudo ser».*

Más adelante profundizó sobre esta experiencia: *«Yo en los años más bonitos de mi carrera viví la enfermedad de mi hijo. En esos momentos en los que crees que incluso puedes volar, cuando te sentías poderoso y notabas el calor de toda la gente, mi hijo siempre tenía crisis. Muchos días y noches en el hospital. Eso ha sido un contrapeso para mí. Yo me decía: 'No eres nadie, ya ves que no eres nadie, no puedes hacer nada para que tu hijo mejore'. Te preguntas: '¿Quién eres?' Y la respuesta es nadie. Mi hijo ha tenido una misión en mi vida. La de salvar a su padre. Piensas que eres Dios y en realidad no eres nadie».*

Me impresionaron profundamente sus palabras porque desprenden una gran sabiduría y una gran humildad. Ambas, curiosamente, se consiguen después de sufrir mucho, después de tener una gran crisis. El éxito muchas veces no te hace más sabio, y desde luego es raro que te haga más humilde, más bien todo lo contrario. El «éxito» muchas veces nos embota y nos hace creer que somos dioses, hasta que tarde o temprano la vida nos da la lección que necesitamos. El presente es perfecto.

Mo Gawdat, ejecutivo de Google, también perdió a su único hijo de forma repentina. En una impactante entrevista dijo que después de un feliz fin de semana que compartió con él hasta su muerte pasaron apenas cuatro horas. Se preguntaba: «*¿Qué puedo hacer para que mi hijo vuelva a estar vivo?*» Y desde luego se dio cuenta de que permanecer llorando durante toda su vida en un rincón o gritar desesperadamente sobre lo injusta que es la vida no le devolvería a su hijo. Finalmente tomó conciencia de algo fundamental: que podía elegir pasarse la vida sufriendo o podía elegir otra alternativa: aceptar la vida tal y como es, incluso su parte más dura y cruel. Y se centró en tratar de ir aceptando poco a poco lo sucedido y en expandir su aprendizaje sobre la auténtica felicidad al mayor número de personas posible. En la entrevista mencionaba la posibilidad que tenemos todos los seres humanos de elegir ver el vaso medio lleno o ver el vaso medio vacío. Así que la felicidad, también para Gawdat, es una elección personal, tal y como lo recogió Bronnie Ware de sus enfermos terminales.

No creo que haya experiencia más dolorosa que la de perder un hijo. Y, sin embargo, en estos dos casos comprobamos cómo las personas, cuando abren la mente y el corazón al dolor emocional pueden extraer algo tremendamente valioso de esas experiencias. En el fondo es lo tantas veces comentado respecto al duelo. Solo cuando aceptamos la tristeza profunda de la pérdida de un ser querido y nos permitimos sentirla durante un periodo de tiempo superamos ese dolor y podemos empezar a vivir de nuevo.

Acércate al dolor e investiga ahí con curiosidad, como si fueras un científico que investiga en el laboratorio de tu propia vida. Indaga qué mensaje te da ese dolor, qué debes aprender para crecer como persona. Y entonces ese dolor remitirá, se hará más suave, menos agresivo. No significa que vaya a desaparecer, pero sí que se hará más manejable para ti. La agresividad en realidad la ponemos nosotros al rebelarnos contra la experiencia traumática, al enfadarnos con el mundo o al tratar de luchar, eliminar o huir del dolor, y entonces generamos un enorme sufrimiento en nuestras vidas.

Sé que no es fácil. De hecho, nada de lo que planteo en este libro es fácil. Pero sí es posible. ¿Cómo? Entrenando la mente con la práctica *mindfulness*, recordándote siempre que debes abrir la mente y evitar su tendencia automática a rechazar lo desagradable y doloroso. Manteniéndote curioso, atento, aceptando incondicionalmente la experiencia que estés teniendo y tratándote a ti mismo con compasión y amabilidad.

Quizá este hábito mental de acercarte a lo doloroso sea uno de los más complicados, pero siempre puedes empezar por situaciones incómodas que tengas en tu vida que no sean muy dramáticas. Por ejemplo, ¿hay alguna situación que te resulte difícil de manejar? Quizá tienes dificultades para socializar y lo pasas fatal en reuniones sociales. O acaso te da miedo hablar en público y sufres cada vez que tienes que hacer una presentación, o te da miedo hablar en inglés delante de los demás y tratas de evitar situaciones en las que tengas que hablar en inglés. O quizá has tenido alguna experiencia muy dolorosa en el trabajo y te han despedido, o te ha traicionado tu pareja siendo infiel con otra persona y ahora no quieres enfrentarte a una situación similar por miedo a ser herido de nuevo. Seguro que hay situaciones o experiencias que sueles rehuir para no volver a sufrir. Vuelvo a insistir, esto es normal, es nuestra mente quien quiere protegernos del dolor y está dirigiendo nuestras decisiones y comportamientos con buena intención. El problema es que el resultado de esta estrategia no es el más beneficioso, ya que esa protección constante nos va haciendo cada vez más desconfiados y nos vamos recluyendo más en nuestra cueva, en nuestro refugio, en nuestra zona de confort emocional. Y al final no funciona. Porque a pesar de todos los esfuerzos de la mente, siempre estamos expuestos al dolor. Por mucho que nos metamos en nuestra concha y pretendamos no salir de ella, algo o alguien nos hará daño. El dolor es inevitable.

Por tanto, en vez de escondernos del dolor de la vida, abrámonos a él como parte de la experiencia. No se trata de provocarnos daño de forma innecesaria ni de ser masoquistas, sino de enfrentarnos a las situaciones y a los desafíos, y no permitir que el miedo al dolor limite y condicione nuestra vida personal o nuestra carrera profesional. El verdadero problema es que tenemos miedo de sufrir y ese miedo nos limita y condiciona provocándonos más sufrimiento innecesario. Pero, como dice Saki Santorelli en *Sánate a ti mismo*, «*se puede trabajar con el miedo. Eso no tiene nada que ver con deshacerse del temor o proferir afirmaciones internas de que no tenemos miedo, sino que se trata, por el contrario, de darse cuenta de que justo al lado del miedo existe una capacidad innata para permanecer con él en lugar de negarlo, rechazarlo o vernos arrastrados por él*». El miedo es un ogro enorme que pintamos en nuestra mente, pero que se difumina y se queda en nada cuando actuamos, cuando tomamos decisiones.

Por tanto, en lugar de huir de esas situaciones, aproxímate a ellas. Provoca ocasiones en las que tengas que hablar en público, si es eso lo que te da miedo. Acércate a una posible nueva relación o a un nuevo trabajo, aunque tengas miedo a ser herido de nuevo. Acepta todas las propuestas de planes sociales con amigos o conocidos si tienes fobia social. Comienza por algo pequeño que te genere incomodidad y, en lugar de escapar, acércate a ello. Poco a poco comprobarás que puedes superar y manejar esa incomodidad, y que has dado un paso fundamental hacia la plenitud. Porque cuando superamos una situación difícil por haberla afrontado conscientemente aumentan nuestra autoestima y nuestros recursos para el futuro. Recuerda que cuando hacemos esto estamos saliendo de nuestra zona de confort, que es un requisito imprescindible para crecer como personas y como profesionales, y también para mejorar nuestras vidas, además de para eliminar ideas limitantes sobre nosotros mismos.

Una vez más, se trata de no dejarnos tiranizar por la mente, que siempre nos va a decir que no lo hagamos, que no nos enfrentemos a ello porque sentiremos una emoción dolorosa. Consiste en tomar las riendas del caballo salvaje de la mente y decirle quién manda aquí. Tú mandas y no tu mente. Tú eres quien decide qué hacer, y no tu mente. Ese es el camino.

En definitiva, enfréntate a tu dolor, tenga la cara que tenga: miedo, tristeza, rabia, ansiedad. Deja de huir de lo desagradable, doloroso e incómodo de la vida, que es inevitable, y evitarás el sufrimiento, que sí es evitable. Como decía Rumi en su poema, no gires tu cabeza y sigue mirando el lugar vendado. Tarde o temprano conectarás con la luz que hay dentro de ti.

HÁBITO 5. NO CREAS A TU MENTE NI A TUS PENSAMIENTOS

«Pensamos mucho la vida, pero la vivimos poco».

Biografía del silencio, PABLO D'ORS

La maestra zen americana Charlotte Joko Beck, en su imprescindible libro *La vida tal y como es* dice que *«no existe un lugar en la Tierra en el que podamos librarnos de nosotros mismos».* Realmente eso es lo que intentamos hacer a menudo: huir de nosotros, y solemos cargarnos la agenda con miles de actividades y tareas para no tener que pensar y afrontar nuestros pensamientos. Pero nadie puede correr tan rápido como para huir de sus propios pensamientos.

En el quinto hábito, vamos a poner el foco en nuestra mente para conocerla mejor y también para tener una relación más sana con ella y con nuestros pensamientos. Ya hemos ido hablando mucho de la mente y de lo que hace con nosotros, y seguiremos hablando de ella durante el resto del libro, porque, como he dicho, el *mindfulness* en el fondo es una investigación sobre nuestra mente.

Es realmente fascinante poder comprobar que podemos observar y analizar nuestra mente. Una de las técnicas formales *mindfulness* que expliqué en el capítulo 7 es precisamente la de la atención a los pensamientos y a las emociones. Cada vez que realizamos este ejercicio en los cursos que imparto en las empresas, todos los participantes se sorprenden de que seamos capaces de observar nuestra mente sin dejarnos arrastrar por ella, y todo lo que produce minuto a minuto: pensamientos, imágenes, deseos, expectativas, emociones. Y una de las preguntas inevitables a las que llegan algunos alumnos aventajados después de este gran aprendizaje es: «*si puedo observar mi mente, entonces, ¿yo no soy mi mente?*» Fascinante pregunta que revela que estamos empezando a profundizar en lo que hay bajo la capa superficial de nuestras vidas.

Tiene toda la lógica. Si puedes observar tu mente, tú no eres tu mente. De hecho, en todas las técnicas de meditación *mindfulness* observamos la mente constantemente. Por ejemplo, cuando enfocamos nuestra atención en la respiración, la instrucción adicional es que mantengamos la atención para darnos cuenta cada vez que la mente se distraiga de la respiración. De modo que cuando esto ocurra, debemos devolver la atención a la respiración.

Entonces, ¿qué es la mente? Para entendernos, sería el *software* y el cerebro el *hardware*. La mente son los pensamientos de todo tipo (incluyendo deseos, expectativas, juicios, recuerdos, proyecciones), así como emociones e imágenes. Desde el momento en que experimentamos esta diferencia, nuestra vida cambia por completo. Empezamos a desidentificarnos de nuestra mente, y por tanto, de nuestros pensamientos y emociones. El siguiente paso es cuestionar la verdad de nuestros pensamientos y emociones. Finalmente, entrenándonos a observar nuestra mente (pensamientos, emociones) sin identificarnos con ella, desarrollaremos la capacidad para no dejarnos arrastrar por dichos pensamientos y emociones. Eso sí es tomar las riendas del caballo salvaje de nuestra mente, ¿no crees? Hablamos de poder controlar nuestros pensamientos y nuestras emociones.

Uno de los mensajes clave que quiero darte en este libro es que no te creas tus propios pensamientos; te irá mucho mejor en la vida y serás mucho más feliz. Te voy a poner un ejemplo claro. Seguro que has tenido la experiencia de levantarte por la mañana muy optimista, y decirte a ti mismo cosas como «la vida es maravillosa», o «soy muy bueno en mi trabajo». Y justo al día siguiente, levantarte totalmente negativo y creerte los pensamientos opuestos como «soy un fracasado», «todo es un desastre» o «mi vida no funciona».

Seguro que también te ha sucedido que por la noche, antes de acostarte o incluso de madrugada, empiezas a tener pensamientos tremendamente nefastos sobre un problema que tienes, y a la mañana siguiente ves el mismo problema con otros ojos, relativizando mucho más y con pensamientos más razonables. Por tanto, ¿qué pensamientos son verdad? ¿Los de la noche anterior o los de la mañana siguiente? ¿Qué pensamientos son más verdaderos: los de que eres un gran profesional o los de que eres un fracasado? Seguramente ninguno de ellos es totalmente verdad, pero siendo objetivos, suelen encerrar mucha más verdad los positivos que los negativos. En cualquier caso, el hecho de creer que nuestros pensamientos son verdad siempre es el origen de la mayoría de nuestros males, especialmente cuando estamos sufriendo.

En el curso MBCT (*Mindfulness Based Cognitive Therapy*) de la Universidad de Oxford enfocado a ayudar a las personas a salir de la depresión o a evitar recaer en ella, se realiza un ejercicio interesante que revela el poder de los pensamientos sobre nuestras vidas. Se propone a los participantes imaginarse una situación, con los ojos cerrados, en la cual van caminando por una calle. Puedes, si lo deseas, hacer el ejercicio ahora mismo. Lee despacio en qué consiste, luego cierra los ojos y lo realizas.

Imagina que vas caminando por una calle estrecha, con dos aceras, ves que es un día soleado y que por ella va mucha gente en una y otra dirección. Entonces a lo lejos en la otra acera, ves a una persona conocida que se aproxima hacia a ti. Cuando está a unos diez metros te da la impresión de que te ha visto y tú levantas la mano y la saludas. Sin embargo esa persona no parece haberse percatado de tu presencia y sigue caminando hacia ti pero sin contestar al saludo, a pesar de que parecía haberte visto. Hasta el punto de que pasa a tu altura y no parece ni mirarte; continúa su camino y poco a poco se aleja de ti. Tú te quedas en la calle reflexionando. ¿Qué pensamientos te llegan? ¿Qué emociones sientes en esa situación, parado en la calle?

Es un ejercicio interesante que suelo hacer también en mis cursos para que los participantes tomen conciencia del poder que tienen los pensamientos de hacernos infelices. Si has hecho el ejercicio, ¿qué pensamientos te han llegado? En clase, muchas personas dicen cosas como:

- «Es un idiota impresentable»
- «No ha querido saludarme porque quizá está enfadado conmigo»
- «Seguro que no me ha visto, de lo contrario me hubiera saludado»
- «No me ha querido saludar porque he debido hacerle algo malo. ¿Qué será?»
- «¡Que le jodan!»

Como ves, un mismo hecho o experiencia genera diferentes interpretaciones o pensamientos sobre una situación. El psicólogo norteamericano Chris Argyris desarrolló la llamada escalera de inferencias, cuyo gráfico muestro a continuación. Lee la escalera de abajo a arriba:

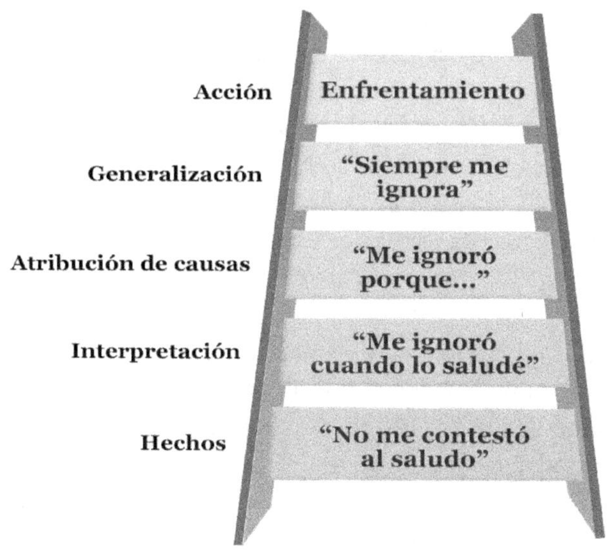

Imagen 5. La escalera de inferencias.

A nuestro cerebro no le gusta nada la incertidumbre y cuando se enfrenta a una experiencia o a un hecho del cual no tiene toda la información cubre los huecos interpretando. Esta interpretación es poco rigurosa, ya que depende del estado anímico que tengamos en ese momento o de otras experiencias que hayamos tenido en el pasado con esa o con otras personas. Si llevamos una etapa con un estado de ánimo triste, lo más probable es que interpretemos la conducta de la persona con negatividad.

Como vemos en la imagen, el problema es que seguimos subiendo por la escalera y aumentando la película hasta extremos increíbles, atribuyendo causas inventadas a esa conducta o a un hecho, y generalizando a otras situaciones (por ejemplo: «todo el mundo me ignora» o «él siempre me ignora»), distorsionando cada vez más la realidad. Subiendo por la escalera de inferencias con una interpretación negativa nos vamos generando más y más distorsión, y eso va provocándonos más y más emocionalidad negativa. Finalmente, como son las emociones las que nos movilizan a la acción, esa escalada nos lleva normalmente a tomar una mala decisión o a una conducta errónea, porque las emociones que la han desencadenado están basadas en una información poco fiable y nada objetiva. En definitiva, nos contamos un montón de películas de terror y generamos innumerables dramas en nuestra vida. Esto aumenta nuestro estrés y nuestra infelicidad.

Este proceso mental y emocional de la escalera de inferencias lo realizamos todas las personas cientos de veces a lo largo de un día. Imagina qué nivel de distorsión y confusión podemos llegar a tener. Imagina cuántas decisiones o acciones inadecuadas tomamos diariamente. Con este simple ejercicio nos damos cuenta de que estamos a merced de las arbitrariedades de nuestra mente, que sesga e interpreta la realidad de forma errónea muchas veces y nos complica la vida innecesariamente. ¿Cuál es la solución? Como recomendaba antes, lo primero es no creernos todos nuestros pensamientos; no siempre son verdad.

En segundo lugar es esencial aprender a observar nuestra mente y todo lo que produce (pensamientos, imágenes, emociones). Si nos entrenamos, por ejemplo, con la técnica de atención a los pensamientos y emociones, es más fácil que nos demos cuenta de que estamos subiendo por la escalera de inferencias distorsionando la realidad. Esa toma de conciencia es esencial para frenar la escalada de distorsión y emocionalidad negativa. En el momento en que nos demos cuenta de que estamos exagerando la realidad y creando un drama irreal, podremos elegir cuestionar los pensamientos y la interpretación que estamos haciendo de un hecho o de una situación y empezar a descender por la escalera de inferencias para volver a un mundo más real. A partir de una visión más real y más clara de la situación nos sentiremos más calmados y podremos tomar una mejor decisión o acción.

El ejercicio que hemos hecho nos hace ver otra cosa muy importante: la conexión directa entre pensamiento y emoción. Si has pensado que esa persona no ha querido saludarte, seguramente tu emoción habrá sido de tristeza o enfado. Si has pensado que seguramente no te ha visto, tu emoción habrá sido de tranquilidad. O si has pensado que debía estar enfadada porque seguramente tú le habías hecho algo malo, habrás sentido ansiedad o preocupación. Por tanto, cuidado con tus pensamientos porque determinan, minuto a minuto, tu estado emocional. Si te dejas arrastrar por todos tus pensamientos sin cuestionarlos, serás una marioneta de tu mente y es posible que generes mucha emocionalidad negativa innecesaria. Cuando acumulamos muchas emociones negativas durante días, semanas y meses, entramos en un estado de ánimo negativo, que a su vez genera pensamientos acordes con él (si es rabia, tendré más pensamientos de que el mundo está en mi contra; si es tristeza, tendré más pensamientos de que la vida no tiene sentido), lo que al final puede llevarnos fácilmente a una depresión.

Al fin y al cabo, la mente es como un jardín y nosotros debemos convertirnos en sus jardineros y cuidarlo permanentemente para que no crezcan malas hierbas (pensamientos negativos). Es increíblemente fácil que esos matojos y malas hierbas crezcan convirtiendo tu jardín mental en una maraña de confusión y estrés. Por eso, a través de la práctica del *mindfulness* aprendemos a prestar atención a lo que sucede en nuestra mente, con el fin de montar guardia y detectar y eliminar las malas hierbas que van surgiendo inevitablemente.

En nuestro programa de *mindfulness* corporativo realizamos un ejercicio antes del curso presencial en el que preguntamos a los participantes las tres siguientes cuestiones:

- Situaciones o hechos externos que te generan estrés o desconcentración
- Comportamientos, pensamientos o actitudes con las que tú te autogeneras estrés o desconcentración a ti mismo
- Comportamientos, acciones o actitudes con las que generas estrés o desconcentración a los demás

Es un ejercicio para ser capaces de ver las malas hierbas que están contaminando nuestra mente. Te invito a que hagas el ejercicio de reflexión antes de seguir leyendo.

Es muy interesante leer las reflexiones de las personas sobre qué les genera estrés o desconcentración. Las personas suelen hablar de la incertidumbre, de la falta de información en su empresa, de las urgencias e imprevistos constantes, de las interrupciones de sus compañeros, de los cambios, de enfermedades de familiares, entre otras. Se refieren a cosas que nos generan estrés pero que no podemos controlar, mientras que las dos siguientes cuestiones se refieren a cosas que sí podemos controlar. No obstante, muchas personas confunden lo que pueden y lo que no pueden controlar, y responden en la primera pregunta con aspectos relacionados con su forma de ver y percibir el mundo, o con su forma de pensar (aspectos que sí podemos controlar, que sí dependen de nosotros). Esta es la primera confusión que debemos despejar. ¿Qué es lo que depende de nosotros y lo que no? Esto es fundamental porque así dejaremos de derrochar inútilmente nuestra energía en todo aquello que no depende de nosotros: el comportamiento de los demás, las decisiones de la dirección de la empresa, el tráfico, la economía, las decisiones del presidente del gobierno, etc.

Stephen Covey, en su libro *Los 7 hábitos de la gente altamente efectiva*, realiza una distinción entre el *círculo de preocupación*, que es todo aquello que nos genera estrés y ansiedad pero sobre lo que no podemos hacer nada porque no lo controlamos, y el *círculo de influencia*, que son todos los ámbitos en los que sí podemos hacer algo. La mayoría de las personas nos centramos en nuestro círculo de preocupación, creyendo falsamente que nuestro círculo de influencia es muy pequeño, es decir, que nos sentimos impotentes para cambiar las cosas. Covey dice que debemos centrarnos una y otra vez en nuestro círculo de influencia, en lo que sí podemos controlar, y de esta manera tendremos la sensación de que el círculo de preocupación (todo lo que no podemos controlar) se va reduciendo. Esto nos generará una sensación de poder increíble para mejorar nuestra vida.

La segunda pregunta es para mí la clave de todo, cuando preguntamos a los participantes del curso de qué manera se estresan a sí mismos. Ahí es donde está nuestra mayor fuente de estrés y desconcentración: nosotros mismos somos nuestro peor enemigo. Es nuestra mente la que nos genera la mayor parte del estrés con nuestros pensamientos distorsionados sobre la realidad. La buena noticia es que podemos hacer algo con esto; podemos actuar sobre esta fuente de estrés para reducirla drásticamente, ya que está dentro de nuestro círculo de influencia. Y aquí, por tanto, es donde debemos enfocar nuestra energía y atención: en cómo pensamos, en cómo interpretamos los hechos, en cómo nuestra mente nos arrastra hasta lugares que nos hacen daño.

Por último, en la tercera pregunta las personas se dan cuenta de que también generan estrés a los demás. Es algo que normalmente no nos paramos a pensar; siempre nos quejamos de que los demás nos generan ansiedad y estrés pero no caemos en la cuenta de que también nosotros lo hacemos con ellos. De hecho, es curioso que aquello de lo que nos quejamos es precisamente lo que hacemos con los demás. Si una persona ha escrito en la primera pregunta que le genera mucho estrés que los compañeros de trabajo la interrumpan constantemente para preguntarle cosas, al reflexionar honestamente sobre la tercera pregunta se da cuenta de que ella hace lo mismo. Cuando tomamos conciencia de que también nosotros generamos estrés con nuestras actitudes y conductas (impaciencia, exigencia y presión excesiva sobre los demás, interrupciones, malos modos, tono de voz agresivo, no proporcionar la información suficiente, etc.) estamos potenciando la empatía y la humildad. Seguramente así comencemos a entender a los demás un poquito mejor; quizá con esta toma de conciencia empecemos a ser más empáticos y antes de volver a actuar de esa forma nos frenemos y autocontrolemos.

Pero profundicemos en la pregunta central de cómo nos generamos estrés y desconcentración. Después de que miles de personas hayan pasado por nuestro programa de *mindfulness* y hayan respondido a esta pregunta, desde hace años hemos recopilado las respuestas más comunes, generando un estudio muy exhaustivo de cuáles son las formas principales en las que los seres humanos nos autogeneramos estrés continuado y permanente. Y me parece interesante compartirlo, porque al fin y al cabo la fuente principal de nuestro estrés son los pensamientos distorsionados sobre uno mismo o sobre las experiencias que tenemos, es decir, las malas hierbas mentales. Vamos a repasar los siete patrones mentales tóxicos con los que más estrés nos generamos:

1. «*Rumiación*»: es un hábito mental que consiste en generar pensamientos negativos sobre el pasado. ¿Te suena? Rumiamos como las vacas y le damos mil vueltas a una situación conflictiva que vivimos, una bronca con nuestro jefe o con nuestra pareja, o una decisión errónea que hemos tomado, machacándonos y generándonos una enorme ansiedad. Proyectamos en nuestra mente la película de esa situación una y otra vez. Aunque no sirve de nada rumiar y darle vueltas y vueltas a algo que ya

ha pasado y no va a cambiar, lo hacemos constantemente generándonos un enorme sufrimiento innecesario. Creamos dramas de cualquier cosa, y en gran parte, como dice la maestra zen Charlotte Joko Beck, porque nos gusta mucho ser el centro de todo. Dice Charlotte: «*A pesar de lo que podamos decir, a todos nos gustan mucho nuestros dramas personales. ¿La razón? Que, independientemente del drama que nos toque vivir, siempre somos el centro, y ese es el lugar que nos gusta ocupar*».

2. «*Pre-ocupación*»: Mark Twain decía que había tenido muchos problemas en su vida, la mayoría de los cuales nunca sucedieron. Esto es lo que nos sucede a las personas, que generamos una burbuja ficticia enorme de problemas irreales e inexistentes, creándonos un enorme sufrimiento. La preocupación se produce cuando anticipamos los acontecimientos con un tinte negativo. Es decir, pensamientos negativos sobre el futuro, del tipo: «¿y si cuando llegue a la reunión, mi jefe está enfadado y me echa la bronca?», o «me he hecho unas pruebas médicas porque tengo mucho dolor en el estómago... ¿y si tengo cáncer?», o «¿y si mi hijo, al que dejé con un poco de fiebre en el colegio, se ha puesto peor y han tenido que llevarlo al hospital?», «¿y si con esta reestructuración de la empresa me despiden?» O también: «Tengo que contestar un montón de *e-mails*» o «tengo que hacer un montón de cosas esta tarde y no me va a dar tiempo a terminarlo todo» o «cuando llegue a la oficina, me voy a encontrar un montón de marrones».

    Anticipamos lo que va a suceder de forma negativa y nos generamos un estrés innecesario. Por otro lado, cuando estamos preocupándonos por algo, no estamos ocupándonos de eso. Es decir, la preocupación y la ocupación son incompatibles. La preocupación es inútil y dañina; la ocupación es productiva y sana. De hecho, cuando decidimos ocuparnos de una situación que nos está preocupando, el estrés se reduce drásticamente. Por ejemplo, tomando una decisión o dando un pequeño paso que dependa de nosotros mismos, la preocupación desaparece o se minimiza muchísimo. Así que ya sabes, cuando percibas que estás preocupado por algo, ocúpate y haz algo: quizá se trate de tomar una decisión, o tal vez de abordar una conversación difícil. El caso es ponerte en acción. Ya verás cómo te sientes tremendamente aliviado y mucho menos angustiado.

3. *«Autoexigencia, perfeccionismo»*. Este es uno de los más repetidos. Es muy habitual que nos tratemos de forma muy dura, juzgándonos y fustigándonos cada vez que creemos que no estamos a la altura de nuestras propias expectativas. La autoexigencia, cuando se convierte en excesiva nos hace sufrir y pasar por encima de nosotros y de nuestras necesidades. A continuación comparto algunas frases literales que escribieron participantes de nuestro curso y que claramente tienen que ver con el exceso de perfeccionismo y autoexigencia:

- «A veces me exijo demasiado y siento frustración si algo no ha ido como esperaba»
- «Los objetivos superambiciosos que me pongo a diario»
- «Saltar de una tarea a otra del tirón, sin descansos entre medias para moverme del puesto de trabajo para despejar la mente»
- «Pretender abarcar más de lo que puedo»
- «No me permito cometer errores»
- «Me machaco cuando no llego a donde me he propuesto o a lo que se espera de mí»
- «El saber que siempre puedes estar más pendiente de los demás o hacer más por ayudarlos»

Nos han educado para ser muy exigentes con nosotros mismos, para presionarnos y dar lo mejor de nosotros. Nuestros padres y profesores, y después nuestros jefes y mentores, nos han enseñado que debemos estar alerta para competir al máximo porque de lo contrario fracasaremos y otros nos adelantarán en la carrera de la vida. Y esa programación que hemos recibido en nuestro cerebro continúa durante toda nuestra vida en el inconsciente haciendo el trabajo de presionarnos y exigirnos más de lo que es sano y razonable. Ni siquiera nos damos cuenta de los cientos de comportamientos y actitudes que provoca este exceso de exigencia.

Está claro que la autoexigencia tiene y ha tenido efectos beneficiosos; nos ha obligado a salir de nuestra zona de confort, nos ha llevado a muchos éxitos en la vida y en la carrera profesional. Esto no lo pongo en duda. La exigencia en su justa medida es necesaria para mejorar. Sin embargo, ¿dónde está la justa medida? Es muy difícil de medir y controlar para evitar los efectos perversos de la exigencia excesiva.

La autoexigencia nos puede llevar a no valorar adecuadamente nuestros logros, a focalizarnos obsesivamente en lo que falta en nuestra vida, en lo que no está completo en lugar de centrarnos en lo que hemos conseguido, en todo lo que hemos mejorado. Ahí comienzan sus efectos perniciosos.

Algo muy distinto es la excelencia. Mientras la *exigencia* es querer hacerlo todo perfecto desde ahora mismo (así que está anclada en el corto plazo), la *excelencia* no busca la perfección inmediata, sino que se centra en la mejora en el largo plazo. Cuando buscamos la excelencia no nos importa cometer errores porque forman parte de esa mejora, mientras que cuando estamos esclavizados por la exigencia, no nos permitimos los errores ni los fracasos. Eso hace que la exigencia, paradójicamente, nos impida mejorar verdaderamente en cualquier ámbito (deporte, una tarea compleja, una habilidad interpersonal) porque la esencia de la mejora continua se basa en la prueba-error. Cuando probamos conductas o acciones nuevas estamos saliendo de la zona de confort y aprendemos. A veces estas pruebas resultan exitosas y otras fallidas, pero el hecho de aceptar los errores como parte del proceso de aprendizaje y mejora es clave.

Sin embargo, la exigencia nos bloquea y paraliza en un círculo vicioso en el cual no avanzamos porque nos obsesionamos con no tropezar, con evitar el error. Y, por supuesto, si fallamos, la autoexigencia nos lleva a machacarnos, a castigarnos y fustigarnos sin piedad. Así que nuestro cerebro sigue potenciando el aprendizaje de que no debe probar cosas nuevas porque el simple hecho de probarlas supone la posibilidad de error.

Busquemos la excelencia y no la exigencia de la perfección. La excelencia se centra en el proceso, en el camino, mientras que la exigencia se centra en el resultado a corto plazo. La excelencia tiene paciencia, la exigencia no. Y el alto rendimiento necesita paciencia.

La maestra zen Charlotte Joko Beck, en su libro *La vida tal y como es*, dice que no es lo mismo exigir que preferir. Cuando exigimos algo a la vida y no nos da lo que queremos, nos estresamos y desesperamos. Esa es la actitud habitual de los seres humanos, como si la vida nos debiera esto o aquello. La vida no nos debe nada y el hecho de exigir que nuestra vida sea perfecta, divertida, tranquila y placentera nos hace rígidos y nos genera un enorme sufrimiento cuando las cosas no son como esperábamos.

Charlotte dice que, por el contrario, la preferencia es normal y mucho más sana. Todos preferimos, obviamente, conseguir nuestras metas, tener una vida tranquila y feliz, que nos vaya bien en nuestras relaciones sociales, etc. Pero la preferencia no implica tensión, como ocurre con la exigencia. Cuando preferimos que las cosas sean de una manera y luego resulta que son diferentes, es normal que sintamos tristeza, enfado, frustración, pero será en una intensidad muchísimo menor que si nuestra actitud es la exigencia. Seremos más capaces de aceptar positivamente las adversidades y dificultades, y de relacionarnos con la vida de forma mucho más sana. Por lo tanto, si queremos vivir una vida menos estresante y con menos sufrimiento, debemos dejar de *exigir* y sustituirlo por *preferir*.

La exigencia se traslada inevitablemente a nuestras relaciones personales y profesionales, donde hemos aprendido a exigir; y nos hemos hecho adictos a ello. Exigimos a nuestros hijos, a nuestra pareja, a nuestros familiares y a nuestros compañeros de trabajo que se comporten como nosotros pensamos que deberían hacerlo, sobre todo si tenemos una posición de poder respecto a ellos. Pero ¿quiénes somos nosotros para pensar que estamos en lo correcto? ¿Quiénes somos para creer que poseemos la verdad?

Cuando exigimos, generamos tensión, conflictos, agresividad, y después la gente se aleja de nosotros, se distancia y deja de confiar en nosotros. Por el contrario, tenemos todo el derecho a manifestar nuestra opinión, preferencias, necesidades y emociones. Y tenemos derecho a *pedir* un cambio de comportamiento, pero no a *exigir* un cambio de comportamiento.

Y ¿cómo sabemos que estamos haciendo una petición en lugar de una exigencia? Claramente, como nos dijo el psicólogo Marshall Rosenberg con su modelo de comunicación no violenta, sabemos que estamos exigiendo si castigamos (de forma obvia o sutil) a la otra persona cuando no cumple nuestra exigencia. Hay diversas maneras de castigar a los demás: manteniéndonos distantes en una especie de chantaje emocional, dejando de hablarles, o bien gritándoles, juzgándolos, culpándolos, amenazándolos o insultándolos.

Mientras, si la otra persona no cumple lo que hemos pedido, no trataremos de dañarla o vengarnos de ella. Aceptaremos que tiene todo el derecho a tomar sus decisiones y a comportarse como elija en su vida. Obviamente, si ese comportamiento nos afecta y nos produce un daño importante tendremos que hacer algo para evitarlo. Nosotros también tenemos derecho a tomar nuestras decisiones y conductas, pero siempre que no busquemos hacer daño al otro.

4. *«Obsesión por controlarlo todo»*. Muchas personas pretenden tener el control de todo, incluyendo lo que no depende de ellas. Como esto es imposible, el estrés y la ansiedad son inevitables, y finalmente la frustración. En la vida personal muchas veces queremos controlar la vida y el comportamiento de las personas queridas, a nuestros hijos, a nuestra pareja, y eso nos provoca muchos conflictos y sufrimiento. En lo profesional, nuestra obsesión por el control nos lleva a excedernos en el análisis, a convertirnos en embudos y a saturarnos de trabajo por no delegar tareas que podrían hacer nuestros compañeros o colaboradores. La obsesión por el control nos conduce a asumir demasiadas responsabilidades y tareas en la vida y en el trabajo. Detrás de esta obsesión por el control hay una actitud egocéntrica y arrogante de creer que solo nosotros podemos hacer bien las cosas. La creencia de que «solo yo puedo hacer bien esta tarea» o el pensamiento de «si lo hago yo, tardo menos» son trampas que nos ponemos a nosotros mismos. Al final

esa soberbia nos pasa una factura muy alta. Además, no dejamos crecer a los demás, no permitimos que nuestros hijos tomen sus propias decisiones y se equivoquen, ni tampoco dejamos que nuestros colaboradores aprendan y se desarrollen profesionalmente al asumir nuevas tareas y responsabilidades.

5. *«Multitarea, no priorizar»*. Esta es una conducta muy habitual en el mundo empresarial. De hecho, en muchas organizaciones existe una cultura muy extendida en este sentido y muchos profesionales piensan que no hay más remedio que hacer muchas cosas a la vez, o incluso que la multitarea es necesaria y eficiente.

Cuando abrimos varios frentes y tratamos de resolverlos de forma simultánea, además de generarnos estrés estamos perdiendo eficiencia y calidad. Porque, aparte de perder tiempo, cuando abordamos varias tareas a la vez no estamos realizando ninguna de ellas con la máxima concentración y calidad. Así que nuestro trabajo se convierte en mediocre, además de estar todo el día estresados y con la lengua fuera. Esto no tiene sentido y además proyectamos al exterior una imagen de falta de control y liderazgo. La multitarea es lo mismo que no priorizar. Porque si tenemos cuatro tareas que realizar urgentes en el trabajo, lo normal es que no todas tengan el mismo nivel de urgencia ni de importancia. Sin embargo las abordamos como si así fuera. Cuando tenemos la mente serena y clara, lo normal es que nos preguntemos cuál de ellas es prioritaria, y cuando lo hayamos determinado, nos enfoquemos en efectuar solo esa con la máxima concentración. Después nos pondremos con la segunda más prioritaria, y así sucesivamente. Esa forma de trabajar, aparte de ser mucho más eficiente, genera mucho menos estrés que la multitarea absurda. Y al hacer una sola tarea con la máxima concentración, aumentará la calidad de nuestro trabajo y eso nos hará sentir bien.

Pero también caemos en la multitarea en el ámbito personal. He escuchado, sobre todo a mujeres, decir que es mejor hacer las cosas en multitarea cuando están en casa, porque les cunde más. Mientras están cocinando ponen la lavadora, meten los platos en el lavavajillas, hablan con su madre y ayudan a los hijos con las dudas que tengan con los deberes. Todo simultáneamente. Pero es probable que muchas veces la cena se queme por no estar atentas, escuchen a su madre en modo robot, o no estén atendiendo a sus hijos adecuadamente. Es mucho mejor decirle a tu hijo que espere a que termines de hacer la tortilla y que después lo ayudarás con sus deberes. Si adoptamos la filosofía *mindful* de la monotarea, empezaremos a estar más centrados, haremos mucho mejor las cosas y nos sentiremos más satisfechos con nosotros mismos. Y nuestros hijos se sentirán más escuchados y atendidos. O incluso puede que empiecen a buscarse la vida ellos mismos y dejen de pedirnos ayuda con sus deberes.

6. *«Posponer acciones o decisiones importantes»*. Este patrón, que suele llamarse «procrastinación», genera también una enorme ansiedad. Y lo hacemos a menudo, porque las acciones importantes suelen requerir un gran esfuerzo de tiempo o energía. Muchas veces nos da pereza, o incluso miedo, cuando se trata de abordar una conversación difícil, revisar un documento largo y complejo o preparar una presentación a un cliente. Lo que hacemos es ir dejándolas, pretendiendo que se resolverán solas. Pero lo habitual es que esto no suceda y que la mente nos esté recordando permanentemente que tenemos pendiente esa acción o decisión importante,

generándonos un desgaste emocional y mental tremendo. Como decía con el hábito de la preocupación, lo más efectivo aquí es ocuparse. En lugar de seguir aplazando esa acción o decisión, da el paso ahora mismo y empieza aunque sea dando los primeros pasos, rompiendo el bloqueo. Brian Tracy, en su famoso libro *Tráguese ese sapo* recomienda que debemos tragarnos el sapo (afrontar la tarea o acción más difícil o desagradable que tengamos) al inicio del día, porque nos producirá un enorme alivio y estaremos mucho más tranquilos y enfocados el resto del día.

7. *«No saber decir 'no'».* El último de los siete enemigos proviene de una excesiva necesidad de agradar a los demás, de una excesiva huida de los conflictos. Cuando no ponemos límites y cedemos olvidándonos de nuestras necesidades, estamos transmitiendo el mensaje de que no nos respetamos a nosotros mismos. Así, ¿cómo nos van a respetar los demás?

El miedo a no ser aceptados, al sufrimiento que proviene de los conflictos y también la necesidad exagerada de amor es lo que nos lleva en muchas ocasiones a no decir «no», a no poner límites y a llenar nuestra agenda de compromisos personales, sabiendo que muchos de ellos no aportan nada positivo a nuestra felicidad. Mientras, en el trabajo nos saturamos de responsabilidades y de tareas urgentes, aumentando nuestro nivel de estrés permanente y perdiendo mucha eficiencia. Esto también nos lleva a evitar tomar decisiones clave, lo cual nos puede generar muchos problemas, además de una imagen poco positiva en el entorno profesional. He conocido casos reales de profesionales que no han sido ascendidos o que han sido incluso despedidos por no saber decir «no».

¿Te has identificado especialmente con alguno o con varios de estos hábitos tóxicos? Tranquilo, es totalmente normal. Así que deja de pensar que eres un torpe, un raro o un débil. Todo esto es muy habitual y no significa que seamos depresivos o que estemos locos. De hecho, muchos de estos hábitos los tenemos de serie, los hemos heredado de nuestros antepasados para ayudarnos a sobrevivir. La clave de tener bien identificado cuál de ellos te hace más daño es detectarlo en el momento en que aparezca. Esta es la sugerencia que doy a los participantes del programa. Que a partir de este momento permanezcas muy atento para darte cuenta de que tu mente está generando ese patrón. Por ejemplo, si tu enemigo público estresante número uno es la preocupación, a partir de hoy estate muy pendiente para detectarla cada vez que aparezca, y entonces, solo el hecho de ser consciente de que te estás preocupando por anticipar algo negativo que aún no ha sucedido –y que la mayoría de las veces no sucederá– hará que relativices. En ese momento el estrés y la ansiedad que te estaban generando esa preocupación se reducirán y podrás sentirte con más control sobre tu vida. Gracias a la toma de conciencia habrás cuestionado los pensamientos anticipatorios que te producían preocupación. Esto no significa que a partir de hoy vayas a dejar de preocuparte; lo que sucederá, si persistes en la observación de tu mente y tus pensamientos y en acostumbrarte a no creer que esos pensamientos son siempre verdad, es que poco a poco sufrirás menos y disfrutarás más de la vida. Y serás más productivo en tu trabajo porque todo eso que antes te preocupaba inútilmente te dejará de descentrar y confundir. Esta observación y cuestionamiento de la verdad de nuestros pensamientos es igualmente aplicable a cualquiera de los siete principales patrones mentales tóxicos y autoestresantes. Te darás cuenta incluso de que uno de esos patrones te llevará a otro, generándote ansiedad y estrés crónicos. Por ejemplo, si tu principal desafío es poner límites y aprender a decir «no», cada vez que vuelvas a caer en esa conducta empezarás a rumiar y a fustigarte por una decisión que has tomado ya en el pasado. O sea, del patrón 7 (no saber decir que no) tu mente te llevará al patrón 1 («rumiación») manteniendo la emocionalidad negativa. La clave para avanzar y dejar de estar aprisionados por todas estas actitudes mentales es observar lo que suceda sin juzgar, con total aceptación, curiosidad y apertura. Si insistimos en esta observación consciente a la que nos invita la disciplina *mindfulness*, estos patrones estresantes mentales dejarán de dominarnos y empezaremos a tomar el control de nuestra mente.

Para terminar este capítulo sobre la mente y todo lo que esta produce en nosotros, comparto contigo una conclusión de los psicólogos investigadores del *Center for Mindfulness* de la Universidad de Oxford después de numerosos estudios realizados y que tiene mucho que ver con algunos de los hábitos tóxicos mentales que hemos analizado. En sus investigaciones se han dado cuenta de que el patrón 1 («rumiación») y el patrón 2 (preocupación), cuando no los controlamos, unidos a la tendencia de huir del dolor o de las experiencias desagradables (¿recuerdas el hábito 4 «Acercarte al dolor»), nos llevan a la depresión. Dicho de otra manera, cuando una persona no controla su mente y está constantemente rumiando (pensamientos negativos sobre el pasado) o preocupándose (pensamientos anticipatorios negativos sobre el futuro) está gestando una posible depresión en el futuro. Supongo que esta conclusión basada en la investigación científica te motivará aún más a estar pendiente de los siete enemigos de nuestro bienestar, en especial de aquel que hayas detectado como más dominante en ti. Y una vez detectado, cultivar la capacidad de estar presente, de observarlo sin juzgar y de desactivarlo, ya sea cuestionando la verdad de tus pensamientos o bien actuando, ocupándote de lo que sea necesario en ese momento.

HÁBITO 6. ACEPTA LA VIDA TAL COMO ES

«Hemos de renunciar a la sensación de que tenemos 'derechos', a la idea de que la vida nos debe esto o aquello».

CHARLOTTE JOKO BECK

Érase una vez, en un país muy lejano, una reina que cierto día, mientras caminaba descalza, se clavó una piedra afilada y se hizo daño en el pie. Muy enfadada, mandó recubrir de cuero todo su reino. Sin embargo, justo cuando sus vasallos iban a ponerse manos a la obra, intervino un sabio ministro, sugiriendo una fórmula más sencilla: en lugar de cubrir todo el reino, ¿por qué no proteger con cuero las plantas de los pies de la reina? Puede que así se inventaran los zapatos.

Parece una idea absurda cubrir todo un reino de cuero para proteger los pies de una persona, aunque en la vida cotidiana con frecuencia lo hacemos. Es imposible que todo se acomode a nuestro gusto, y en ocasiones (¡demasiadas!) parece que suceda justo lo contrario, que todo está en contra nuestra. En esos momentos nos vendría bien recordar este cuento y evitar la tentación de querer que el mundo se adapte a nosotros, o de que los demás cambien, como deseaba la reina. Es mucho más fácil, rápido y sano aprender que debemos cambiar nosotros y adaptarnos al mundo.

En el cuento *El mago de Oz*, el personaje principal, Dorothy, y sus amigos van buscando al Mago de Oz por el camino de baldosas amarillas, esperando que el mago les solucione la vida. Dorothy quiere volver a su casa, el Espantapájaros quiere pedirle un cerebro para poder pensar, mientras que el León quiere pedirle coraje y el Hombre de Hojalata un corazón para poder sentir. Sin embargo, descubren que el Mago de Oz no es realmente un mago, sino un impostor, un hombre normal y corriente. Sufren una enorme decepción, pero, paradójicamente, al volver a la realidad afrontan sus desafíos y objetivos con mayor rapidez y eficacia. Este cuento es una maravillosa metáfora de lo que nos sucede a los seres humanos. Vivimos en base a fantasías de cómo debería ser la vida y eso nos hace perder mucho tiempo y energía inútilmente. Si tenemos suerte, algo nos hará aterrizar y darnos cuenta de que todo en lo que habíamos basado nuestra felicidad era una gran mentira. Sufriremos una gran decepción, un enorme desencanto, pero eso será una auténtica bendición y, cuanto antes nos ocurra, mejor. Porque entonces empezaremos a vivir de verdad la vida real, no la fantasía que nos habíamos contado. Y cuando empecemos a vivir la vida real, estaremos en disposición de conseguir lo que queramos en menos tiempo y con menos sufrimiento y esfuerzo. Y solo aterrizados en la vida real, podremos vivir una auténtica vida en plenitud.

Byron Katie, autora del libro *Amar lo que es*, dice que no aceptar la vida tal y como viene es como pelear contra la realidad. Y cuando te peleas contra la realidad, pierdes siempre, el 100% de las veces. Es como pedir a un gato que ladre. Por mucho que nos empeñemos, el gato nunca ladrará. La consecuencia de luchar contra la realidad y perder una y otra vez es que terminamos exhaustos y amargados. Un ejemplo común de pelear contra la realidad es cuando echamos balones fuera y culpamos a los demás de las cosas negativas que nos ocurren. El sufrimiento innecesario es inevitable cuando nos resistimos a la vida.

Paul McCartney, en su mítica canción *Let it be* hablaba de la aceptación como un modo de alcanzar la sabiduría.

McCartney nos decía que la aceptación nos lleva a un estado mental en el que alcanzamos una visión más clara y sabia de las cosas. Puedes recordar la canción con ayuda de este bidi:

Ya sabes, sigue el consejo de Paul McCartney. Cuando te encuentres en un momento muy difícil, una experiencia dolorosa, déjalo estar, déjalo ser. No intentes cambiarlo. Acéptalo. Es la respuesta a mucha de nuestra infelicidad y sufrimiento, y es una respuesta que implica una gran sabiduría, aunque reconozco que no es sencillo. Lo habitual es resistirse, rebelarse, enfadarse con la vida, hacerse la víctima, culpar a los demás o a la sociedad o al gobierno, deprimirse, convencerse de que la vida es injusta. Pero todo eso solo nos conduce a más y más sufrimiento.

En la vida es importante, por tanto, cultivar la capacidad de «dejarlo estar», es decir, la aceptación, con lo que hemos llamado «práctica informal» *mindfulness*. Sin duda aceptando la vida tal y como es seremos más felices. Todos tenemos cimas y valles en nuestra vida y en nuestra carrera profesional. Yo las he tenido, por supuesto. Y solo cuando he aceptado donde me encontraba, evitando enfadarme y deprimirme, he logrado salir del agujero. Es paradójico, pero cuando aceptamos las cosas y dejamos de luchar, la vida empieza de nuevo a fluir y logramos transformar de forma más rápida y positiva nuestra existencia y a nosotros mismos. Muchas personas no entienden este concepto y lo confunden con la resignación y el conformismo, cuando es algo radicalmente diferente. Resignación o conformismo significa que sí podemos hacer algo por cambiar una situación injusta o dolorosa, y sin embargo, renunciamos a hacerlo. Es decir, hay algo que depende de nosotros (una acción, una decisión) y aun así no hacemos nada. Eso sí es resignación o rendición. Pero cuando no podemos hacer nada porque es una situación que no depende de nosotros o que ya no podemos cambiar (por ejemplo, algo sucedido en el pasado como un despido profesional o una relación de pareja terminada), entonces no tiene sentido tratar de hacer algo porque nada va a cambiar. Es entonces cuando somos nosotros los que tenemos que cambiar a nivel interno. Debemos cambiar nuestra actitud o percepción sobre esa experiencia o situación, abrir los ojos para aprender la lección que tenemos que aprender, y a partir de ahí, seguir adelante. Por lo tanto, la aceptación no es una conducta pasiva, como lo son la resignación o el conformismo, sino que por el contrario es una actitud proactiva y que implica un cambio profundo a nivel interior. Y ese cambio profundo nos lleva a la paz interior. Cuando aceptamos sentimos un inmenso alivio porque soltamos el apego a lo que estábamos atados emocionalmente. Y eso nos hace más libres.

Estamos apegados a demasiadas cosas en nuestra vida. Apegados a ideas preconcebidas o a convicciones de tipo cultural, religioso o generacional. Apegados a posesiones materiales, a relaciones personales, a un trabajo. Y todo eso nos hace esclavos. Cuando aceptamos, nos liberamos de nuestro apego a la vida tal y como creemos que debería ser y entramos en el mundo libre de la vida tal como es.

En la práctica de la meditación formal mantenemos siempre el recordatorio de ver las cosas como son, no contaminadas por nuestros juicios, prejuicios, expectativas, deseos. Y aceptamos todo lo que sucede, momento tras momento. En la vida, por supuesto, la invitación es a hacer lo mismo. La invitación es a aceptar más a las personas tal y como son, y no estar obsesionados en cambiarlas para que se ajusten a nuestras expectativas (esto lo hacemos con nuestros hijos precisamente porque son las personas que más nos importan). Debemos aceptar más que la vida son cimas y valles y que cuando estamos en un valle es porque de alguna forma lo necesitamos. La vida en esos instantes desagradables nos está poniendo a prueba, nos está desafiando para que aprendamos una lección y para que crezcamos como seres humanos más conscientes, más humildes y más generosos. De nuevo el presente es perfecto.

Y debemos aceptar más nuestros errores y fracasos, desapegándonos de ideas maniqueas sobre la perfección y el fracaso. El problema principal es que nos contamos una y otra vez una mentira sobre la vida, engañándonos a nosotros mismos. Nos contamos que la vida debería ser siempre agradable, placentera y feliz. Y cuando no lo es, nos desesperamos, estresamos y confundimos. Y empezamos a crear nuestro particular drama.

Charlotte Joko Beck, en *La vida tal y como es* vuelve a darnos una lección magistral: «*Convertir nuestra vida de drama en una vida de no drama significa convertir una vida en la que estamos constantemente buscando, analizando, esperando y soñando... en una existencia en la que experimentamos la vida tal como se presenta ahora mismo*».

Pero ¿cómo podemos saber si hemos aceptado realmente una situación o experiencia dolorosa? Podemos decir que hemos aceptado una experiencia cuando hemos pasado página y estamos enfocados en otras cosas. Pero cuando verdaderamente lo demostramos es cuando somos capaces de ver algún aspecto positivo en aquella experiencia dura, quizá un aprendizaje que nos ha servido después, o tal vez porque esa experiencia crítica nos ha llevado a tomar decisiones clave en nuestra vida. Cuando miramos hacia atrás, pensamos en esa experiencia y no sentimos rencor ni enfado ni tristeza, sino incluso curiosidad y gratitud por haber vivido aquello; entonces será cuando hayamos aceptado esa experiencia o acontecimiento de forma total e incondicional. Parece imposible o muy difícil pero es real.

Ahora recuerdo los momentos más duros de mi vida y hago el test de la aceptación para comprobar si los he aceptado o aún están generando un daño emocional en mi interior de forma silenciosa. Un despido doloroso que sufrí cuando estaba en lo más alto de mi anterior carrera profesional como creativo publicitario, el diagnóstico del angioma cerebral que me obligó a tomar una medicación de por vida y a cambiar mi concepto de mí como persona totalmente sana, la segunda situación en la que me quedé sin trabajo en mi última empresa de publicidad a causa de la pérdida de nuestro cliente más importante, así como la sensación de fracaso al comprobar que en el mundo de la publicidad yo no tenía futuro porque demandaban personas mucho más jóvenes que yo, con ideas frescas y nuevas. Esas y otras duras experiencias han sido los más profundos valles de mi vida y ahora los contemplo con gratitud porque sin ellos no estaría donde estoy, no habría vivido lo que he vivido los últimos doce años, no habría publicado mis libros ni habría creado mi propia empresa.

También de esos valles he aprendido lecciones muy dolorosas pero fundamentales para ver la vida tal y como es y no como me gustaría que fuera. He dejado de engañarme y de contarme películas irreales y he empezado a vivir la vida de verdad. Y, de forma misteriosa, el sufrimiento ha disminuido drásticamente en mi vida y han aumentado en la misma proporción mi nivel de felicidad y de paz interior.

Cada día trato de cultivar la aceptación, aunque no me resulta fácil. Por ejemplo, la aceptación de que voy a desaparecer, de que voy a morir, de que nada quedará de mí en esta Tierra. Solo recuerdos, fotografías, y eso durante unos años. Después, todos mis esfuerzos, mis luchas, mi sacrificio, mi vida, habrán desaparecido para siempre. Yo no creo en la vida después de la muerte ni tampoco en la reencarnación. Esa es otra de las películas que he dejado de contarme, y aunque no tengo la verdad ni sé si estoy en lo cierto, no quiero engañarme pensando que voy a seguir existiendo después de mi muerte. Justamente eso hace que cada día mantenga una actitud tremendamente proactiva de vivir el presente, de vivir la vida con mayúsculas, con toda su plenitud y su riqueza, y no negando nada de lo que implica vivir. Con lo malo y lo bueno, el horror y la belleza, el amor y el odio, la guerra y la paz, la oscuridad y la luz, el dolor y el placer. Todo eso es la vida, y cuando negamos o rechazamos o huimos de una de las dos partes (la dolorosa), en el fondo estamos negando también la otra porque son inseparables y están totalmente interconectadas. No existiría la luz sin la oscuridad, ni tampoco la felicidad sin el sufrimiento. Así que no nos queda otro remedio que aceptar la vida tal y como es, y aceptar nuestra muerte con la mayor calma posible.

Es crucial que dejemos de intentar vivir una vida irreal, exenta de dolor y miedo. Es más sano convivir con todo ello y aceptarlo como parte de la experiencia de vivir.

Los yoes o subpersonalidades internos

Vamos a poner el foco en un aspecto crucial de nuestra mente y que tiene que ver con la aceptación de uno mismo. Rafa Nadal dijo que *«en un partido de tenis, la batalla más encarnizada que libro es con las voces que resuenan dentro de mi cabeza»*. Seguramente habrás tenido muchas veces la experiencia de escuchar diferentes voces en tu mente, muchas veces contradictorias, y normalmente con un enorme poder sobre tus emociones y conductas. Hay voces que aparecen en tu mente que te dicen: «hoy puedo con todo», «va a ser un gran día». En otras ocasiones, la voz predominante que escuchas te dice cosas como: «mi vida es un desastre, tú no puedes con esto...» Esas voces provienen de las distintas partes de tu identidad, de lo que podríamos llamar «subpersonalidades» o «yoes internos».

Estas subpersonalidades, yoes o roles, los hemos ido adoptando a lo largo de nuestra vida. Provienen de nuestra educación, de las experiencias que hemos vivido desde la infancia, de las creencias que hemos incorporado. Si, por ejemplo, nuestros padres nos han dicho miles de veces desde pequeños que somos muy responsables, nuestro cerebro habrá recibido esa información repetida y eso habrá consolidado una idea en nuestro cerebro inconsciente; iremos por la vida con la convicción absoluta de que somos muy responsables. Si, por el contrario, nuestros padres nos han castigado y reprendido severamente cada vez que nos hemos rebelado a alguna norma familiar durante miles de ocasiones es posible que hayamos desarrollado mucho el yo complaciente, que aparecerá frecuentemente en nuestra vida personal y profesional, limitándonos y generándonos importantes consecuencias negativas, como por ejemplo la dificultad para poner límites o para decir «no», lo que constituirá una fuente de estrés, ansiedad y agobio debido a la saturación de trabajo y tareas que nos ocasionará.

A continuación pongo algunos ejemplos de estos personajillos o yoes internos que tenemos en nuestra mente: Don perfecto, el Yo Autoexigente, el Complaciente, el Superman o la Superwoman, el Victimista, el Seguro de sí mismo, el Controlador, el Rígido, el Buen padre/la Buena madre, el Jefe duro, el Responsable de todo, el Impulsor, el Multitarea, el Impaciente, el Sabelotodo, el Analítico, el Prudente, el Temperamental, el Salvador del mundo, el Racional, el Rebelde, etc.

¿Te resuenan algunos? Si te identificas con algunos de ellos es porque aparecen en tu vida frecuentemente tomando el control de tu conducta y tus decisiones, llevándote a problemas y a emociones negativas. No te preocupes, es absolutamente normal; todos tenemos diferentes partes de nosotros que a veces se descontrolan y nos generan estrés, ansiedad, conflictos y sufrimiento. A veces los yoes vienen de roles que adoptamos desde pequeños (el responsable de todo suele ser el hermano o la hermana mayor en una familia), y creemos que somos así y vamos cargando con esta mochila toda nuestra vida.

Este aspecto ha sido estudiado y validado por varios modelos psicológicos, como el «diálogo de voces», desarrollado por los psicólogos Hal y Sidra Stone, que promulgan que aceptemos y dialoguemos con las distintas voces que tenemos en nuestro interior en lugar de pelear con ellas o rechazarlas. También, por el lado de la psicología budista, el maestro zen Dennis Genpo Merzel elaboró un proceso llamado «Gran Mente», un método de investigación sobre nuestra mente para comprenderla mejor, que desarrolló en su libro *Gran mente, Gran corazón*, donde destaca voces provenientes de personajes como el Protector, el Controlador, el Escéptico, el Miedo, el Yo Herido o el Niño vulnerable.

El problema viene cuando esas partes de nosotros nos dominan en circunstancias o situaciones de nuestro trabajo o de nuestra vida personal. Imagínate una orquesta de músicos que están ensayando cada uno con su instrumento antes de empezar el concierto, antes de que haya llegado el director de la orquesta. El sonido suele ser muy estridente y caótico. Así es nuestra mente, llena de personajillos que campan a sus anchas sin ningún control, creando estridencias y caos mental. Cuando llega el director de orquesta y empieza a dirigir a todos los músicos, el ruido estridente de antes milagrosamente se convierte en una melodía preciosa. Eso es lo que te propongo: aprender a convertirte en el director de orquesta de tu mente para que desaparezca el caos actual de personajillos y yoes, y puedas tomar las riendas de tu mente y de tus yoes internos. Eso quiere decir que tú eres el dueño de tu mente, en lugar de que sean tu Yo Rebelde, tu Yo Controlador o tu Yo Perfeccionista quienes dominen tus decisiones, conductas y estados emocionales.

Otro aspecto que nos separa de nuestra verdadera identidad y autenticidad son las máscaras que nos ponemos (el Seguro de sí mismo, el Simpático, el Seductor), que utilizamos cuando lo consideramos necesario para protegernos del sufrimiento, alcanzar nuestros objetivos y proporcionarnos seguridad y felicidad. Al identificarnos con ellas y creer que somos ellas, nos limitan gravemente y no nos permiten expresar nuestra autenticidad como seres humanos y, por tanto, nuestro potencial. El famoso cuento *El caballero de la armadura oxidada* cuenta la historia de un rey en la Edad Media que tenía muchos enemigos que querían destronarlo. Al verse obligado a entrar en guerra contra todos sus enemigos, luchó siempre con una armadura de hierro que le protegía todo el cuerpo, incluyendo la cabeza y la cara. La armadura de hierro lo ayudaba a matar a todos sus enemigos y por fin pudo reinar en paz. Sin embargo, el rey ya no se quitó nunca la armadura, porque al fin y al cabo le había ayudado a sobrevivir. Así que dormía con ella, comía con ella, vivía con ella todo el día. El problema era que su mujer, la reina, y su hijo, se iban distanciando de él, y la relación con ellos se iba deteriorando precisamente por la armadura. Hasta que el rey se dio cuenta de que la armadura, que en su momento le salvó la vida, estaba destruyendo lo más importante de su vida, su relación con su mujer y su hijo, y decidió por fin quitársela. Este cuento es un reflejo de lo que hacemos las personas para protegernos del dolor. Nos ponemos máscaras que nos ayudan, pero llega un momento en el que nos hemos olvidado de la máscara y ya no nos la quitamos nunca, lo que nos separa y distancia de quienes somos, de nuestra autenticidad, y esto termina limitándonos gravemente para nuestro desarrollo como personas.

Te invito a que te hagas ahora mismo las siguientes preguntas: ¿qué máscaras te pones en tu vida o en tu trabajo y para qué las usas? ¿Cómo te limitan? ¿Te hacen sentir más seguro? ¿Te hacen sentir menos auténtico? ¿En qué situaciones te ayudan y benefician?

Volvamos a nuestros yoes o personajes internos: ¿Qué debemos hacer con ellos?

En primer lugar, debemos tener bien identificados cuáles de esos personajes aparecen de forma más frecuente en nuestra vida tomando el control. O, dicho de otro modo, cuándo llevamos al extremo nuestra parte perfeccionista, controladora, escéptica, etc.

Así que te invito a que identifiques al menos los dos o tres yoes internos o máscaras que más aparecen en tu vida. Si te ayuda, piensa en situaciones o acontecimientos reales del pasado donde sentías estrés, ira, miedo o ansiedad. ¿Qué personaje o personajes aparecían en tu mente con un gran protagonismo? Normalmente, en momentos de tensión y ansiedad es cuando más claramente aparecen nuestros yoes predominantes para tomar el control.

Ahora, una vez hayas identificado tus personajes internos más dominantes, hazte las siguientes preguntas:

- ¿En qué situaciones actuales o del pasado tus yoes internos te han producido un beneficio o te han ayudado?
- ¿En qué situaciones actuales o del pasado esos yoes internos te han limitado, perjudicado o te han generado un daño emocional?

Este ejercicio lo realizamos en nuestro programa de *mindfulness* en empresas. Todos los participantes son capaces en pocos minutos de identificar cuáles son sus yoes internos más dominantes. Cuando les planteo las dos preguntas de arriba, muchos tienen problemas para ver el lado positivo de esas subpersonalidades dominantes. Por ejemplo, ¿qué beneficio nos puede dar el Victimista? ¿O el Impaciente? Finalmente, entre todos logramos ver la intención positiva o el beneficio de todos ellos. El Yo Victimista, cuando ha aparecido y ha dominado nuestra identidad suele conseguir que los demás se preocupen por nosotros y nos atiendan más. Es decir, el Yo Victimista logra la atención de los demás.

En cuanto al Yo Impaciente, el posible beneficio de esa parte de nosotros en caso de tenerla muy dominante es que impulsamos mucho los proyectos y tareas en el trabajo o en la vida. Por otra parte, el Yo Autoexigente nos ha ayudado a alcanzar muchas metas profesionales y personales, ¿no es así? En cualquier caso, todas nuestras subpersonalidades nos aportan un beneficio, o como mínimo nos han aportado algún beneficio en el pasado, aunque nos cueste verlo al principio. De lo contrario no estarían dentro de nosotros. Por tanto, la primera reflexión fundamental es que no debemos rechazar ninguna parte nuestra, por mucho que nos esté haciendo sufrir, ni tampoco eliminarla o arrancarla de nosotros. Esto no funcionará y además nos haríamos mucho más daño aún, porque sería como si nos arrancáramos un brazo. Nos desangraríamos, nos generaríamos un sufrimiento cruel y, además, a partir de ese momento solo contaríamos con un brazo, lo que sería una limitación brutal en nuestra vida y en nuestra profesión.

Así que conviene recordarlo siempre: sea cual sea el personaje interno, independientemente de los daños que nos ocasione, nos ha aportado o nos está aportando un beneficio. Desde esta nueva perspectiva empezaremos a observar esa parte de nosotros con más benevolencia y amabilidad. Si logramos ver la parte positiva, empezaremos a dejar de odiar a ese personaje interno y habremos iniciado el camino de la aceptación de nosotros mismos, la aceptación de todas muestras partes. Ese es el inicio de hacer las paces con uno mismo, el inicio de la paz interior.

Por supuesto, si has respondido a la segunda pregunta (las situaciones en las que el yo interno te limita o te hace sufrir porque ha tomado el control), te darás cuenta de que no debes dejar que ese personaje te domine.

Si de pronto tu Yo Controlador ha aparecido con mucha fuerza, es posible que te lleve a querer controlarlo todo, incluso lo que no depende de ti, generándote frustración y ansiedad. Además, sin darte cuenta querrás hacerlo tú todo y no delegar nada en tus compañeros o en tu familia porque pensarás que solo tú puedes hacer bien esas tareas. Esto tiene consecuencias: te saturarás con demasiadas obligaciones, y además no permitirás que los demás te ayuden o que aprendan a hacer cosas nuevas, limitando su crecimiento. Y luego seguramente te harás la víctima para conseguir la atención y el reconocimiento de los demás con frases como «es que todo lo tengo que hacer yo» o «no me ayudáis nada».

Otro ejemplo es si tienes un Yo Temperamental muy preponderante, que aparece muy a menudo. Si no dominas esa subpersonalidad, enseguida te pondrás a gritar y a dar órdenes a todo el mundo. Eso ocasionará conflictos importantes, tensiones innecesarias, y finalmente la gente empezará a no querer estar contigo, a no querer trabajar contigo, a huir de ti. Tendrás que empezar a controlar tu parte temperamental para evitar que las consecuencias negativas sean irreversibles.

Si te ayuda, puedes imaginar que tu mente es como una casa de huéspedes, donde los huéspedes son todos tus personajes internos más dominantes. La clave es darles la bienvenida a todos, no rechazar a ninguno, aceptarlos, incluso valorar la parte beneficiosa de cada uno de ellos. Sin embargo, no podemos permitir que los huéspedes de nuestra mente estén descontrolados y nos destrocen la casa, rompiendo muebles y ventanas. Debemos controlar o modular a todos esos yoes cuando empiezan a estar fuera de control y toman las riendas de nuestras decisiones y comportamientos. Esa es la labor, dura pero fundamental, de entrenamiento mental que debemos realizar. Y para ello, una vez más, la clave es incrementar nuestro nivel de consciencia para detectarlos y poder controlarlos a tiempo antes de que provoquen destrozos.

Cada vez que te des cuenta de que el Yo Impaciente, el Yo Autoexigente, el Yo Complaciente, el Yo Responsable de todo o cualquier otro yo interno te domine y esté generando una presión y un estrés innecesario en ti mismo o en los demás, debes cortarlo inmediatamente. Por eso, el primer paso es la toma de conciencia. Solo dándote cuenta de que el personaje ha aparecido con un enorme poder y te está perjudicando, podrás frenar su fuerza y tomar el control. La conciencia es nuestro gran aliado siempre. Sin conciencia, no hay control. Sin conciencia, no hay cambio. Cuando un personaje interno haya tomado las riendas de tu mente y no te hayas dado cuenta, serás una marioneta de ese personaje. Pero cuando tomas conciencia de ello, su poder se difumina inmediatamente. Al darte cuenta, puedes elegir dar rienda suelta al personaje y que siga dominando tus pensamientos y tu conducta o frenarlo y controlarlo para evitar el daño o perjuicio que te está ocasionando a ti o a los demás.

Por tanto, la regla es clara: aceptación de todas tus subpersonalidades dominantes y al mismo tiempo atención plena constante para detectar cuándo alguna de ellas ha tomado el control con el fin de frenarla. Esta es mi propuesta en mis programas de *mindfulness* y la que te hago a ti:

a partir de ahora conviértete en un observador atento de tu mente y de tus personajes internos. Y cuando uno de ellos te esté metiendo en problemas o te esté generando estrés, ansiedad o cualquier emoción negativa, trata esa parte de ti con amabilidad y compasión, y así la devuelves al redil, e incluso agradécele su intención positiva. Con el tiempo, si sostienes la conciencia más y más tiempo, te habrás convertido en el auténtico director general de tu mente.

Finalmente, este trabajo con nuestros personajes internos dominantes nos lleva a una conclusión casi espiritual. Somos mucho más que nuestros personajes internos, mucho más que nuestras biografías o identidades construidas. Somos mucho más que el Rebelde, el Temperamental o el Perfeccionista. Hay algo más allá de todo eso, que podríamos denominar el Yo superior o Yo consciente. Evidentemente esto no es algo teórico, porque cualquiera puede experimentarlo en la vida real. El hecho de que algo o alguien (el Yo superior) se dé cuenta de que una parte de nosotros se ha descontrolado y sea capaz de frenarla o amortiguarla, significa que somos algo más que esa parte de nosotros. Y eso lo podemos vivenciar muchas veces en un día normal si practicamos la atención plena sobre nosotros, sobre nuestros comportamientos, especialmente cuando están generando tensión o estrés en nuestra vida.

En resumen, los seres humanos somos complejos; nuestra mente es un mundo tremendamente desconocido y no sabemos cómo dominarla. Si aprendemos a observar todo lo que sucede en ella, y en concreto a observar a nuestros yoes predominantes en la vida real con aceptación y amabilidad, empezaremos a cambiar la relación con nosotros, pasando a una aceptación incondicional y al mismo tiempo a un control de todo lo que nos genera angustia, tensión y estrés.

La aceptación de los demás

Tan importante es cultivar la aceptación de ti mismo tal y como eres, como aceptar a los demás como son, sin intentar cambiarlos o manipularlos. Esto nos cuesta muchísimo, especialmente con las personas más queridas como nuestra pareja o nuestros hijos. Cuando aceptamos totalmente a los demás, nuestra relación con ellos cambia profundamente. Generamos una enorme confianza en nuestra relación, permitimos ser al otro tal y como es evitando el sufrimiento de obligarlo o forzarlo a separarse de su esencia como ser humano.

El perdón y la disculpa son herramientas esenciales. Debemos perdonar a todas las personas que nos han hecho daño porque haciéndolo nos quitaremos un gran peso de encima. A veces, en nuestro estado de anestesia general ni siquiera somos conscientes de que aún estamos atados a un estado de resentimiento hacia alguien. El perdón nos alivia; aligera el peso de las mochilas que llevamos cargando desde hace tiempo.

Así que pregúntate ahora mismo a quién tienes pendiente perdonar. ¿Qué es lo que hizo esa persona? ¿Acaso no has hecho tú otras cosas que deberían perdonarse? Perdonar significa aceptar a la otra persona y comprender que ella tampoco es perfecta, como tú. Si te hizo daño, eso ya forma parte del pasado; no debería formar parte de tu presente si quieres vivir una vida plena. Para esto hay que trabajar mucho en uno mismo, liberarse de los apegos emocionales, dejar de actuar como una víctima y evitar los chantajes emocionales.

La disculpa sincera y humilde tiene que ver sobre todo con la aceptación de uno mismo. Porque cuando nos disculpamos con alguien por algo que hemos hecho aceptamos que podemos equivocarnos y que somos imperfectos, que necesitamos compasión y comprensión. Igual que el perdón, la disculpa supone un enorme alivio, aunque también resulte enormemente difícil para nuestro ego, que enseguida nos cuenta la película dramática de que estamos perdiendo o siendo derrotados por la otra persona. Por tanto, debemos realizar una profunda elección entre tener razón o ser felices. Entre tener razón o vivir una vida plena.

Como vimos en el capítulo dedicado al hábito 5, no te dejes engañar ni confundir por la mente ni por esos pensamientos. Disculparte por una mala conducta o decisión significa dignificarte como persona, lo contrario de lo que te dice la mente. Así que ¿con quién tienes pendiente disculparte? ¿Has hecho o dicho algo que haya herido a alguien? Discúlpate y te liberarás de una carga más. La gente no se disculpa, no pide perdón y esto genera mucha infelicidad.

A nivel global, aceptar los ciclos de la vida y la vida misma supone fluir con ella y conectar con lo extraordinario que es existir y lo impresionante que es nuestro planeta. Aceptar que el dolor es algo natural, que el fracaso es algo normal, y que los momentos incómodos y desagradables son totalmente naturales, es fundamental.

El sexto hábito del *mindfulness* para el éxito implica aprender a aceptar la incertidumbre y el cambio constantes. Se trata de cambiar la relación misma que tenemos con el cambio para convertirla en una relación más amable.

En definitiva, comienza desde este momento a estar en paz con la vida en lugar de luchar contra ella, a estar en paz con los demás en lugar de querer cambiarlos o forzarlos para que sean como tú quieres, y por supuesto, empieza a estar en paz contigo mismo, aceptando todos tus yoes internos, todas las partes de tu identidad, incluyendo las partes oscuras, eso sí, evitando que te dominen.

HÁBITO 7. CUÍDATE Y TRÁTATE CON AMABILIDAD

«No existe un lugar en la Tierra en el que podamos librarnos de nosotros mismos».

Charlotte Joko Beck

La primera persona con la que nos tendremos que llevar bien es precisamente con nosotros mismos. Sin embargo, lo normal es que no sea así. Muchas veces nos detestamos, nos faltamos al respeto, nos insultamos y criticamos. Pero, vayamos donde vayamos, no nos queda otra que aprender a convivir con nosotros mismos. Por ello, debemos aprender a amarnos, a respetarnos y a cuidarnos, y lograr desarrollar este hábito en nuestra vida.

Jon Kabat Zin, en su libro *Mindfulness para principiantes* menciona el «*heartfulness*». Es importante no olvidar que la práctica del *mindfulness* no es solo una práctica o un entrenamiento mental sino también una práctica emocional. Por eso a mí me resulta muy inspiradora la palabra *heartfulness*, porque estamos entrenando también la conexión con nuestro corazón. El *mindfulness* o *heartfulness* es una práctica que nos ayuda a romper la dura roca que hemos ido construyendo durante nuestra vida para protegernos del dolor y del sufrimiento, metiéndonos en una concha. Y nos ablanda, nos hace más empáticos y amables con nosotros, con los demás y con el mundo. ¿Eso nos hace más vulnerables? Yo diría que sí a corto plazo, pero a largo plazo nos convierte en personas más fuertes mental y emocionalmente. Ya te he contado que la primera vez que practiqué la meditación, inesperadamente empezaron a brotar lágrimas y lágrimas de mis ojos. En aquel momento me quedé perplejo, pues no entendía el porqué de mis emociones desbordadas. El motivo fue que había roto la roca y había conectado con mi corazón. Eso aumentó mi vulnerabilidad y me sentí incómodo al encontrarme llorando junto a mis quince compañeros de aula. Al día siguiente, conduciendo por una calle, una canción volvió a disparar las lágrimas. Era vulnerable.

Nuestro cerebro está orientado a la supervivencia y su función principal es protegernos del dolor, de lo incómodo, de lo desagradable. Es un automatismo más de nuestra programación que hemos heredado de nuestros antepasados hace cien mil años. Y está bien para evitar peligros reales como el de un atracador que nos amenaza con un cuchillo o el de una ola gigantesca que se acerca hacia nosotros. Sin embargo, un excesivo proteccionismo genera una rigidez que paradójicamente produce el efecto contrario: nos hace infelices porque nos impide abrirnos a muchas vivencias esenciales y a relaciones personales por miedo a que nos hieran. La cueva en la que vamos metiéndonos nos lleva a adoptar innumerables rutinas. Esto nos genera una falsa sensación de estabilidad y seguridad, volviendo la vida muy aburrida y monótona, lo que nos hace sentir apatía, una sensación de falta de sentido e incluso depresión. Nunca nos liberaremos de la inseguridad, de los cambios, de la incertidumbre, de la complejidad, de la ambigüedad, del dolor. Porque el mundo y la vida son así, y por muchas capas que nos pongamos, el frío será el frío y el calor será el calor.

En el ámbito profesional, el automatismo de nuestra mente nos lleva también a encerrarnos poco a poco en la zona de confort, y a abandonar poco a poco los riesgos, los intentos de experimentar con conductas o acciones nuevas, evitando el deseo de ser innovadores y cuestionar nuestras decisiones o formas de hacer las cosas. Nos hace rígidos ante los cambios organizacionales, y esa rigidez nos lleva a sufrir un enorme estrés y ansiedad. Nos convierte en personas poco eficientes, poco flexibles, apegadas a rutinas y a ideas del pasado, lo que tendrá como consecuencia que nos quedaremos obsoletos y poco empleables para el mercado laboral, tan dinámico y exigente. Por lo tanto, dejemos de tenerle tanto miedo a la vulnerabilidad, a contactar con las emociones, a sentir.

Heartfulness además es una palabra que nos recuerda una de las actitudes fundamentales de la práctica del *mindfulness*: la compasión o amabilidad. Cuando practicamos cualquier técnica o ejercicio formal de meditación podemos ejercitar la compasión con nosotros miles de veces cada vez que nos damos cuenta de que nos hemos distraído del ejercicio. En ese momento la reacción automática de nuestra mente será regañarnos, enfadarnos, reprocharnos, juzgarnos y castigarnos. Como la práctica está diseñada para que tengamos muchas distracciones, tendremos infinitas oportunidades de cultivar la amabilidad con nosotros mismos.

Como siempre digo, la práctica formal es un reflejo de nuestra vida. Todo lo que nos sucede en la meditación formal está sucediendo en nuestra existencia. Porque también en nuestro trabajo, en nuestra vida, incluso en los momentos de ocio o haciendo deporte, surge la reacción automática de juzgarnos y tratarnos agresivamente. Un error al enviar un *e-mail* importante, una frase mal dicha en una reunión, o una discusión en la que hemos perdido el equilibrio, estimulan al juez interior que todos tenemos dentro. Pero también cuando no nos integramos en una reunión social de amigos o conocidos, o cuando estamos practicando un deporte, por ejemplo tenis o golf, y fallamos un golpe. El juez aparece para machacarnos, como muy bien explicó Tim Gallwey en su serie de libros con lo que denominó el «juego interior», *El juego interior del tenis*, *El juego interior del golf*, etc. Gallwey decía que en nuestra mente se juega un juego mucho más importante que el juego exterior, y por tanto es mucho más importante dominar ese juego interior que el juego exterior de la técnica del tenis o el golf. Y el juego interior significa saber controlar y dominar al juez interior que todos tenemos dentro.

Es como si dentro de nosotros existiera este personajillo interno tan poderoso que está siempre alerta, con el hacha preparada para lanzarla sobre nosotros cuando nos equivocamos en cualquier ámbito. Nos hacemos mucho daño y nos genera(mos) un enorme sufrimiento, muchas veces sin darnos cuenta.

Pero hay otras y muy diversas formas de machacarnos y tratarnos duramente. Cuando nos llenamos la agenda de miles de actividades, en el trabajo pero también en la vida personal, presionándonos a ir corriendo durante todo el día de un lugar a otro con la lengua fuera, como pollos sin cabeza, sin concedernos ni un respiro, ni siquiera un tiempo mínimo para sentarnos a comer, o incluso en ocasiones olvidándonos de nuestras necesidades fisiológicas como ir al cuarto de baño. Podemos estar sentados en nuestro puesto de trabajo cuatro horas sin levantarnos de la silla, trabajando sin parar aunque nos esté doliendo el culo o la espalda. La mayoría de las ocasiones no hay nadie que nos obligue a ello; somos nosotros solos los que nos forzamos a realizar demasiadas actividades, a abarcar demasiado. Nos marcamos demasiados objetivos, muchas veces inalcanzables, aumentando la presión sobre nosotros. Estas son maneras muy claras de que nos estamos tratando de forma agresiva.

Muchas veces no nos concedemos ni un respiro. No nos creemos merecedores de un descanso, de un mínimo instante para no hacer nada. Enseguida nos sentimos culpables por estar sin hacer nada. De nuevo el piloto automático se apodera de nosotros a través de ideas aprendidas como: «si no estoy haciendo nada, estoy perdiendo el tiempo», o «si estoy ocupado, me siento exitoso».

La culpabilidad es otra sutil manera de machacarnos y fustigarnos. Cuando una autoexigencia excesiva se apodera de nosotros, no existen nuestras necesidades. Solo nos preocupa lo que necesitan o lo que esperan los demás de nosotros. La perversión de este comportamiento es que creemos que estamos haciendo lo correcto, porque estamos ocupándonos de satisfacer las necesidades de los demás. Y claro, la culpabilidad desaparece. Pero en su lugar aparece una sensación de vacío total, de agotamiento mental y emocional. El motivo es que nos hemos olvidado de nosotros. La autoexigencia excesiva, junto con un obsesivo deseo de aceptación y amor por parte de los demás, nos lleva a ponernos al límite y a querer satisfacer de forma excesiva y permanente sus expectativas.

En comunicación, la asertividad se conoce como el equilibrio entre las necesidades de los demás y las nuestras. Tan importante es tener en cuenta las necesidades del otro como nuestros propios intereses y necesidades. Si solo pensamos en nosotros dejaremos de ser empáticos y nos volveremos agresivos con los demás. Pero ¿qué pasa si no prestamos atención a nuestras necesidades? Pues que dejaremos de ser empáticos con nosotros, nos volveremos agresivos y nos dejaremos pisotear por los demás.

Por otro lado, cuando damos más importancia a nuestros objetivos que a nosotros mismos, tarde o temprano pagamos un precio. Aparece toda la programación que hemos recibido desde que nacimos. Además de los automatismos del cerebro heredados de nuestros antepasados que nos hacen protegernos de forma ficticia del dolor de la vida, cada día aparecen los automatismos de nuestra educación, lo que nos han adoctrinado en el colegio, la sociedad, etc. Y eso condiciona nuestra conducta y nuestras decisiones de cada día.

Sin embargo, podemos romper todo este condicionamiento. Podemos hacer que se vaya resquebrajando poco a poco, como la arcilla del buda de oro, esa actitud compulsiva de ir corriendo a todas partes, haciendo mil cosas, asistiendo a innumerables eventos sociales, con agendas imposibles sin descanso.

A través del *mindfulness* o del *heartfulness* desaprendemos esa forma agresiva de tratarnos para aprender una manera nueva de relacionarnos, con comprensión y ternura hacia nosotros. Una vez más, es un hábito difícil y en el que debemos persistir a través de la práctica formal de la meditación *mindfulness* y de la práctica cotidiana.

En nuestra vida podemos entrenar este séptimo hábito de *mindfulness*, el hábito de cuidarnos y tratarnos con amabilidad. A continuación, te detallo varias formas e ideas de hacerlo:

- Concédete momentos de descanso en tu jornada laboral. Además de cortar con el estrés que se va acumulando, notarás que tu concentración aumenta y que tu eficiencia es mucho mayor. Si te resulta posible porque almuerzas en casa, una breve siesta de quince o veinte minutos es una fantástica manera de cuidarte y tratarte con amabilidad.

- Crea pequeños momentos de placer cada día. Debemos permitirnos pequeños momentos placenteros todos los días para dedicar a nuestras aficiones como leer un buen libro, ver una película o jugar al ajedrez. A mí, que me encanta el café, tomarme un café a media mañana algunos días intensos de trabajo es un pequeño placer que me doy y eso me sirve además como parada. Por la noche, después de cenar me gusta leer un libro o ver una película o una serie.

- Dedica al menos cuarenta y cinco minutos a almorzar. Siéntate y trata de disfrutar de este momento de relax y de nutrir tu cuerpo. ¡Y no andes consultando los *e-mails* o los *WhatsApps* mientras estás en tu tiempo de comida!

- Practica deporte de forma regular. Aunque sea demasiado obvio, esta es una forma más de tratarnos con amabilidad. Si no cuidamos nuestro cuerpo, no nos estaremos cuidando a nosotros mismos, porque no hacer ejercicio físico tendrá consecuencias en la salud y el bienestar. Además, todos sabemos que cuando practicamos ejercicio físico regular nos sentimos mejor con nosotros mismos, aumenta nuestra autoestima y por lo tanto es menos probable que caigamos en el patrón de fustigarnos, juzgarnos o sentirnos culpables, que son las formas en las que nos agredimos.

- Aligera tu agenda para simplificar tu vida. Es importante hacerlo, no solo en el trabajo sino también en tu vida personal, ya que a menudo nos comprometemos a demasiados planes y actividades con amigos, familiares y conocidos, y terminamos exhaustos. Queremos quedar bien con todos y alimentamos la máscara que hemos enseñado al mundo. Pero poco a poco vamos separándonos de nuestra verdadera identidad. Cuando tenemos hijos, también les transmitimos esta obsesión por estar ocupados y llenar la agenda, ya que les apuntamos a innumerables actividades extraescolares, transmitiéndoles el estrés y la ansiedad que nosotros acarreamos, así como nuestras ideas preconcebidas sobre el éxito.

- Permítete equivocarte. Cada vez que cometas un error recuerda no castigarte ni juzgarte por ello y trata de traer al presente la actitud de amabilidad y compasión hacia ti mismo. Si aún así no puedes evitar enfadarte y reprocharte tu error, observa tu tendencia agresiva con curiosidad y amabilidad. Respira conscientemente varias veces, notando las sensaciones de la respiración en tu cuerpo.

- Los pequeños premios. Concédete pequeños premios a menudo, cuando hayas realizado un esfuerzo especial o hayas conseguido un pequeño logro en tu trabajo. Hace poco me regalaron un masaje shiatsu y me pareció un premio maravilloso para repetirlo cada cierto tiempo. Pero hay muchos tipos de premios: una entrada a un concierto, prepararte una bañera con espuma, ir a una librería y pasar un rato viendo libros (esta última es una mis opciones preferidas).

En su libro *Sé amable contigo mismo*, Kristin Neff, pionera en establecer la autocompasión como campo de estudio, detalla los 3 componentes de la autoamabilidad. Es una herramienta muy poderosa para probarla en momentos difíciles. A mí personalmente me ha ayudado muchísimo a aceptarme más y a calmar la ansiedad en situaciones estresantes. La herramienta consta de los 3 pasos siguientes:

1. Reconoce que estás sufriendo, que lo estás pasando mal (conciencia mindfulness)
2. Recuerda que todos los seres humanos lo pasan mal en muchos momentos, igual que tú (humanidad compartida, no eres un bicho raro)
3. Ofrécete internamente frases de amabilidad y autocompasión, del tipo: «Todo irá bien, tengo derecho a equivocarme, esto pasará, dentro de unos días no tendrá importancia, etc.»

En definitiva, debemos aprender a querernos, a amarnos a nosotros mismos en primer lugar para luego aprender a querer a los demás. Porque, como de costumbre, debemos empezar por nosotros. No nos queremos nada, o muy poquito. Si extrajéramos una conclusión en función de la vida que nos hemos diseñado diríamos que nos hemos vuelto locos y que seguramente habría sido nuestro peor enemigo quien había diseñado nuestra vida. ¿No te parece?

Por experiencia propia, cuando vamos incorporando los cambios sugeridos anteriormente en nuestro día a día, algo va cambiando en nuestro interior. Nos sentimos más tranquilos, más serenos, menos irritables y tensos.

En la práctica formal de *mindfulness* cultivamos la amabilidad y la autocompasión de manera constante, porque la atención al momento presente no es una atención agresiva, sino amable y suave. Pero, más en concreto, hay una práctica formal de origen budista llamada Metta, que está dirigida directamente a darnos a nosotros mismos amabilidad y empatía para después proyectarla a los demás. A mí me gusta más llamarla «meditación *heartfulness*» porque está específicamente diseñada para conectar con nuestro corazón. Me ha parecido interesante presentártela en este capítulo porque es una práctica directamente conectada con el séptimo hábito de cuidarse y tratarse con amabilidad y compasión. A continuación, te la detallo:

Meditación Metta o *heartfulness* para la compasión

Siéntate en una posición cómoda que te permita estar relajado y alerta al mismo tiempo. Comienzas concentrándote en la respiración, observándola con suavidad y sin tratar de controlarla ni modificarla. Simplemente se trata de darte cuenta de que estás inspirando y espirando. Esto te está ayudando a desconectar del piloto automático y a estar ya en un estado de mayor conciencia.

Ahora puedes expandir tu atención a todo tu cuerpo, tomando conciencia de él entero, respirando aquí y ahora, observando cualquier sensación física que aparezca.

Ahora puedes dirigir la atención hacia ti, con una actitud de amabilidad y compasión para darte cariño y empatía. Y vas a repetir internamente las siguientes frases, dirigiéndotelas a ti mismo:

Que yo tenga una vida plena y tranquila.
Que sepa cuidarme y tener salud.
Que pueda cumplir mis sueños.
Que sea feliz.

Que yo tenga una vida plena y tranquila.
Que sepa cuidarme y tener salud.
Que pueda cumplir mis sueños.
Que sea feliz.

Puedes volver a conectar con tu respiración, percibiendo las sensaciones que está produciendo en tu cuerpo cada inspiración, cada espiración.

Ahora piensa en una persona especial para ti, alguien de tu familia o un amigo, una persona a la que quieras mucho. Puede ser una o varias personas muy queridas. Visualiza la imagen de esta persona o personas para proyectarles tu compasión.

Para ello repetirás internamente las siguientes frases, dirigiéndolas a esta persona o personas queridas:

Que tenga una vida plena y tranquila.
Que sepa cuidarse y tener salud.
Que pueda cumplir sus sueños.
Que sea feliz.

Que tenga una vida plena y tranquila.
Que sepa cuidarse y tener salud.
Que pueda cumplir sus sueños.
Que sea feliz.

Vuelve a conectar con tu respiración, percibiendo las sensaciones que está produciendo en tu cuerpo cada inspiración, cada espiración. Descansando en la sensación de respirar aquí y ahora.

Ahora te invito a pensar en una persona con la que tienes una relación difícil, alguien que te incomoda, y visualizar su imagen. Ahora repetirás internamente las siguientes frases, dirigiéndolas a esta persona difícil:

Que tenga una vida plena y tranquila.
Que sepa cuidarse y tener salud.
Que pueda cumplir sus sueños.
Que sea feliz.

Que tenga una vida plena y tranquila.
Que sepa cuidarse y tener salud.
Que pueda cumplir sus sueños.
Que sea feliz.

Vuelves a conectar con tu respiración, percibiendo las sensaciones que está produciendo en tu cuerpo cada inspiración, cada espiración.

Ahora te animo a expandir tu compasión para abarcar a un grupo de personas, un colectivo de cualquier zona del mundo, el que tú elijas. Pueden ser los refugiados o los niños del mundo que tienen hambre o que viven en un país en guerra, o cualquier otro grupo de personas a las que quieras proyectar tu compasión.

Ahora repetirás internamente las siguientes frases, dirigiéndolas a ese colectivo de personas que has elegido:

Que tengan una vida plena y tranquila.
Que sepan cuidarse y tener salud.
Que puedan cumplir sus sueños.
Que sean felices.

Que tengan una vida plena y tranquila.
Que sepan cuidarse y tener salud.
Que puedan cumplir sus sueños.
Que sean felices.

Este ejercicio, realizado de forma regular y repetidas veces, va agrietando la dura roca que hemos construido durante años y cultiva de forma directa la empatía con uno mismo y con los demás. Recomiendo realizar esta práctica intercalada con otras técnicas formales *mindfulness* que expliqué en el capítulo correspondiente.

También puedes descargarte un audio de meditación *heartfulness* con ayuda de este bidi o, como siempre, hacerlo a través de mi canal de YouTube:

Para terminar esta parte del libro, en la que he desgranado 7 hábitos de *mindfulness* para el éxito, he de decir que incorporar cada uno de ellos como un hábito positivo es un enorme reto, para mí también por supuesto, y seguramente es una labor para toda la vida. También es cierto que cuando empezamos a trabajar en uno de ellos comenzamos a trabajar indirectamente en los otros. Lo que no hay duda es de que nuestra vida y nuestro trabajo cambiarán para siempre porque habremos cultivado una forma nueva de relacionarnos con todo. Cada día, personalmente me enfrento al reto de mantener y potenciar cada uno de los siete hábitos. La clave es mantener la mente de principiante de la filosofía zen, o lo que es lo mismo, la mente de aprendiz constante. Si creemos que ya hemos alcanzado un nivel de excelencia o de perfección, estaremos perdidos. Nuestro ego se habrá apoderado de nosotros, perderemos humildad y capacidad de aprendizaje. Y volveremos a actuar con el piloto automático de verdades absolutas sin cuestionar. Aunque llevemos muchos años practicando *mindfulness* e integrando los siete hábitos en nuestra vida y en nuestro trabajo, debemos mantener la humildad. Creer que lo sabemos todo es la muestra perfecta de la ignorancia más absoluta.

Yo he experimentado unos beneficios increíbles al ir incorporando estos siete hábitos, a través de la práctica de la meditación formal del *mindfulness* en cada sentada, en cada respiración consciente, en cada distracción de la mente. Y también a través de la aplicación del *mindfulness* a mis decisiones y comportamientos cotidianos, tanto en la vida como en el trabajo, es decir la práctica informal. Hoy puedo decir que mi vida es más consciente y plena que nunca, que me acepto como soy aun con mis defectos y manías, que vivo el presente con intensidad, y que he desarrollado una claridad sorprendente sobre mi vida, además de una especie de confianza incondicional en que las cosas, tarde o temprano, van a salir bien.

Por último, te planteo una reflexión. Repasa un momento los siete hábitos:

- Hábito 1. Sal del piloto automático
- Hábito 2. Focalízate en lo importante
- Hábito 3. Carpe Diem. Vive el momento presente
- Hábito 4. Acércate al dolor
- Hábito 5. No creas a tu mente ni a tus pensamientos
- Hábito 6. Acepta la vida tal como es
- Hábito 7. Cuídate y trátate con amabilidad

¿Cómo crees que sería tu vida con ellos? ¿Serías más feliz o estarías más estresado que ahora?

¿Y tu trabajo? ¿Crees que incrementarías tu eficiencia, tu productividad, tu capacidad de influencia y liderazgo, o estarías aún más disperso y descentrado que ahora?

EFICIENCIA, ALTO RENDIMIENTO Y MINDFULNESS

> *«Quien no mejora empeora y quien empeora está en condiciones de saber cada vez menos acerca de la realidad última».*
>
> *El tiempo debe detenerse*, ALDOUS HUXLEY

El *mindfulness* (atención plena) es un entrenamiento mental que ya han incorporado numerosos CEOS y altos directivos de grandes compañías en todo el mundo, que reconocen que les ayuda a estar más focalizados, más serenos y a tomar mejores decisiones. Es una herramienta poderosísima para que los profesionales de las empresas afronten con más efectividad y creatividad el mundo VUCA en el que están sumergidos. ¿Por qué? A continuación expongo las razones y las claves de cómo el *mindfulness* ayuda en cada uno de los retos de este entorno:

- *Volatilidad.* Los cambios nos generan ansiedad porque somos muy rígidos mentalmente. Nuestro cerebro activa la alarma del estrés cada vez que percibe un cambio en su entorno. Sin embargo, con la práctica del *mindfulness* trabajamos la aceptación de las cosas tal y como son, aunque no nos resulten agradables. Y no confundamos aceptación con resignación. La primera es activa y lleva a enfocar la energía en lo que podemos controlar mientras que la segunda es pasiva y negativa.

- *Incertidumbre*. La curiosidad mental que logramos con la práctica de la meditación *mindfulness* nos lleva a ser mucho más abiertos respecto a situaciones inciertas. Una mente curiosa es una mente abierta, que busca siempre aprender de todo en lugar de tener miedo de todo. El miedo y el estrés cierran nuestras capacidades mentales. La curiosidad y la capacidad para no dejarse esclavizar por nuestros prejuicios y expectativas abren nuestra mente. El *mindfulness* entrena nuestra mente para no dejarse dominar por esos hábitos mentales que nos generan tanto estrés y ansiedad (prejuicios, expectativas, deseos).

- *Complejidad*. Un mundo complejo necesita creatividad y foco. La práctica *mindfulness*, según la ciencia, hace que nuestras ondas cerebrales desciendan a ondas alpha y theta, que están asociadas a un estado de máxima receptividad, de máxima relajación y de máxima creatividad. En definitiva, un directivo desarrolla todo el potencial creativo e innovador de su cerebro a través de la práctica continuada del *mindfulness*. Además, ya hemos hablado de que la atención plena nos ayuda a estar más focalizados en un mundo tremendamente complejo por los estímulos y la sobreinformación.

- *Ambigüedad*. En un mundo donde no existen las verdades absolutas ni las certezas, es imprescindible abrir nuestra mente a otras opiniones, creencias, visiones o culturas. No debemos asumir que «tenemos la visión correcta» o que «tenemos la verdad» porque caeremos en dogmatismos y radicalismos que están totalmente obsoletos en este siglo.

Así que el *mindfulness* nos prepara fabulosamente para el mundo del siglo XXI, que sin duda va a seguir siendo incierto, volátil, ambigüo y complejo. Practicar mindfulness nos hace más antifrágiles, parafraseando a Nassim Nicholas Taleb, que en su libro «Antifrágil» recomienda fortalecernos como personas en lugar de intentar predecir el futuro o los «cisnes negros», acontecimientos críticos extremadamente raros e imposibles de predecir en nuestra vida, y que todos tenemos tarde o temprano. En este capítulo y en el siguiente abordaré la aplicabilidad directa del *mindfulness* a nuestro trabajo y a nuestra vida personal. He separado conscientemente los dos ámbitos para que la explicación sea más pedagógica y fácilmente entendible, y he dedicado un capítulo a cada uno de ellos (el personal y el profesional), aunque no deja de ser una división ficticia. La vida personal afecta a nuestro rendimiento en el trabajo y viceversa; no podemos separarnos y ser personas diferentes en el trabajo y en la vida, eso es totalmente irreal. Mucha gente dice que hay que separar el trabajo de la vida personal, pero ambos entornos están totalmente conectados entre sí; el uno influye en el otro de forma positiva o negativa.

Por ejemplo, la escucha con atención plena es igualmente aplicable al trabajo y a nuestra vida personal, y en ambos entornos obtenemos unos beneficios increíbles con ella. Y aunque he decidido incluirla en este capítulo, estoy seguro de que el lector inteligente sabrá trasladar todas las ideas de este capítulo a la vida personal, y todas las ideas del siguiente capítulo al ámbito profesional.

Para diferenciarla de la práctica formal, que analizamos en el capítulo anterior, llamamos «práctica informal» a la aplicación del *mindfulness* a cualquier momento de nuestro trabajo o vida personal. Es decir, se trata de llevar el estado de atención plena o «presencia» a cualquier situación, desafío u objetivo de nuestra vida.

Lo que se busca en realidad es elevar el nivel de consciencia en nuestra jornada laboral, y por supuesto en nuestra vida personal. Esto es fundamental; de hecho la consciencia es el principio del control, el principio de cualquier cambio que queramos realizar para mejorar la calidad de nuestro trabajo o de nuestra vida. Si no somos conscientes de algo que nos está sucediendo o de un comportamiento que nos está perjudicando, jamás podremos cambiarlo. Ese hábito, conducta o actitud inconsciente nos estará dominando mientras no tengamos consciencia de ello.

En el ámbito laboral, incrementar nuestro nivel de consciencia nos ayudará a mejorar el rendimiento en nuestro trabajo al poder cambiar hábitos negativos o rutinas que no nos aportan más calidad o eficiencia, y también al centrar nuestra concentración y foco en lo importante. Asimismo, generará un estado de alerta tranquila que nos ayudará a detectar oportunidades, y también disfrutaremos más de nuestro trabajo, al realizar las tareas de un modo más consciente y con mayor calidad.

En realidad, el objetivo último del entrenamiento *mindfulness* es su aplicabilidad a toda nuestra vida y a nuestro trabajo. Buscamos integrar el estado de atención plena prácticamente para que aparezca sin ningún esfuerzo, incluso inconscientemente, como una especie de automatismo elegido, de manera que seamos capaces de decidir en cualquier momento si activamos el estado de presencia del *mindfulness* con un objetivo positivo concreto.

Así que no olvides un mensaje fundamental: el objetivo último del *mindfulness* es la aplicación de la presencia a nuestra vida y trabajo, es vivir y trabajar de modo *mindful*. Pero solo lo conseguiremos si entrenamos la mente con la práctica formal. Aparte de mi experiencia personal, esta es una recomendación directa de los profesores e investigadores expertos de *The Center for Mindfulness* de la Universidad de Massachusetts: para que los beneficios sean más rápidos y profundos, debemos complementar la práctica formal con la informal. Es decir, que hay que dedicar energía y tiempo a ambas. Al final de este capítulo ahondaré en este punto.

Desmontando el mito de la multitarea

No olvidemos que uno de los hábitos más interiorizados que existen en el mundo empresarial es la multitarea. Pero el profesional «hombre-orquesta» que hace de todo y varias cosas a la vez está siendo progresivamente denostada por las investigaciones y los estudios realizados al respecto. La realidad es que cuando abrimos varios frentes y nos encontramos trabajando en diversas tareas de forma simultánea, perdemos eficiencia. Por muchas películas que nos hayan contado, la atención de nuestro cerebro se tiene que dividir entre las tareas que estemos haciendo, y por tanto es imposible estar plenamente concentrados en las cuatro a la vez. Como mucho, nuestro cerebro basculará de una a otra, saltando y tratando de centrarse en cada una de ellas.

En el libro *Focus* de Daniel Goleman se mencionan varios estudios que demuestran que cuando uno está muy concentrado realizando una sola tarea importante y nos interrumpimos con una microtarea, por ejemplo consultar un *WhatsApp* o responder un correo electrónico que le acaba de llegar a su bandeja de entrada, necesita unos quince minutos para volver a tener el mismo nivel de concentración que teníamos antes. ¡Quince minutos de pérdida de tiempo por una sola interrupción! Imagínate la enorme cantidad de tiempo que tiramos a la basura con las múltiples interrupciones que nosotros mismos nos provocamos en el trabajo. Y la interrupción, para que produzca su efecto devastador sobre nuestra eficiencia, solo necesita ser de unos cuatro o cinco minutos.

Otro efecto de la multitarea es la falta de calidad de nuestro trabajo. Cuando nos acostumbramos, por la presión de las urgencias de otros compañeros y departamentos, a trabajar en multitarea, la calidad de nuestro desempeño se deteriora claramente. Porque es imposible hacer bien una tarea cuando le estamos dedicando, digamos un 25% de nuestra atención, porque el resto está en las otras cuatro tareas simultáneamente. La pérdida de la calidad y de nuestra concentración nos llevará a cometer más errores, a que nuestro trabajo sea mediocre y tenga consecuencias más graves a futuro, como por ejemplo que no nos promocionen para un puesto superior interesante, o que no nos suban el sueldo, o directamente que llegue un expediente de regulación de empleo y nos despidan porque nuestros resultados y nuestros rendimiento dejan mucho que desear.

Por supuesto, aunque no lleguemos a esos extremos, el hecho de no realizar nuestro trabajo con la máxima atención y cuidado nos llevará a perder motivación. Es bastante simple; a todos nos gusta hacer las cosas bien, y todos somos lo suficientemente inteligentes como para saber que en modo multitarea y urgencia no estamos dando lo mejor de nosotros, así que eso nos llevará a desmotivarnos y a que nuestra autoestima se deteriore. Todo este proceso se retroalimenta por sí solo: no hacemos bien nuestro trabajo y eso nos lleva a desmotivarnos, lo cual nos hace estar aún menos concentrados, lo cual nos lleva al desánimo, a perder confianza en nosotros mismos, y así hasta que llegamos a un punto que puede ser realmente grave. Debemos cortar este ciclo negativo desactivando el hábito de la multitarea y haciendo cada tarea con esa curiosidad y mente de principiante del *mindfulness*: con la máxima atención, como si fuera lo único importante. Por tanto, la primera recomendación clara y rotunda del *mindfulness* es hacer siempre una sola tarea con la máxima atención. Si estás en una reunión, estate atento solo a la reunión. Si estás planificando la semana, solo planifica la semana. Si estás leyendo y respondiendo *e-mails,* haz solo eso y nada más.

Muchas veces, en los programas de *mindfulness,* cuando llegamos a este punto hay personas que se resisten a entender que la multitarea no les ayuda. Otros aducen que el problema es que sufren muchísimas interrupciones en su trabajo y que dichas interrupciones no dependen de ellos. Y es cierto que en la empresa actual, cada vez con más espacios abiertos donde las personas no tienen despacho y comparten su puesto de trabajo con otros compañeros, las interrupciones externas son el pan nuestro de cada día. Esto es verdad, aunque yo matizaría varias cosas.

En primer lugar, trabajamos en equipo con otros compañeros y departamentos de la empresa y no tiene sentido aislarnos del mundo durante todo el día. Por tanto muchas veces las interrupciones son necesarias. No solo que nos interrumpan, sino que también nosotros necesitaremos interrumpir a otros colegas para que nos ayuden a resolver un problema o una duda que tengamos. Esto sin duda es necesario y es lo que supone trabajar en equipo. Pero, a partir de ahí, no debemos tolerar todas las interrupciones externas. Muchas veces no ponemos límites ni educamos a los demás para que nos interrumpan sin ningún tipo de frontera y esto es responsabilidad nuestra, ¿o no es cierto?

Pongamos un ejemplo. Si un compañero, incluso un jefe, te interrumpe cincuenta veces en un día, debes hacer algo al respecto inmediatamente. Seguramente se lo hayas estado permitiendo tú, así que tendrás que darle la vuelta a la tortilla poco a poco, sin cambios radicales. ¿Cómo hacerlo? Afrontando probablemente tus miedos y manteniendo una conversación serena para pedirle respetuosamente que solo te interrumpa en determinados momentos del día, o solo por temas importantes y urgentes. Se trata de aprender a decir no. La mayoría de las veces, y lo digo por propia experiencia, las personas se toman bien estas peticiones, lo entienden perfectamente. Sencillamente no son conscientes de la cantidad de veces que nos interrumpen, pues de hecho no lo hacen con mala intención. Al decírselo de forma serena y respetuosa se dan cuenta y pueden rectificar. Es posible que lleve un tiempo que cambien, pero tendremos que mantenernos firmes. Y, si es necesario, mantener más conversaciones para recordárselo. No es habitual que un comportamiento recurrente y que hemos alimentado nosotros mismos se resuelva en una sola conversación. Debemos persistir y hablar las veces que haga falta hasta que la otra persona cambie.

Algo que ayuda mucho es generar una especie de alianza, un acuerdo sencillo pero muy concreto sobre cómo y en qué condiciones se permitirá la interrupción. Se trata de que negocies con tu compañero o jefe esas normas o reglas con la mayor concreción y claridad posibles, evitando ambigüedades que puedan llevar a interpretaciones distintas. Cuanto más concreta y clara sea la alianza, menos dificultades habrá en el futuro.

Pero, obviamente, muchas de nuestras interrupciones, esas que nos hacen perder muchísimos minutos en nuestra jornada laboral, no solo son externas, sino que las provocamos nosotros. Muchas veces tenemos que reconocer que nos interrumpimos nosotros mismos con tonterías o microtareas de baja prioridad. Ya no hay ningún fuego que haya que apagar ni nadie que nos esté presionando con algo urgente. Nosotros solos nos interrumpimos mientras estamos realizando una tarea importante. Consultamos los mensajes de *WhatsApp* y los respondemos (la mayoría son una pérdida total de tiempo) o tenemos la bandeja de correo abierta, incluso con una alerta cada vez que recibimos un *e-mail*, de modo que el estímulo salta y nosotros nos dejamos llevar por él como si fuéramos marionetas. Por tanto, leemos y respondemos los correos electrónicos de forma reactiva a medida que van llegando, una rutina tremendamente perjudicial para la eficiencia.

O bien entramos en Internet y nos ponemos a navegar por páginas de ocio, por nuestras redes sociales o a leer el periódico. Actuamos como niños caprichosos que no asumen su responsabilidad, quizá porque nos da pereza acometer una tarea compleja o larga, o es algo incómodo que nos da miedo afrontar y entonces tenemos la excusa perfecta para desviarnos de lo importante.

Otras desviaciones son precisamente las microtareas de baja prioridad, las que nos llevan segundos o pocos minutos resolver. Cuando resolvemos microtareas que nos llevan poco tiempo, pensamos que estamos siendo muy efectivos. Pero quizá sí, quizá no. En primer lugar, esas microtareas la mayor parte de las veces son de baja prioridad y nos están impidiendo dedicarnos a las realmente importantes y prioritarias. Es muy fácil empantanarnos con esas microtareas porque resolverlas libera dopamina en el cerebro, la hormona relacionada con la sensación de placer, que es adictiva. Por tanto, cuidado con esta tendencia en la que podemos caer muy fácilmente. Este es el motivo por el que muchos días, o incluso semanas, tenemos la sensación de haber hecho millones de cosas y sin embargo no nos sentimos realmente satisfecho consigo mismo. O esta frase tan común que decimos: «un día más», «una semana más». La rutina y el aburrimiento se instalan muy fácilmente en nosotros cuando nos dejamos llevar por las microtareas de baja prioridad que saturan totalmente nuestra agenda.

Alto rendimiento y mindfulness

Empezar a evitar entrar en la multitarea para convertirte en una persona monotarea es uno de los pasos fundamentales para aumentar tu productividad. El estar concentrado en el aquí y ahora en una sola tarea, habilidad que se cultiva a través del entrenamiento *mindfulness*, es la clave del alto rendimiento.

Ya hemos hablado del estado de flujo, que es cuando estamos tan concentrados en una tarea o acción que nos olvidamos incluso de nosotros mismos. Es el estado de máxima concentración, en el cual es como si nos fundiéramos con la tarea, como si fuéramos uno con ella. En el estado de flujo estamos dando lo máximo de nosotros en el trabajo. Este estado se puede conseguir a través de la práctica del *mindfulness*, en especial entrenando con las técnicas formales de atención concentrada, como por ejemplo la respiración o incluso el escáner corporal, al estar entrenando nuestra mente en focalizarse totalmente en esa parte reducida del cuerpo. Y, en ocasiones, cuando estemos practicando estas técnicas, tendremos también momentos de flujo, donde seremos nuestra respiración, o nuestra rodilla, porque nos habremos olvidado de nosotros.

A nivel general es importante repasar el método formal del entrenamiento *mindfulness* porque es el mismo que se aplica a la práctica informal o cotidiana. Puedes revisar el gráfico del método *mindfulness* en el capítulo «El método *Mindfulness*. Técnicas formales». En cualquier actividad o tarea que estemos desarrollando, el método funciona igual. Voy a ponerte algún ejemplo. Imagina que tienes ante ti una tarea importante, aunque compleja, y quieres dedicarle una hora de tu jornada con la máxima concentración. En primer lugar, sería recomendable crearte las condiciones idóneas para estar concentrado. Si es posible aíslate de tus compañeros encerrándote en una sala o despacho que esté libre. Y, si esto es imposible, ponte unos auriculares con una música muy relajante que te ayude a estar concentrado.

A continuación, como en la práctica formal, dirige toda tu atención hacia la tarea (en el momento presente en el gráfico), y probablemente estarás unos segundos o minutos con esa atención plena puesta en la tarea, en el momento presente. Es decir, en vez de la respiración, el cuerpo o los sonidos, ahora el objeto de atención es la tarea que quieres realizar. Sin embargo, como vimos en la práctica formal, lo habitual es que tu mente se desvíe de la tarea (distracción de la mente) con sus pensamientos hacia el pasado o el futuro, o bien interrumpiéndote con otras tareas. Como en el método formal, la clave es mantener la atención en tu mente, para detectar cuanto antes esa distracción y entonces devolverla de nuevo a la tarea. Volverás a estar focalizado en la tarea durante unos minutos hasta que tu mente se distraiga de nuevo, y otra vez necesitarás darte cuenta de esa distracción para volver a refocalizarla en la tarea. Y así infinitas veces, las veces que haga falta. Este es el método *mindfulness* aplicado a la realización de una tarea. No olvides que aquí también aplicamos las 4 actitudes fundamentales del *mindfulness* (curiosidad, apertura, aceptación y amabilidad). Si te das cuenta de que tu mente se ha distraído de la tarea, acéptalo y sé amable contigo mismo, no te castigues por haberte distraído, aunque sean cuarenta veces durante quince minutos. Es importante que no desgastes energía en fustigarte y juzgarte. Aceptamos que la naturaleza de la mente es divagar y marcharse del presente, y de forma natural devolvemos la atención a la tarea.

El método se aplica a cualquier circunstancia, situación o objetivo de la vida personal o del trabajo. Siempre es el mismo método, porque es de sentido común. Primero focalizamos la atención y después nos mantenemos conscientes para detectar las desviaciones de la mente y corregirlas. No olvides las dos características de una mente *mindful*: foco y consciencia. Si persistimos en este método con paciencia y constancia, nuestro rendimiento mejorará drásticamente en nuestro trabajo. Y cada vez notaremos más avances, igual que con la práctica formal. Nos daremos cuenta mucho antes de la distracción de la mente y seremos capaces de permanecer más tiempo en el momento presente, en la tarea o actividad que estemos realizando.

Las pausas mindfulness

Vamos a concretar en qué aspectos concretos de nuestro rendimiento laboral se puede y se debe aplicar el *mindfulness*, y adicionalmente compartiré contigo algunas de las pautas más efectivas para incorporar la atención plena al desempeño profesional.

Una de las herramientas más sencillas pero más efectivas son las pausas *mindfulness*. Los expertos en alto rendimiento recomiendan parar en nuestra jornada laboral cada hora y media con el fin de poder dar lo mejor de nosotros mismos. Después de hora y media nuestra concentración empezará a caer.

Parar o hacer una pausa significa dejar de hacer lo que estés haciendo. En la pausa puedes hacer varias cosas, de hecho hay múltiples opciones y depende mucho de la creatividad de cada persona, y también de lo que le vaya bien a cada uno. El hecho es forzarnos a parar, porque lo normal es que no lo hagamos, sobre todo cuando tenemos un día estresante y lleno de urgencias. Estaremos sentados en nuestra silla horas y horas sin movernos, mientras nuestra mente se va embotando, perderemos concentración y claridad mental, y nuestros resultados serán mucho peores.

Stephen Covey, en su imprescindible libro *Los 7 hábitos de la gente altamente efectiva* cuenta en su séptimo hábito, «Afilar el hacha», la historia de un leñador que estaba cortando árboles con un gran esfuerzo, sudando y sufriendo un gran desgaste. Un hombre que le llevaba observando durante varias horas se acercó a él y le preguntó si no iría más rápido si de vez en cuando afilara su hacha. El leñador se le quedó mirando perplejo, como no entendiendo su sugerencia, y de pronto contestó que no podía permitirse el lujo de perder tiempo en afilar su hacha ya que le quedaban un montón de árboles por cortar aquel día y no podía parar. Y siguió cortando y cortando árboles con su hacha gastada y poco afilada, con lo que sus resultados eran cada vez peores porque el hacha cortaba cada vez peor.

Esto nos ocurre a todos, que nos cegamos y obsesionamos por seguir ejecutando y ejecutando tareas sin parar sin afilar nuestra hacha (nuestra mente y nuestro cuerpo), y nuestros resultados también son peores cada vez, ya que nuestra mente está cada vez en peores condiciones de concentración y nuestro cuerpo cada vez más dolorido y cansado. Sin embargo, no somos capaces de darnos cuenta de ello y finalmente tardamos mucho más tiempo del necesario en realizar las tareas. Y nos quejamos de que no tenemos tiempo. El problema no es la falta de tiempo o que tengamos poco tiempo, el problema es que no utilizamos bien el tiempo que tenemos que, por cierto, es el mismo para todos.

En este punto deberíamos hacer una reflexión fundamental: ¿priorizamos la cantidad de tareas o la calidad con la que las hacemos? Esta es, a mi modo de ver, una cuestión de filosofía a la hora de abordar nuestro trabajo. Yo, desde luego, elijo la calidad frente a la cantidad. Prefiero hacer unas pocas tareas bien, con mucha calidad, que muchas tareas de forma atolondrada y con una calidad mediocre o nefasta. Lo que yo observo en general en el mundo empresarial es que se prioriza la cantidad sobre la calidad del trabajo. Y aquí la multitarea tiene una gran responsabilidad.

Como no estamos acostumbrados a parar frecuentemente para afilar nuestra hacha, debemos recordárnoslo con algo sencillo, sobre todo durante las primeras semanas hasta que consigamos interiorizarlo como un hábito. Puede ayudar ponernos una alarma en el móvil varias veces al día o escribirlo en nuestra agenda como una obligación o tarea más. Lo que te ayude a recordarlo está bien.

La pausa *mindfulness* nos puede ayudar en muchos aspectos. De hecho, podemos elegir el objetivo de cada pausa en función de lo que necesitemos. Por ejemplo, la pausa puede ayudarnos a observar la tarea que estemos realizando en ese momento con el fin de cuestionarnos cómo estamos realizándola. Es muy probable que, si paramos y observamos, nos demos cuenta de que estamos empleando demasiado detalle o buscando demasiada perfección cuando no lo necesita porque no es tan importante, o quizá nos demos cuenta de que podríamos delegar esa tarea en otra persona que la puede hacer mejor y liberarnos de ella. O tal vez se nos ocurra un modo diferente de hacer la tarea con más calidad o rapidez. En definitiva, uno de los objetivos de la pausa es cuestionarnos la forma en que hacemos las cosas con el fin de mejorar nuestra productividad y nuestra capacidad de innovación.

Otro posible objetivo de la pausa *mindfulness* sería refocalizarse en lo importante y prioritario. Te aseguro que te vas a sorprender la mayoría de las veces que hagas la pausa, porque comprobarás que estás perdido, desorientado y desenfocado, estresado con urgencias poco importantes o realizando tareas de poca relevancia. Así que utilizarás la pausa para volver a refocalizarte en lo importante.

Para ello, otra idea interesante es que cada día, nada más llegar a trabajar, planifiques y te marques uno o dos objetivos muy alcanzables y realistas a conseguir. Insisto en que deben ser muy realistas, teniendo muy en cuenta que siempre va a haber un altísimo porcentaje de tu jornada que se va a esfumar con los imprevistos, las interrupciones y las urgencias. Esto hay que asumirlo desde ya; no podemos seguir viviendo en un mundo utópico creyendo que vamos a tener un día entero con ocho horas disponibles en las que podremos dedicarnos a lo que queremos y a nuestros objetivos importantes. Esto nunca es así. Y cuanto antes comencemos a aceptarlo, mejor. Porque una vez aceptado, jugamos con las cartas que tenemos cada día y esto siempre es mucho más efectivo que andar fantaseando con un trabajo idílico que no existe, en el cual nadie te interrumpa, no hay urgencias, ni imprevistos, ni jefes pesados o tóxicos. Si te marcas esos dos objetivos muy alcanzables te garantizo que la mayor parte de los días los conseguirás ejecutar, o como mínimo avanzar. Por supuesto aquí entran en juego otros componentes que dependen enteramente de ti y de tu círculo de influencia: tu capacidad para poner límites y decir «no», y tu capacidad para afrontar las tareas difíciles e importantes evitando posponerlas o aplazarlas.

Lo que nunca puedes hacer es resignarte, diciéndote que es imposible lograr tus objetivos, o convertirte en un cínico que cree que está de vuelta de todo. El cinismo cierra tu mente y te impide aprender y progresar en tu trabajo.

Debes persistir con esos dos objetivos pequeños cada día y observar qué haces que impide alcanzarlos. Sí, ¿qué haces o qué no haces para impedir o obstaculizar tus propios objetivos?

Una vez que tenemos claros dos objetivos importantes a los que queremos dedicar tiempo en una jornada laboral, realizaremos varias pausas *mindfulness* con el fin de observar si estamos dedicándoles tiempo o estamos empantanados con microtareas de baja prioridad, o bien hemos dicho sí a demasiadas personas que nos han encargado tantas tareas que estamos saturados, o quizá estemos evadiéndonos de nuestras responsabilidades mirando cosas divertidas en Internet. La pausa nos servirá como la voz de nuestra conciencia porque nos ayudará a darnos cuenta de todo esto. Una vez que seamos conscientes, al menos podemos elegir qué hacer. Si elegimos seguir posponiendo tareas importantes porque son difíciles o pesadas, adelante. Si elegimos continuar consultando y escribiendo mensajes absurdos de *WhatsApp*, incluyendo iconitos, adelante. Insisto, al menos serás consciente de tu ineficiencia. Puedes continuar actuando de forma ineficiente, pero ahora hay una gran diferencia. Estarás presente y consciente con esa ineficiencia. Y eso duele. Nos duele a todos en el fondo. Todos queremos dar lo mejor de nosotros en el trabajo y en la vida, y por tanto la consciencia actúa como un cuchillo en nuestro interior. Si mantenemos la consciencia en muchos momentos de nuestro día gracias a la pausa, ese dolor llegará a ser insoportable y habrá un momento en el que elijamos dejar de marear la perdiz y coger el toro por los cuernos. Y entonces dejaremos las tareas poco importantes y nos reenfocaremos para dedicar tiempo a los objetivos prioritarios que marcamos a primera hora del día. Por tanto, en la pausa, las preguntas que puedes hacerte son: «¿qué estoy haciendo?», «¿cómo lo estoy haciendo?», «¿para qué estoy haciendo esta tarea?», «¿es realmente lo más importante que podría hacer en este momento?» Son preguntas de consciencia plena que te ayudarán a refocalizarte de nuevo.

Cuando paramos, pensamos con más claridad y serenidad, y por tanto tomamos mejores decisiones. Goleman, de nuevo en su libro *Focus* cuenta la historia de una directiva de General Mills que pasó por su programa de *mindfulness* para *managers*. Al inicio del curso declaró que se sentía desbordada y que no tenía tiempo para lo importante de su cargo. Después del curso se le ocurrió una idea que compartió con sus compañeros del programa: decidió que el día que volviera a trabajar daría la instrucción a su equipo de que antes de convocarla a una reunión, hicieran una pausa y se cuestionaran la necesidad de su asistencia a la misma. Pues bien, su equipo cumplió su instrucción, y como resultado, la directiva ahorró tres horas diarias que pudo redirigir a sus prioridades y tareas importantes. ¿Te imaginas si pudieras liberarte tres horas diarias? ¿Qué harías? Es una auténtica barbaridad. Si dedicáramos esas tres horas libres a nuestras prioridades, nuestro desempeño se dispararía de forma abismal.

Cuando hablo de pausas, siempre hablo de pausas con sentido, porque se trata de hacer pausas o paradas frecuentes para darte cuenta de si tiene sentido lo que estás haciendo ahora mismo. Pero hay otras aplicaciones de la pausa *mindfulness*. Hay una pregunta importantísima que podemos hacernos en cada pausa que hagamos durante la jornada laboral y es la siguiente: «¿qué necesito yo en este momento?». Es una pregunta tremendamente poderosa, que nos obliga a mirar en nuestro interior, y nos fuerza a conectar con nosotros, porque lo habitual es que pasemos el día entero desconectados de nuestras necesidades como seres humanos. A veces incluso nos olvidamos de necesidades básicas como ir al baño, o comer algo si tenemos hambre, o beber agua si tenemos sed, o levantarnos y estirar el cuerpo si está oxidado o dolorido. Esto sucede cuando estamos estresados y embotados, pero también en el estado positivo de flujo, del que hemos hablado como un estado de máximo rendimiento. Sin embargo, al olvidarnos de nosotros y de nuestras necesidades por una tarea que nos apasiona o en la que estamos totalmente inmersos y esto se repite frecuentemente, llegará un momento en que pagaremos el precio. Estaríamos priorizando el resultado a corto plazo sobre el resultado a largo. Si estuviéramos en estado de flujo todos los días durante muchas horas, rendiríamos muchísimo, pero al cabo de unas semanas, o como mucho meses, se nos fundirían los plomos y caeríamos enfermos o exhaustos. Y todo el rendimiento que hubiéramos logrado en unas semanas no serviría para nada. Así que pan para hoy y hambre para mañana. Por eso defiendo la atención plena y la consciencia por encima de todo para alcanzar un máximo rendimiento de manera sostenible durante años sin ningún coste para nuestra salud mental ni física.

Por tanto, la pregunta «¿qué necesito yo en este momento?» nos puede llevar a que seamos conscientes de que nos duele la espalda, o que tenemos un nivel de ansiedad muy elevado, o simplemente que necesitamos ir al baño. Esa consciencia nos llevará a la elección de cuidarnos y a cubrir esa necesidad en ese mismo instante. Puede que decidas levantarte y dar un paseo, o a tomarte un café, o quedarte sentado en tu silla y hacer unas respiraciones conscientes. Cualquier cosa que hagas conectada con esa necesidad que sientas será fabulosa porque te ayudará a volver al trabajo con una mayor concentración, claridad y tranquilidad.

También puedes utilizar la pausa en cualquier momento para desconectarte del estrés que sientas en tu jornada laboral. Si has tenido una bronca con un cliente o con tu jefe, o has cometido un error grave y te sientes angustiado, haz una pausa y respira conscientemente, igual que haces en la práctica formal de atención a la respiración. Sin pretender cambiar cómo es tu respiración, simplemente con la intención de ser consciente de ella, sintiendo cada inspiración y cada espiración, nada más. Poco a poco te sentirás mejor, volverás a tomar el control y podrás continuar con lo que estabas haciendo en un estado de mayor calma y claridad mental.

A continuación detallo otras ideas y situaciones en las que podemos aplicar la pausa *mindfulness*:

- *Cuando llegues con el coche a tu oficina,* antes de salir del coche quédate dos minutos tomando conciencia de tu cuerpo y respiración. Te sentirás con más energía y concentración cuando entres a tu oficina.

- *Cuando llegues a casa después del día de trabajo.* Para desintoxicarte del estrés acumulado a lo largo del día, aparca tu coche en el *parking* de tu casa, apaga el motor, y mira a tu alrededor para comprobar que no hay nadie. Entonces dedica cinco minutos a conectar con la respiración. De esa manera, entrarás emocionalmente limpio a tu vida personal y podrás disfrutar de tu familia y de ese tiempo de descanso sin estar enganchado a las preocupaciones o a los problemas del día de trabajo.

- *Antes de una presentación en público o reunión difícil* en la que sientas nerviosismo o miedo. Haz una pausa y focaliza tu atención en tus respiraciones o en los latidos del corazón antes de entrar, sin alterar su ritmo ni intensidad, igual que haces en la práctica formal, evitando juicios y registrando las sensaciones que la respiración produce en tu cuerpo.

- *Para frenar una posible reacción impulsiva antes de actuar.* Si prevés que te vas a enfadar mucho y vas a explotar, quizá prefieras controlarte y no meter la pata. En la mayoría de las ocasiones nos arrepentimos y nos sentimos culpables después de haber perdido el control. Una situación típica es cuando recibimos un *e-mail* incendiario. Todos hemos cometido el error de contestar irreflexivamente con el calentón, de forma agresiva, lo cual nos hace meternos en más problemas. Nuestro cerebro límbico, el emocional, está en esos momentos fuera de control y la corteza cerebral, la parte de nuestro cerebro más evolucionada, no tiene ningún poder porque quien en esos instantes manda es la amígdala, situada en el cerebro límbico. Por eso reaccionamos de manera irracional. Hacer una pausa antes de enviar el mensaje siempre es beneficioso, porque ayuda a que la corteza cerebral vuelva a tomar el control, nos haga calmarnos y pensar con más claridad. Y la decisión será siempre mejor. Tenemos muchas situaciones en el trabajo que pueden llevarnos al límite (tu jefe te echa la bronca, un compañero critica tu trabajo, etc.), pero lo peor que podemos hacer es dejarnos arrastrar por las emociones del momento. Utiliza la pausa para retomar el control y evitar la conducta impulsiva.

Obviamente eso no significa no decir las cosas que nos están molestando o irritando, o expresar lo que sentimos. Es precisamente cuando nos hemos calmado cuando podemos expresar lo que pensamos y sentimos con mayor efectividad e influencia, no el momento en que estamos rabiosos.

- *Las pausas mentales.* Cuando salgas de una reunión o vayas a una, en lugar de estar mirando el móvil o preocupándote por algo del futuro o algo que haya sucedido en el pasado, focaliza tu atención en las sensaciones en las plantas de tus pies o las piernas mientras vas caminando (igual que en la práctica formal de caminar con atención plena), en tu respiración, o en los movimientos del cuerpo. Trata de ralentizar un poco tu ritmo para ser más consciente. Esta no es una pausa física en el sentido riguroso de la expresión, pero sí es una pausa mental, porque cuando nos focalizamos en nuestras sensaciones corporales en el momento presente estamos desconectando realmente del ruido mental que nos provocan el móvil y nuestros pensamientos.

Otra opción de pausa mental es conectar con tus sentidos. Por ejemplo, si vas caminando por la calle, eleva tu cabeza y mira el color del cielo, la forma de las nubes o las diversas tonalidades de las hojas de los árboles, con curiosidad, como si fuera la primera vez que lo ves en tu vida. También puedes centrarte en los sonidos, escuchando con toda atención a tu alrededor en el momento presente. Tal vez haya sonidos de pájaros, o quizá el tráfico de los coches, tus pasos caminando. Evita en todo momento dejarte arrastrar por los juicios o deseos de que desaparezca algún sonido o que surja uno que te apetezca. Esa es la tiranía de tu mente que trata de tomar el control sobre ti. Igual que con las sensaciones físicas, es la experiencia directa que estás teniendo en el momento presente, y es muy eficaz para descansar la mente y llegar a la siguiente reunión o tarea con más frescura y energía.

Podríamos dar muchos más ejemplos de la utilidad de hacer una pausa, no solo en el entorno laboral, sino por supuesto en nuestra vida personal, algo de lo que hablaré más en el siguiente capítulo. En cualquier caso, uno de los grandes secretos que debemos aprender es que debemos hacer pausas en nuestra vida y en nuestro trabajo. Debemos parar frecuentemente para avanzar con más velocidad y solidez en nuestros objetivos. Aunque parezca contradictorio, es una realidad. Piensa en los coches del Fórmula 1; para ganar la carrera e ir a su máxima velocidad deben realizar varias «paradas en boxes». Nosotros también necesitamos hacer varias paradas para recuperarnos y continuar con la máxima energía. Nuestra mente piensa con más inteligencia cuando está serena, al contrario de cuando estamos enfadados o estresados, momento en que nuestra mente se confunde y es generalmente tomamos malas decisiones.

Ten en cuenta que a lo largo del día vamos juntando sin darnos cuenta un montón de estrés y al final de la jornada nos sentimos agotados y con la cabeza saturada y completamente llena de ruido. El hecho de hacer pausas para serenarnos nos ayudará a cortar ese estrés que se va acumulando y llegar al final del día en un estado emocional mucho más sano, tranquilo y positivo.

Eliminar malos hábitos

Otra gran área de aplicación del *mindfulness* es la de eliminar cualquier hábito que te esté perjudicando en tu trabajo y sustituirlo por otro hábito positivo. Es sorprendente el grado de inconsciencia en el que vivimos, como si estuviéramos anestesiados, de modo que ni nos imaginamos cómo algunas de nuestras rutinas no nos ayudan en absoluto a ser más eficientes o a estar más motivados.

Para eliminar rutinas perjudiciales, utilizamos el método del entrenamiento *mindfulness*, que se aplica aquí exactamente igual. Debes poner el foco durante unas cuatro semanas en el mal hábito que quieres erradicar. Y entonces mantienes la atención para detectar cuanto antes la distracción de la mente (es decir, que sin darte cuenta estás volviendo a caer en el mal hábito). En ese instante decides con amabilidad y aceptación volver a la tarea que estabas realizando antes de la interrupción, sin juzgarte ni reprocharte nada. Y persistes en la observación para darte cuenta cada vez que tu mente vuelva a caer en el mal hábito, y la devuelves a la tarea o actividad en la que estés tratando de estar presente y atento. En este caso el objeto de atención siempre será la tarea o la acción que estés realizando en el trabajo (leer un informe, estar atento a una reunión, preparar una presentación, escuchar a un compañero sin estar escribiendo en tu portátil, etc.)

Uno de nuestros peores hábitos es sin duda el mal uso o abuso del móvil. Los expertos en comportamiento humano están preocupados por el impacto que está teniendo el móvil en la sociedad, en la forma de comunicarnos cada vez más fría. Seguro que habrás contemplado situaciones absurdas donde cinco amigos están compartiendo una cena y todos durante buena parte de la cena están consultando sus móviles de forma compulsiva. En lugar de estar presentes y disfrutando de la misma y de la compañía de sus amigos, se dedican a mirar el *WhatsApp*, mensajes de otras personas que no están allí. O también es bastante habitual desconcentrarse continuamente en el trabajo por estar mirando el móvil. Tenemos una relación patológica con estos dispositivos, una adicción total y no podemos parar de mirarlos. Es verdad que es un juguete muy tentador, donde tenemos absolutamente todo: Internet, el correo electrónico, *WhatsApp*, las notificaciones de Facebook, Twitter, LinkedIn, Instagram, etc. Por no hablar de que en el móvil ya disponemos de linterna, calculadora, lupa y otras utilidades. Es decir, el móvil es una fuente inagotable de estímulos que están poniendo a prueba nuestro autocontrol de manera constante. Durante una jornada laboral perdemos muchísimo tiempo con el móvil. Y luego nos quejaremos de que no tenemos tiempo y que tenemos mucho trabajo, y nos agobiaremos. Vuelvo a insistir que es nuestra responsabilidad, así que nos iría mucho mejor si no echáramos balones fuera o culpáramos a los demás de nuestra falta de autocontrol.

¿Cómo vamos a eliminar el hábito negativo de estar enganchados al móvil en el trabajo? A continuación, te ofrezco algunas pautas para eliminar esa adicción:

- Define tiempos específicos y controlados para la consulta y respuesta de mensajes del móvil, por ejemplo cada hora y media. Hay tiempo para todo si lo organizamos bien. Eso te quitará la ansiedad de estar mirando el *WhatsApp* cada dos minutos y empezarás a sentir que estás tomando el control, lo cual es tremendamente motivante y estimulante

- Sal de los grupos de *WhatsApp* que no te aporten algo valioso. Vamos entrando o dejando que nos incluyan en más y más grupos, hasta que llega un momento en que vivimos para el *WhatsApp*, lo cual es absurdo
- Cuando estés trabajando en una tarea importante, mete tu móvil en el cajón para no tener la tentación de mirarlo cada dos por tres y no lo saques hasta que no hayas concluido la tarea
- Cuando estés hablando con alguien del trabajo, no mires el móvil. Es una falta de respeto
- Cierra las aplicaciones de las redes sociales que estén enviando notificaciones de forma constante. Cuando quieras verlo, solo tienes que abrir la aplicación, leer las novedades y volver a cerrar la aplicación para que no se convierta en una interrupción constante
- Deja de hacer fotos de cada momento o experiencia que tengas. Lo importante es la experiencia, no el hecho de subirlo a una red social para que todo el mundo lo vea
- En tu tiempo de almuerzo, céntrate en comer con atención plena y evita consultar el móvil para leer el periódico, contestar *WhatsApps* o el correo electrónico, o atender las notificaciones de las redes sociales
- Si estás en una ponencia o un curso de formación, apaga el móvil y no lo enciendas hasta los descansos
- Por supuesto evita mirar el móvil mientras estás conduciendo, ¡ni siquiera un segundo!

- Cuando estés en una reunión, mantén el móvil en silencio, sin vibración o apagado. Además, dale la vuelta para no ver la pantalla y así no te distraerás con la luz que se enciende cada vez que recibes un mensaje

El móvil es una tremenda dispersión y fuente de ineficiencia en las reuniones. Hay empresas que después de nuestro programa de *mindfulness* han decidido poner coto al uso de móviles en las reuniones, para que todos estén mucho más concentrados y la reunión sea realmente eficiente. En algunos casos, depositan su móvil, en silencio y sin vibración, en una bandeja común situada en la puerta de la sala de reuniones, y de esa manera no tienen la tentación de mirar a ver si les ha llegado algún mensaje. En otros casos donde las personas del equipo son más maduras y responsables, simplemente lo ponen en silencio y boca abajo en la mesa, y con eso es suficiente.

En una reunión, cuando estás mirando tu móvil o incluso si te llevas tu ordenador, tu atención no va a estar realmente ahí. Y la consecuencia es que te vas a perder información que se comparta que quizá sea importante para tu trabajo, de una manera u otra. Además, tus compañeros se van a sentir incómodos o molestos y con toda la razón, cuando si están hablando tú estás mirando el ordenador o el móvil, y muchos van a pensar que es una falta de respeto o de educación por tu parte, o como mínimo creerán que no les estás escuchando. Tu imagen se deteriorará notablemente ante tus compañeros, así que luego no pretendas que estén dispuestos a escucharte cuando tú quieras hablar y a colaborar contigo o a ayudarte, porque probablemente no será así.

He sido testigo de cómo un equipo directivo de una compañía mejoraba drásticamente la eficiencia de sus reuniones después de pasar por un programa de *mindfulness*.

Ellos mismos reconocían que se escuchaban más atentamente entre ellos, con más respeto, sin interrumpirse constantemente, que se perdía menos tiempo en discusiones estériles y se tomaban decisiones con agilidad y con menos estrés, todo lo cual mejoraba la calidad de dichas decisiones.

Si en las reuniones de un equipo se instaurara la norma de que antes de empezar dicha reunión todos los participantes cierren los ojos y practiquen juntos una técnica formal *mindfulness* durante cinco minutos, la efectividad de las mismas mejoraría drásticamente.

Lo normal es que cuando llegamos a una reunión vengamos de solucionar problemas o urgencias y lleguemos a ella a toda prisa y estresados. Ese no es el mejor estado mental y emocional para afrontar de forma positiva la misma, así que los cinco minutos de parar y respirar conscientemente junto con tus compañeros de la reunión es una pauta muy efectiva, no solo para que todos estén más concentrados, sino también para calmarse y evitar enfrentamientos agresivos que intoxican el clima del equipo y obstaculizan el logro de los objetivos marcados en la reunión. También sugiero que se haga lo mismo, meditar juntos durante cinco minutos, al finalizar la reunión con el fin de hacer una transición adecuada a nuestro trabajo posterior.

El método de poner foco en el momento presente, darte cuenta de la distracción de la mente y volver a poner foco se aplica a cualquier otro hábito negativo que tengas en el trabajo. A continuación, repaso algunos de los hábitos negativos más comunes de ineficiencia en el trabajo:

- *Gestión de e-mails.* Si tu problema son las constantes interrupciones de tu bandeja de entrada, entonces debes focalizarte en este mal hábito durante unas cuantas semanas. Quizá te ayude cerrar el gestor de correo mientras estás queriendo terminar una tarea importante en tu trabajo. También es recomendable dedicar espacios concretos y con un límite de tiempo a la consulta y respuesta de *e-mails*. No hay normas que sirvan para todo el mundo. A algunas personas les sirve hacerlo unas tres veces por la mañana y a otras tres veces por la tarde, una media hora como máximo. Pero reflexiona lo que es más adecuado para tu situación particular y define cuántas veces al día y durante cuanto tiempo. Y, sobre todo, cúmplelo a rajatabla, sea lo que sea, porque significará que tú estás tomando las riendas de la gestión de *e-mails*, y que no eres una marioneta de tu mente ansiosa.

- *Posponer decisiones o tareas importantes.* Ya hemos comentado este punto en profundidad. Aplicamos el mismo método cada vez que te des cuenta de que estás cayendo en el mal hábito de posponer alguna decisión difícil o alguna tarea prioritaria. Si sientes miedo, prueba a realizar varias respiraciones conscientes y a continuación aborda la tarea o decisión sin pensarlo.

- *Interrupciones.* También hemos hablado de este mal hábito, bien porque hemos educado a los demás en interrumpirnos constantemente sin ningún tipo de respeto o consideración, o bien porque nosotros mismos nos interrumpimos demasiado a menudo en el trabajo, mariposeando y no afrontando las tareas que debemos acometer. Cada vez que te des cuenta de que te estás interrumpiendo con cualquier microtarea de segundo orden, devuelve el foco de atención a la tarea importante. Una y otra vez, con paciencia, con amabilidad, con persistencia.

- *Adicción al trabajo.* Este hábito se define por el hecho de trabajar demasiadas horas. Y, atención, más de ocho horas diarias ya se considera adicción al trabajo. Trabajar más de ocho horas diarias genera estrés crónico, devastador para la salud. Si recuerdas lo que descubrió la enfermera Bronnie Ware, que dedicó su vida a cuidar a enfermos terminales, una de las principales cosas de las que se arrepienten las personas que tienen cerca la muerte es haber trabajado demasiado durante su vida. Así que toma nota, a no ser que al final de tu vida quieras arrepentirte de haber trabajado demasiado.

- *No beber agua en el trabajo.* Este es un mal hábito que deberíamos erradicar. El cerebro, para cargarse de energía y reforzar su fuerza sináptica o conexiones neuronales, necesita oxígeno (respiración), beber agua (el cerebro es, de media, un 75% de agua) y alimentarse. La deshidratación hace que el cerebro tenga que hacer un esfuerzo adicional y aumente la actividad neuronal para alcanzar un buen nivel cognitivo, y por tanto el rendimiento cognitivo se ve perjudicado. Así que un buen modo de aumentar tu rendimiento es tener una botellita de agua en tu puesto de trabajo e hidratarte bien para que tu cerebro no pierda concentración.

A nivel general, el *mindfulness* se está convirtiendo en algunas empresas en parte de su nueva cultura. Muchos de los comportamientos que estamos comentando suponen un cambio profundo en la cultura de una compañía. Conozco Comités de dirección a los que he formado en *mindfulness*, y que, al ver los claros beneficios en cuanto a liderazgo y productividad que han obtenido, han decidido formar en esta práctica a todos sus empleados con el fin de instaurar una nueva cultura empresarial basada en la atención, el respeto, la empatía y la mejora continua.

En definitiva y como resumen, el *mindfulness* se puede aplicar para mejorar nuestro rendimiento en base a los siguientes puntos:

- *Parar antes de tomar una decisión importante.* Cada vez que vayas a tomar cualquier decisión o acción importante, párate unos segundos o minutos para generar un espacio entre el estímulo (situación o persona que te presiona) y tu respuesta. Esta parada te permitirá serenarte, aclarar tu mente, ganar perspectiva y tomar una elección más consciente y meditada, que será sin duda más adecuada.

- *Priorizar mejor.* Se trata de acostumbrarnos a hacer un constante chequeo de las tareas a las que estamos dedicando nuestro tiempo y energía, con el fin de identificar si son realmente importantes, si están conectadas con nuestros objetivos. Si no es así, entonces puedes elegir dejarlas para otro momento o para otro día y dedicar tu tiempo a lo verdaderamente importante.

- *Hacer una sola tarea cada vez.* Conviértete en un profesional monotarea. Si estás con una tarea, evita la tentación de la multitarea y focalízate en dicha tarea para terminarla con la mayor calidad y rapidez, y después pasa a la siguiente para poner de nuevo toda la atención en realizarla con la mayor calidad y agilidad. Esto irá aumentando tu motivación, tu satisfacción por el trabajo bien hecho y tu autoconfianza.

- *Cuestionar tu modo de hacer las cosas.* Activa tu curiosidad y tu sentido crítico para cuestionarte frecuentemente. Sin apenas darte cuenta, el piloto automático te hará robotizar tu forma de trabajar y perderás creatividad, frescura y eficiencia. Si cuestionas tu modo de hacer las tareas de tu trabajo y además vas probando pequeños cambios con la actitud de un científico, te garantizarás una constante mejora de tu rendimiento y te convertirás en un profesional innovador que no da nada por sentado.

- *Elimina tus hábitos tóxicos ineficientes.* El abuso del móvil, la mala gestión del correo electrónico, el micromanagement, el cortoplacismo, las urgencias, no poner límites, posponer decisiones importantes, interrumpirte constantemente, llevar el PC a las reuniones o llegar impuntual a tus citas, escuchar mientras estás haciendo otra cosa, etc.

El *mindfulness* transformará tu forma de trabajar, desaprendiendo viejas y obsoletas rutinas e ideas preconcebidas, lo que incrementará tu eficiencia, mejorará drásticamente tus resultados, además de aumentar tu motivación y satisfacción en el trabajo. Y, aunque te parezca mentira, ¡el trabajo puede llegar a apasionarte y que desees que llegue cada lunes para dar lo mejor de ti mismo en tu profesión!

LIDERAZGO, INTELIGENCIA EMOCIONAL Y MINDFULNESS

«...Lo que eres depende de tres factores: de lo que has heredado, de lo que el ambiente ha hecho de ti y de lo que has decidido hacer con tu ambiente y con tu herencia».

«El tiempo debe detenerse», ALDOUS HUXLEY

Todas las personas nos movemos por emociones y nada puede moverse sin tener en cuenta la emoción de las personas. Todo directivo o responsable de equipo debe conocer e interiorizar esta idea, porque de lo contrario nunca será un auténtico líder ni logrará movilizar a su equipo hasta su máximo nivel de rendimiento. Cualquier profesional, si quiere incrementar su liderazgo y su influencia, debe desarrollar su inteligencia emocional, o lo que es lo mismo, lidiar con sus propias emociones y también con las de los demás. Hay numerosos estudios que revelan que la inteligencia emocional es mucho más importante que la inteligencia intelectual para el éxito en la vida y en la carrera profesional.

Aunque Howard Gardner, con su modelo de inteligencias múltiples, fue el precursor de la inteligencia emocional, en 1990 Peter Salowey y John D. Mayer, psicólogos e investigadores, definieron por primera vez la inteligencia emocional como *«la capacidad de percibir los sentimientos propios y los de los demás, distinguir entre ellos y servirse de esa información para guiar el pensamiento y la conducta de uno mismo»*. En otras palabras, se trata de utilizar nuestras emociones con inteligencia.

Posteriormente, Daniel Goleman popularizó el concepto en un *best seller* mundial titulado *Inteligencia emocional* publicado en 1995. La inteligencia emocional consta de cinco competencias básicas:

- Competencias intrapersonales: (1) autoconciencia, (2) autorregulación y (3) automotivación, que tienen que ver con el autoliderazgo y el dominio de uno mismo
- Competencias interpersonales: (4) empatía y (5) habilidad social, que están conectadas con el liderazgo influyente, y la habilidad para relacionarse con los demás

1. Autoconciencia

La autoconciencia es la competencia fundamental, porque si no la desarrollamos será muy difícil que potenciemos el resto. La autoconciencia es la habilidad para reconocer y comprender los propios estados emocionales, recursos, intuiciones y sentimientos, así como su efecto en las demás personas. Goleman la desglosa en los siguientes aspectos:

- Conciencia emocional: reconocer las propias emociones y sus efectos
- Autoevaluación precisa: conocer las propias fuerzas y sus límites
- Confianza en uno mismo: certeza sobre el propio valor y las propias facultades

La autoconciencia empezaría por aceptar las emociones y los estados de ánimo propios, y ser capaz de reconocerlos cuando surgen para dar permiso a que se expresen. Es decir, supone estar en contacto con nuestras emociones, lo cual no es fácil en un mundo vertiginoso como el nuestro basado en el «hacer». Pero para profundizar en la autoconciencia emocional debemos hacer un repaso de algunos conceptos básicos referidos a las emociones.

Etimológicamente, el término emoción viene del latín *emotĭo-ōnis*, que significa: «impulso que induce la acción». Las emociones sirven para establecer nuestra posición con respecto a nuestro entorno, impulsándonos hacia ciertas personas, objetos, acciones, ideas y alejándonos de otras. Por tanto, actúan a modo de brújula que nos va guiando en nuestro trabajo o vida personal. Desde esta óptica, la rabia puede servir para protegernos en una situación en la que nos sentimos amenazados o para reaccionar ante lo que consideramos injusto; la tristeza puede ayudar a una introspección curativa y también a aprender cosas importantes como por ejemplo que debemos aceptar la vida tal y como es; y el miedo sirve para protegernos de riesgos perjudiciales.

Todas las emociones son útiles y valiosas, incluyendo las desagradables. Este es un primer concepto básico y esencial que debemos asumir para gestionarlas. Debemos aprender a convivir con las emociones dolorosas y a apreciarlas. Por lo tanto, es importante aceptarlas y darnos permiso para sentir rabia, miedo, tristeza o frustración.

Sin embargo, esto no es fácil porque ¿cómo nos han educado emocionalmente a todos? Sin duda ya tienes la respuesta. Desde pequeñitos nos han programado a reprimir las emociones desagradables: «no llores», «no te enfades» nos han dicho nuestros padres, profesores, hermanos, etc. Y nosotros seguimos haciéndolo con nuestros hijos sin darnos cuenta. Incluso se nos ha enseñado que las emociones dolorosas han de reprimirse o evitarse porque son propias de personas débiles y torpes. «Tener miedo es de cobardes» es lo que se nos ha contado. Toda esa educación emocional la tenemos profundamente integrada en el inconsciente y es muy complicado desaprender esta forma de relacionarnos con las emociones. Y no hablemos del mundo del trabajo, donde las emociones son consideradas un tema tabú, con frases dignas de enmarcarse que he escuchado en mi carrera profesional como: «al trabajo se viene ya llorado de casa», o «en el trabajo hay que dejar de lado los problemas de casa», o «aquí venimos a trabajar y no a mostrar las emociones» o una de las creencias más frecuentes: «si muestras o expresas tus emociones, te convertirás en vulnerable y los demás se aprovecharán de tu debilidad».

Cuando sentimos ansiedad, frustración, rabia o tristeza, no es extraño que nos sintamos inadecuados o torpes por el hecho de sentir esas emociones. A esta creencia que proviene de nuestra educación, le añadimos la configuración de nuestro cerebro, programado desde nuestros antepasados para buscar las emociones positivas y escapar o huir de las negativas. Es algo automático y lógico; a nadie le gusta sentir miedo, rabia o tristeza a no ser que sea masoquista. Sin embargo, todo esto nos conduce a una forma muy limitada de vivir y relacionarnos con las emociones. No aceptamos las emociones dolorosas, y por lo tanto, tratamos de eliminarlas o taparlas cuanto antes. ¿Y cómo tapamos los seres humanos las emociones que no nos gustan? Por ejemplo, tomándonos un ansiolítico para calmar la ansiedad, o atiborrándonos a comer patatas fritas o galletas de chocolate, o fumando. O simplemente evadiéndonos con actividades divertidas. El caso es no sentir esas emociones incómodas. El problema es que las emociones son, como dice Osho en su libro *El libro del Hara*, igual que un manantial que brota de una montaña. Si tratamos de tapar ese manantial, ¿qué ocurrirá con el agua? Pues que buscará otra salida y al cabo de un tiempo surgirán diez manantiales. Y si tapamos los diez manantiales, al cabo del tiempo surgirán de la montaña cien manantiales. Eso es lo que hacemos los seres humanos con las emociones. No sabemos qué hacer con ellas, no sabemos manejarlas y actuamos torpemente con respecto a ellas. La consecuencia es que empeoramos las cosas porque reprimimos una energía que viene de nuestro interior. Cuando tapamos o reprimimos una emoción y no la dejamos salir y expresarse, se queda en nuestro interior, en alguna zona de nuestro cuerpo, y se quedará sin sanar, lo que a largo plazo nos causará una enfermedad grave. La consecuencia de no canalizar adecuadamente una emoción de rabia o tristeza es que esa energía se quedará en nuestro interior, pudriéndonos por dentro. Es como si el agua del manantial se estancara y empezara a oler mal.

La otra forma insana de canalizar una emoción dolorosa es que salga de manera abrupta en algún momento, como si el manantial se desbordara y arrasara con todo lo que encontrara a su paso, por ejemplo, explotando de manera agresiva y gritando a personas cercanas, como nuestros hijos, pareja o compañeros de trabajo.

Por lo tanto, la primera regla de la inteligencia emocional es darnos permiso para sentir todas las emociones y aceptarlas cuando vengan, y no tapar o reprimir las desagradables. Si estás enfadado, pues estás enfadado. ¿Qué problema hay? Tienes todo el derecho del mundo a estar enfadado. Tienes todo el derecho a tener miedo sin pensar que eres un cobarde, o a sentir tristeza sin pensar que eres un débil. Rumi, famoso poeta persa del siglo XIII, lo expresó excelentemente en su poema «La casa de huéspedes»:

El ser humano es una casa de huéspedes.
Cada mañana un nuevo recién llegado.
Una alegría, una tristeza, un enfado
La conciencia momentánea llega
Como un visitante inesperado.
¡Dales la bienvenida y recíbelos a todos!
Incluso si fueran una multitud de penas,
que arrasan tu casa con violencia
Aun así, trata a cada huésped honorablemente

Porque puede estar creando el espacio
Para un nuevo deleite.
Al pensamiento oscuro, a la vergüenza, al miedo,
Recíbelos en la puerta riendo
E invítalos a entrar
Sé agradecido con quien quiera que venga
Porque cada uno ha sido enviado
Como un guía del más allá.

Efectivamente, recibe todas las emociones, incluyendo las dolorosas, incluso con agradecimiento, ya que cada emoción o estado emocional es como una paloma mensajera que te trae un mensaje muy valioso. Si lo escuchas te ayudará a crecer como ser humano y tu vida mejorará. Así que podemos decir que no existen emociones negativas, porque todas ellas nos están guiando y ayudando a crecer, si permitimos que se expresen y las sabemos escuchar.

Tan solo hay dos factores que las pueden convertir en potencialmente negativas: su tiempo de permanencia y las conductas que provoquen.

Seguramente habrás oído el experimento de echar a una rana a una olla de agua hirviendo. La rana se da cuenta bruscamente de la temperatura del agua y por instinto de supervivencia, salta y se salva de la muerte. Sin embargo, si echamos a una rana en una olla de agua fría y la vamos calentando lentamente, no percibirá el peligro, y sin que ella se de cuenta, el agua se irá calentando. La rana empezará a atontarse y finalmente, cuando el agua llegue al punto de ebullición, morirá. Esta es la diferencia entre una emoción y un estado de ánimo, que es importante conocer e identificar.

Las emociones en sí mismas son efímeras y pasajeras. Tenemos cientos de emociones distintas a lo largo de un día, y en principio no son perjudiciales, al contrario. Es como el agua hirviendo: algunas emociones nos pueden doler pero no nos matan e incluso nos ayudan a sobrevivir. Sin embargo, cuando entramos en un estado de ánimo debemos tener cuidado porque ahí sí hay peligro. Como el agua que se va calentando lentamente, un estado de ánimo se va instalando en nosotros poco a poco, sin que nos demos cuenta, y llegado un punto será muy complicado salir de él. Y nos ocurrirá como a la rana, que podremos «morir» emocionalmente, cayendo en un estado emocional tóxico.

Y esto sucede de forma sutil y silenciosa. Se van acumulando un mismo tipo de emociones un día, y otro día, y después una semana, y otra, y otra. Y esta suma de emociones durante un tiempo prolongado nos lleva a un estado de ánimo. Por ejemplo, si se van sumando emociones puntuales de enfado o rabia durante un tiempo prolongado, estas nos conducirán a un estado de ánimo de rabia y el resultado será que estaremos enfadados con el mundo.

El estado de ánimo es algo prolongado en el tiempo, más difuso, y por lo tanto también más difícil de identificar y gestionar. Este es el peligro que debemos evitar: caer en un estado de ánimo negativo como la tristeza, la rabia o el miedo, porque eso sí puede hacernos muchísimo daño. Hay que tener en cuenta que un estado de ánimo tiñe nuestras decisiones, nuestra visión del mundo, nuestras conductas y relaciones. Así que un estado de ánimo negativo lo intoxica todo y no nos deja ver con claridad. Y, por supuesto, nos puede transportar a una depresión.

El otro peligro de las emociones desagradables es la conducta que provocan, o sea, la forma en que las canalizamos y expresamos. Cualquier emoción es válida, pero cualquier conducta no. Si te sientes triste y eso te lleva a hacerte la víctima, culpando a los demás de tu mala suerte, entonces no estás manejando bien esa emoción, aunque sea puntual. O si sientes miedo y te paralizas ante una presentación en público, tampoco estás gestionando adecuadamente esa emoción. Aquí ya me estoy refiriendo a la gestión de las emociones, que abordaré más adelante en el capítulo.

Para convertirnos en seres emocionalmente inteligentes debemos saber cómo se originan las emociones y de qué elementos se compone la experiencia emocional. En el gráfico siguiente puedes ver el ciclo del origen y efectos de las emociones:

Imagen 6. Origen de las emociones.

Todos filtramos los hechos y las situaciones que experimentamos; nunca los vivimos con total objetividad ya que cada persona es única y ha tenido sus propias vivencias, igual que ha sido educada por padres distintos y ha desarrollado unas creencias concretas. Todo eso hace que inconscientemente filtremos la realidad interpretando todo lo que nos sucede. Y desde luego, esa interpretación depende también del estado anímico que tengamos en ese instante. En cualquier caso emitimos juicios, prejuicios y pensamientos positivos, negativos o neutros sobre un hecho externo. En función de la interpretación que hagamos del mismo, sentiremos una emoción u otra, y en nuestro cuerpo producirá una reacción física asociada a esa emoción. Y como las emociones son las que nos movilizan a la acción, dependiendo de la emocionalidad que sientas, así será tu conducta o tu decisión. Por tanto, nuestras decisiones y nuestros comportamientos dependen enteramente de nuestros filtros que generan interpretaciones subjetivas de la realidad. Esto no es ni malo ni bueno, simplemente es así, y es fundamental saberlo y tenerlo presente. Como veremos es crucial darnos cuenta de este proceso mental para manejar nuestros estados emocionales, y por ende, tomar mejores decisiones y adoptar conductas más positivas en nuestras vidas.

Por supuesto, todo este proceso es automático y dura milésimas de segundo pues forma parte de nuestro sistema automático de supervivencia. Pero en este ciclo hay varios aspectos que quiero destacar.

El primer punto importante es conocer que los tres elementos que componen la experiencia emocional son pensamiento, emoción y sensación física. Los tres están directamente conectados. Toda emoción la sentimos en alguna zona del cuerpo; otra cosa es que no seamos conscientes de ello porque estamos desconectados de nuestro cuerpo. Por ejemplo, cuando sentimos miedo, el corazón late a una gran velocidad o notamos una contracción en el estómago. Cuando sentimos rabia quizá sintamos calor en la cabeza, respiremos a mucha velocidad o notemos presión en el pecho. Las emociones agradables también se manifiestan corporalmente. Cuando estamos alegres las reacciones pueden ser desde una sonrisa hasta una relajación de los músculos faciales, pasando por una expansión en la zona del pecho. Es fundamental que sepamos esto porque la primera pauta para gestionar nuestras emociones es desarrollar la primera competencia, la toma de conciencia de las mismas. Y, como digo, uno de los componentes de la experiencia emocional es la sensación corporal asociada.

El segundo punto es la conexión directa entre pensamiento y emoción. Imagina una reunión frente a todo el equipo donde un compañero de trabajo critica una decisión errónea que has tomado con respecto a un cliente. Lo más probable es que tengas un pensamiento del tipo: «me está queriendo dejar mal para que lo promocionen a él». Ese pensamiento generará en ti una emoción de enfado casi con toda seguridad. Si, por el contrario, tu pensamiento es «pretende ayudarme a mejorar mi trabajo» tu emoción será de agradecimiento y también de incomodidad contigo mismo por haber cometido un error. El hecho es el mismo y sin embargo tu emoción será totalmente distinta dependiendo de cómo interpretes la situación. Ya hemos hablado en profundidad sobre los dramas que nos contamos a causa de nuestras interpretaciones de los hechos y experiencias, y lo que inciden esas interpretaciones distorsionadas en nuestras emociones.

Volviendo a las competencias de la inteligencia emocional, ¿cómo desarrollamos la primera competencia de la autoconciencia emocional? Pues precisamente observando con curiosidad y aceptación los tres componentes de la emoción (pensamiento, emoción y sensación física) e identificándolos en el momento de sentir la emoción. Por ejemplo, si una persona te empieza a gritar, en lugar de sacar las garras y dejarte arrastrar por la bestia que tienes dentro, observa qué pensamiento está pasando en ese momento por tu mente («me está faltando el respeto y no se lo debo tolerar»), qué emoción o emociones sientes («siento rabia e indignación»), y qué sensación física estás notando más claramente («noto una contracción en el estómago»).

Con esta labor de observarte y etiquetar los tres elementos de la experiencia emocional (pensamiento, emoción y sensación física) desarrollas la autoconciencia. Y, recuerda, solo desarrollando esta competencia estarás en disposición de empezar a gestionar tus emociones desagradables. Esta observación que propongo que realices con la actitud de un científico coincide con los supuestos del *mindfulness*: observación, aceptación, curiosidad y amabilidad. Es esencial que nos entrenemos en esta observación constante de los tres elementos; empezaremos a darnos cuenta de las conexiones existentes entre los tres y también aumentaremos nuestra conexión con nuestro cuerpo y con nuestras emociones.

Para adiestrarnos en esta habilidad del etiquetado de emociones es muy útil empezar a aumentar nuestro vocabulario emocional, ya que en general hablamos con una enorme pobreza. Cada vez que alguien nos pregunta cómo nos sentimos, normalmente nos limitamos a responder «bien» o «mal». Estas palabras no describen emociones; debemos acostumbrarnos a ser más exactos. Podemos entrenarnos preguntándonos frecuentemente en la vida cotidiana qué emoción sentimos. Ya sea agradable o desagradable, observamos y etiquetamos la emoción con un nombre que sea lo más preciso posible: alegría, tristeza, frustración, resentimiento, rabia, orgullo, asco, vergüenza, culpa, excitación, entusiasmo, etc. Aunque parezca muy simple, los expertos en inteligencia emocional recomiendan el etiquetado de emociones como una técnica esencial.

2. La gestión de las emociones propias

La segunda competencia de la inteligencia emocional es la autorregulación, que Goleman define como la habilidad para gestionar tus propias emociones, impulsos y recursos de modo que los canalices a través de conductas adecuadas. Es decir, la propia definición nos está diciendo que una persona que gestiona bien sus emociones no es la que no siente emociones negativas o dolorosas, sino la que es capaz de canalizarlas hacia conductas, comportamientos y decisiones positivas. Por decirlo de forma llana, si estás enfadado, una mala canalización sería pegarle un puñetazo o gritarle a tu compañero de trabajo. Pero también sería una mala gestión el que estés enfadado y te quedes dentro esa rabia, es decir, no expresarla o canalizarla de alguna otra forma. Por ejemplo, si ese compañero te ha criticado delante de un cliente o delante de otros compañeros, una buena forma de encauzar la emoción del enfado sería hablar con él en otro momento —en el que estés ya más tranquilo y sereno— para explicarle cómo te sentiste respecto a su conducta. Debemos expresar nuestras emociones, eso es algo crucial, y no guardarnos las dolorosas por miedo al conflicto, debido a creencias limitantes como «si muestro mis emociones, van a pensar que soy débil», o «mostrar emociones es propio de mujeres», o ideas preconcebidas similares que nos limitan y hacen que no las expresemos.

Así que la clave es canalizar la emoción: quizá será necesario decir algo incómodo, pero lo podemos decir con serenidad y no dejándonos llevar por nuestra impulsividad o el enfado del momento. Porque todos sabemos que cuando estamos muy enfadados o poseídos por cualquier otra emoción negativa (miedo, ansiedad, tristeza, frustración) es mejor no tomar ninguna decisión o actuar. Cuando la mente se calme será el momento de poner acción. Ojo, el hecho de que estemos calmados no significa que estemos menos enfadados. Significa que tenemos el control de nuestra conducta y reacciones y podremos decir las cosas que necesitamos expresar con mayor claridad. Esta es la clave de la comunicación asertiva.

Obviamente, siempre puede haber excepciones a esta regla de actuar cuando estemos tranquilos y con la mente clara. Hay veces que solo nos atrevemos a decir algo muy duro cuando estamos muy enfadados y quizá necesitamos expresarlo. Te dejo a ti que reflexiones y evalúes todo esto en las situaciones reales de tu vida para que decidas qué es lo más adecuado para ti, qué te ayuda en cada momento a sentirte mejor, a crecer como persona y como profesional, a vivir con más plenitud y autenticidad, porque de esto se trata. Cuando nos dejamos arrastrar frecuentemente por nuestras emociones, nos buscamos muchos problemas y conflictos innecesarios, provocando infelicidad y frustración en nuestras vidas y en las de los demás. Por lo tanto, la gestión de las emociones es fundamental, y no por eso dejaremos de decir lo que necesitemos. Pero lo diremos con mayor consciencia del impacto que va a producir, y por supuesto, con más claridad. Los demás nos entenderán mejor y estarán más dispuestos a cubrir nuestras necesidades.

Si le gritas a una persona pidiéndole un cambio de comportamiento, no lograrás una auténtica influencia a largo plazo. Puede que si le provocas intimidación o miedo, esa persona haga caso a tu petición, pero no por verdadera convicción. Tarde o temprano pagarás un coste por utilizar el miedo para conseguir tus objetivos. Las personas se alejarán de ti, dejarán de confiar en ti, no te pedirán ayuda ni estarán dispuestas a colaborar contigo de forma sincera y auténtica, y desde luego en cuanto se liberen del miedo y de la relación que les ata a ti, te abandonarán y no querrán saber nada de ti. Y estoy hablando no solo de compañeros o amigos, sino también de parejas, familiares e hijos.

Y aquí la peor excusa que puedes poner es que eres así y no puedes cambiar. ¡Vaya gracia! Claro, eres así y gritas, y los demás se tienen que aguantar. Pues no. Esto es confundir sinceridad con «sincericidio».

Todos podemos modular nuestras conductas y decisiones de modo que sean más asertivas y equilibradas sin necesidad de sacrificar la sinceridad y la autenticidad. Y eso solo se consigue manejando nuestras emociones para no dejarnos arrastrar por ellas y convertirnos en marionetas de nuestros estados emocionales.

A continuación, voy a repasar las cuatro fases que debemos recorrer una y otra vez en nuestras vidas para entrenarnos en la gestión de las emociones difíciles:

1. *Permítete sentir todas las emociones, incluidas las desagradables o dolorosas, con total aceptación y naturalidad.* Esta primera fase tiene que ver con la autoconciencia emocional. Se trata de estar en contacto con tus emociones y estados de ánimo, permitiendo que afloren, tomando conciencia de cuándo emergen con aceptación incondicional, eludiendo las ideas preconcebidas sobre las emociones negativas y evitando también reprimirlas o taparlas con las conductas que hemos visto anteriormente.

2. *Etiqueta la emoción o el estado de ánimo que sientes.* Es decir, ponle un nombre a los tres elementos de la experiencia emocional: pensamiento, emoción y sensación física. Y si te resulta difícil al principio, inténtalo con uno de los elementos, el que te resulte más sencillo de identificar y etiquetar. Esta fase está a caballo entre la autoconciencia y la autorregulación, porque ser capaz de darte cuenta de que estás enfadado, de qué pensamiento está provocando ese enfado o de sentir la sensación física asociada, es una forma de frenar nuestro primer impulso irracional. El solo hecho de etiquetar la emoción que sentimos con una palabra lo más precisa posible nos ayuda a autorregularla. Lo mismo podríamos decir de los otros dos elementos (pensamiento y sensación física). Pruébalo tú mismo. Cuando te sientas mal, trata de identificar y etiquetar tu emoción. Imagina que la etiquetas como «ansiedad» o «estrés» o «rabia». No te prometo que la emoción desaparezca, pero sí que vas a notar que su intensidad baja, y por lo tanto podrás tomar el con-

trol. En sí misma esta estrategia es eficaz como autorreguladora, porque estamos haciendo actuar a la corteza cerebral a tomar el control en una situación en la que el cerebro límbico, responsable de las emociones básicas, domina nuestra mente, y es en esa circunstancia cuando podemos actuar de forma agresiva o perder los nervios. Desde luego, estos dos primeros pasos son imprescindibles, porque solo puedes gestionar una emoción si te das cuenta de que la estás sintiendo y le pones un nombre, etiquetándola, aunque sea internamente, para ti.

3. *Estrategia para darte espacio.* Una vez que hayamos identificado y etiquetado con palabras la experiencia emocional, debemos tener preparada una estrategia adicional por si necesitáramos frenar el impulso de una conducta agresiva o negativa para nuestros intereses. Se trata de frenar la intensidad emocional con el fin de aclarar nuestra mente y serenarnos. Ampliar la pausa entre el estímulo y la reacción automática para no meter la pata. La segunda fase ya es una forma de frenar la intensidad emocional, pero tener preparada una estrategia es muy importante porque muchas veces la necesitaremos. Propondré varias estrategias que podemos usar en esta fase unas líneas más abajo.

4. *Actúa o responde* cuando notes que la intensidad de tu emoción negativa haya desaparecido o se haya suavizado. A veces solo serán necesarios unos segundos, otras veces necesitaremos horas o incluso días para frenar nuestra tristeza, rabia, miedo o ansiedad. Pero yo recomiendo ser pacientes y dejar que las cosas se calmen antes de actuar o tomar una decisión. La decisión o conducta será siempre mucho más acertada y productiva para nuestros intereses porque nuestra mente estará serena y clara.

Repasadas las cuatro fases, vamos ahora a las técnicas y estrategias prácticas que te pueden ayudar a gestionar mejor tus emociones. En primer lugar, comentaré una herramienta llamada STOP que nos puede servir en la segunda (etiquetar la emoción) y en la tercera fase (como estrategia de gestión emocional). Nos será muy valiosa también para entrenarnos en estar conectados con nuestras emociones y en permitirnos sentir todas las emociones negativas con aceptación (primera fase), que es lo contrario a cómo nos relacionamos con las emociones difíciles.

Estamos desconectados de nuestras emociones y no somos capaces de identificar de forma precisa lo que sentimos. Cuando sentimos una emoción incómoda, tratamos de eliminarla o taparla. Cada letra del acrónimo STOP tiene un significado que tiene que ver con cada fase de la herramienta. Esta herramienta la podemos utilizar en cualquier momento del día, sea de trabajo o en fin de semana. Es muy breve; nos lleva unos treinta segundos o un minuto, no más. Y se podría considerar una práctica informal de *mindfulness*. A continuación te explico las fases del STOP:

- *Stop*: La propia palabra ya nos indica que debemos parar, dejar de hacer lo que estemos haciendo. Si estamos respondiendo un *e-mail* en el trabajo, o bien acabamos de salir de una reunión y volvemos a nuestro puesto de trabajo, o estamos en nuestra casa por la tarde realizando alguna actividad, paramos y dejamos de «hacer».

- *Tomar unas respiraciones*: Simplemente, con los ojos abiertos o cerrados, dependiendo de la situación, toma unas tres o cuatro respiraciones conscientes por la nariz; se trata tan solo de respirar y sentir los efectos de cada inspiración y espiración en el abdomen o en el pecho.

- *Observar*: Esta es la fase clave. Ahora vamos a observar los tres elementos de la experiencia emocional sin querer cambiar nada, con aceptación de la que tengamos en ese momento. Puede que surjan emociones desagradables o puede que sean agradables. Da igual. Debemos observarnos haciéndonos estas preguntas: ¿Qué pensamiento o pensamientos están apareciendo en la mente ahora mismo? ¿Qué emoción o emociones sientes en ese momento? ¿Qué sensación física en el cuerpo es la más intensa o preponderante? Esta es la fase en la que conectamos con nosotros. Dejamos de ser robots «hacedores» para conectar con nuestro Ser. Y estamos entrenándonos en la autoconciencia de las emociones, en etiquetar la emoción, en estar más en contacto con el cuerpo y en entender qué pensamientos dominan la mente.

- *Proceder*: Se trata de continuar con lo que estabas haciendo hace apenas treinta segundos. Seguir escribiendo un *e-mail* o analizando un informe, etc. O quizá después de conectar contigo mismo te has dado cuenta de que necesitabas descansar, levantarte de la silla y estirarte, o darte un paseo, o beber agua, o incluso ir al baño. Pero incluso si siguieras con lo que estabas haciendo, algo habría cambiado. Has tenido unos segundos de conexión, de consciencia, de autocuidado, y volverás a la actividad con más serenidad y claridad mental.

Cuando conocí este ejercicio lo incorporé a mi vida real de forma inmediata. Y los efectos fueron sorprendentes. En dos semanas me notaba más conectado conmigo mismo, percibía más aceptación por mi parte de las emociones y pensamientos desagradables, y también me di cuenta de forma experiencial, no teórica o intelectual, de la directa conexión de mis pensamientos con mis emociones. También experimenté realmente el carácter pasajero y efímero de los pensamientos y emociones como acontecimientos mentales que vienen y se van. Me sentía más tranquilo y consciente durante mi jornada. Desde entonces no he dejado de practicarlo de forma diaria. Al principio, la recomendación es realizar este ejercicio tres veces al día durante cuatro semanas, independientemente de cómo estés. Sea un día estupendo, en el que todo te esté saliendo bien, o sea un día horrible, da igual. Se trata de hacerlo como si fuera una receta de tu médico de cabecera, cuando te receta una pastilla tres veces al día. Pues lo mismo, aunque este ejercicio no tiene desde luego ningún efecto secundario.

Recuerda que estás entrenando tu capacidad para estar en contacto con tus emociones y por eso da igual el momento del día en que lo hagas. Tampoco importa si el día está siendo positivo o negativo, el ejercicio es igual de importante.

Notarás también que este ejercicio es muy efectivo en la fase 3 de la gestión de emociones, porque en sí mismo representa una posible estrategia para frenar tu impulsividad en un momento de mucho estrés o de emociones intensas. Así que te recomendaría que, además de esas tres veces al día, realizaras un STOP cuando sientas mucha tensión o ansiedad, porque te ayudará a ir cortando con el estrés que se va acumulando a lo largo del día.

En nuestra vida hay muchos momentos en los que nos sentimos mal, como si nos hubieran encerrado en una habitación sin oxígeno y nos costara respirar. Pues bien, imagina que en esa habitación cerrada hubiera varias puertas que pudieras utilizar para salir. Esas puertas existen para que las usemos en los momentos difíciles de la vida y el trabajo, y son las diferentes estrategias que podemos utilizar. A continuación te detallo siete puertas de salida ante una situación de especial estrés o ansiedad, para que empieces a probar y experimentar con ellas:

- *Puerta nº 1. Cuestionar tus pensamientos negativos.* Ya profundizamos en esta estrategia, de enorme importancia con el hábito 5. Básicamente se trata de no creerte tus propios pensamientos o la interpretación que haces de los mismos porque seguramente no son verdad, con el fin de rebajar la intensidad emocional.

- *Puerta nº 2. Conectar con los sentidos.* Cuando sientas mucho estrés, dirige tu atención a los sonidos o a las imágenes que hay a tu alrededor. Quizás escuches los sonidos de los pájaros o el sonido de los coches. También puedes mirar las formas o colores del lugar donde estés. Si vas caminando por la calle, fíjate en los diferentes colores de las hojas de los árboles, en la forma de las nubes o en el color del cielo. Podemos conectar con el resto de sentidos (olfato, tacto, gusto) aunque no son tan accesibles en cualquier circunstancia. La clave es desconectar durante unos segundos del poder que están ejerciendo en ti los pensamientos, poniendo la atención a la experiencia real de los sentidos en el momento presente.

- *Puerta nº 3. Etiquetar la emoción.* Como ya hemos dicho, decir internamente «siento estrés» o «siento miedo» es una forma de autorregulación muy efectiva. El objetivo no es eliminar la emoción ni hacer que esta desaparezca. Lo que sí notarás es que has tomado un poco el control y que la emoción baja de intensidad.

- *Puerta nº 4. Conectar con las sensaciones en el cuerpo.* Si vas caminando puedes dirigir tu atención a la planta de los pies o al movimiento de tus piernas. También puedes observar tu respiración en el abdomen, o simplemente observar la sensación más presente en ese momento. Una vez más, al desplazar nuestra atención, secuestrada por los pensamientos que nos están agobiando, a una sensación física real, estamos minimizando el poder de la mente sobre nosotros. Al fin y al cabo, en las plantas de los pies no hay pensamientos, en las rodillas o en el abdomen no hay pensamientos. Así que si estamos muy atentos a la sensación física del cuerpo, los pensamientos dejarán de tener poder sobre nosotros. Suena muy simple pero es tremendamente efectivo.

- *Puerta nº 5. Contar tus respiraciones.* ¿Recuerdas la práctica formal de la respiración contando? Se trata de utilizar esta estrategia en un momento de mucha tensión. Cuenta la primera inspiración 1, la espiración 2, la siguiente inspiración 3, la siguiente espiración 4, hasta llegar a 10. Si aún notas mucho nerviosismo o ansiedad, sigue contando hasta que notes que estás más sereno y hayas tomado el control de la situación.

- *Puerta nº 6. Mueve el cuerpo.* Levántate y estira tu cuerpo con alguna postura de yoga o camina con consciencia. Cuando mueves el cuerpo estás movilizando las emociones. El movimiento consciente de tu cuerpo te ayudará también a calmarte y a gestionar mejor tu emoción difícil.

- *Puerta nº 7. La autocompasión.* Sé amable contigo mismo ofreciéndote palabras de consuelo y compasión, y lograrás calmar la intensidad de la emoción difícil. Puedes repasar los 3 pasos de esta estrategia (reconocer sufrimiento, humanidad compartida y palabras amables) en el capítulo dedicado al hábito 7.

Como ves, hay muchas posibles estrategias que nos pueden ayudar a manejar nuestras emociones. Seguramente te hayas dado cuenta de que todas ellas tienen que ver con alguna práctica formal *mindfulness*. Efectivamente, a través de la práctica formal estamos entrenándonos con el fin de que podamos usar cualquiera de estas puertas cuando lo necesitemos en un momento difícil desde el punto de vista emocional. Pero será muy complicado recordar y tirar de estos recursos si no los estamos practicando en nuestro espacio diario de práctica de meditación.

Por otro lado, la clave está en tener una gran diversidad de recursos internos para gestionar las emociones. Unas veces la estrategia que más nos ayude quizá sea cuestionar nuestros pensamientos, pero en otras ocasiones será mucho más efectivo conectar con los sentidos, o cualquiera de las otras estrategias. Yo utilizo todas ellas de forma casi intuitiva en función de la situación y de lo que creo que me puede ayudar más, y se han convertido para mí en un *kit* de herramientas emocionales de enorme valor para tomar el control y poder tomar mejores decisiones en mi vida y mi trabajo.

3. Liderazgo y competencias emocionales

Hemos abordado las dos primeras competencias emocionales (autoconciencia y autorregulación), que constituyen la base del autoliderazgo personal y la única plataforma segura desde la que podremos ejercer el liderazgo hacia el exterior, aumentando nuestra influencia positiva sobre los demás, en nuestras relaciones personales y profesionales. Solo trabajando estas competencias intrapersonales podremos desarrollar las competencias emocionales interpersonales: la empatía y la habilidad social.

La empatía es la habilidad para reconocer las emociones, los estados de ánimo y las necesidades emocionales de los demás, y estar dispuesto a cubrir dichas necesidades. Solo si estamos conectados con nuestras emociones seremos capaces de conectar con las emociones de los demás.

Por otro lado, la habilidad social es la capacidad para relacionarnos con los demás, generar vínculos emocionales con las personas y entornos de colaboración positiva.

Demostrar empatía no es hacerle la pelota al otro, darle la razón o ceder demasiado en una negociación. Tampoco es dar ánimos en plan «mira el lado positivo» porque quizá lo que esa persona necesita es simplemente que la escuches. Y tampoco es minimizar la importancia o la gravedad de lo que te está contando con frases como «no es para tanto» o «eres una exagerada», porque seguramente harás que se sienta aún peor.

Demostrar empatía consiste en los siguientes comportamientos:

- Escuchar de verdad a la otra persona sin interrumpir
- Preguntarle con auténtico interés para conocer y clarificar los hechos objetivos
- Reflejar y validar las emociones, los pensamientos, las necesidades y los deseos de la otra persona

En primer lugar, para escuchar de verdad debemos poner toda nuestra atención en el otro, en lo que nos está contando, en su lenguaje corporal, en su estado emocional, sin juzgarlo o prejuzgarlo a él o a lo que nos esté diciendo (ya sabemos lo difícil que es no juzgar). Igual que en la práctica de la meditación formal, es normal que nuestra mente se distraiga y nos despiste con pensamientos sobre el pasado o el futuro, preocupaciones, recuerdos... No pasa nada. Cada vez que te des cuenta de que estás distraído pensando en tus cosas, sin reproches ni juicios devuelves la atención a la persona para escucharla con atención plena. Y así las veces que haga falta. Con el tiempo, practicando verás que eres capaz de escuchar con toda concentración y atención a una persona durante más tiempo.

En cuanto al segundo punto, cuando preguntamos de forma moderada (y no constantemente, porque eso se considera una interrupción irrespetuosa) estamos demostrando interés y empatía. Hay dos tipos de preguntas recomendables: por un lado, las preguntas para clarificar o confirmar algo que nos hayan contado y así verificar que estamos entendiendo bien a la otra persona y, por otro las preguntas que se centran en las emociones y necesidades del otro. Estas preguntas demuestran empatía y conectan con el ser humano. A continuación, te pongo varios ejemplos:

- «¿Qué necesitas en esta situación» (necesidad)
- «¿Qué opinas tú de las últimas decisiones de tu jefe?» (pensamiento)
- «¿Cómo te sientes?» (emoción)
- «¿Qué es lo que tú quieres?» (deseo)

Al mismo tiempo ofrecemos una enorme ayuda para que la persona conecte con sus propias necesidades y emociones.

Y, en tercer lugar, aparte de escuchar y preguntar con moderación, debemos reflejar lo que estamos escuchando desde un punto de vista cognitivo y emocional. «Reflejar» significa hacer de espejo, no juzgar o evaluar. Es una técnica que nos enseñan a los *coaches* profesionales para demostrar escucha activa y empatía. A continuación, te muestro algunas frases que reflejan emociones, pensamientos o necesidades de la otra persona:

- «Te noto muy triste» (emoción)
- «Si te he entendido bien, entonces crees que la empresa va a hacer un ERE» (pensamiento)
- «Me da la sensación de que necesitas que reconozcan tu trabajo, ¿es así?» (necesidad)
- «Entonces quieres aceptar el nuevo puesto que te han ofrecido. ¿Te he entendido bien?» (deseo)

Como puedes ver, en la mayoría de las frases anteriores estamos reflejando lo que estamos escuchando utilizando dos técnicas: añadiendo el «si te he entendido bien» estamos asumiendo que quizá nos podemos equivocar con nuestra interpretación y que no decimos algo como si fuese un hecho incuestionable, lo que hace que la otra persona perciba flexibilidad y empatía por nuestra parte, y se sienta conectada con nosotros.

Además, cuando preguntamos al final «¿es así?» o algo similar, estamos preguntando para validar si nuestro resumen es correcto. No pasa nada si la otra persona nos dice que no hemos captado bien lo que nos ha dicho, porque en todo caso estamos demostrando interés por comprenderla y validar en todo momento esa comprensión. Debemos evitar juzgar lo que hemos escuchado porque el otro se puede poner a la defensiva y percibir poca empatía por nuestra parte.

Así que recuerda: escucha con interés, pregunta solo para clarificar la información o para demostrar interés en la parte emocional, y de vez en cuando, refleja (o resume) lo que hayas escuchado y sentido, tanto de la parte cognitiva (información), como la parte emocional (necesidades y emociones), solicitando a la otra persona que valide tu resumen.

La escucha con atención plena es la herramienta más poderosa para desarrollar tanto la empatía como la inteligencia social. Se trata de una de las prácticas informales de *mindfulness* más importantes.

En nuestra sociedad hay una falta total de escucha auténtica y generosa. Las personas estamos demasiado confusas y ocupadas como para pararnos a escuchar con toda atención a nuestros amigos, familiares o colegas de trabajo. Además, la adicción que tenemos a la tecnología es un enorme enemigo para la escucha atenta. Es normal que cada vez las personas sintamos una mayor separación y distanciamiento emocional de los demás y tengamos una sensación creciente de profunda soledad. Porque cada vez estamos más solos.

Pero para evitar esta desconexión emocional y esta soledad podemos empezar a entrenarnos en escuchar de verdad. Escuchar con atención plena a los demás es concentrar toda la atención en escuchar a la persona, no solo para comprender el contenido de lo que nos está contando, sino también para tratar de detectar su estado emocional y sus necesidades. Esta es la auténtica escucha *mindful*. Habitualmente nos creemos que escuchamos, pero simplemente nos quedamos con la parte superficial de lo que nos han contado.

Es maravilloso que una persona dedique toda su atención a escucharte. La atención, sin duda, es el mayor regalo que podemos dar a los demás, y la mejor forma de hacerlo es escuchar de verdad. Cuando prestamos atención a los demás estamos cultivando la empatía. Porque gracias a nuestra atención, las personas se vuelven reales. Y cuando las «vemos» de verdad, empezamos a interesarnos por ellas, comenzamos a detectar lo grandioso y maravilloso que toda persona tiene en su interior. Así que esta clase de escucha nos transforma a nosotros y también transforma a los demás. Cuando escuchamos con atención plena obtenemos los siguientes beneficios:

- Captamos más información, que puede ser valiosa en el trabajo o en nuestra vida
- Detectamos oportunidades
- Aprendemos de los demás
- Generamos que los demás estén dispuestos a escucharnos de verdad
- Promovemos la colaboración y el trabajo en equipo
- Se previenen, evitan y resuelven conflictos entre las personas
- Ayudamos a las personas a desahogarse emocionalmente y a aclarar sus ideas, y por tanto, a tomar mejores decisiones

- Es una herramienta enorme de liderazgo e influencia positiva en los demás por todo lo anterior: la gente se siente bien con nosotros y está dispuesta a apoyarnos incondicionalmente

En numerosas encuestas sobre liderazgo, en las que se les pregunta a los empleados qué es lo que más valoran de un jefe, siempre aparece en primer lugar el que escuche con interés y empatía. Por eso digo que es una herramienta imprescindible de un buen líder. Si no sabes escuchar, la gente nunca te seguirá y nunca podrás influenciar de verdad en las personas de tu equipo o de tu organización. Perderás un potencial enorme de influencia positiva que te podría ayudar en tu carrera profesional. Y, por supuesto, no se trata de utilizar la escucha para manipular a las personas. Manipular es totalmente opuesto a influenciar. Influenciar es movilizar a una persona para el beneficio mutuo, mientras que manipular es movilizar a la persona solo para el beneficio propio.

La escucha *mindful* es conectar y sintonizar con el otro, además de comprender. Por un lado realizamos una escucha cognitiva (comprender lo que nos dice) y por otro una escucha emocional (identificando cómo se siente, qué necesita, conectando con su ser). En nuestro programa de *mindfulness*, dedicamos un buen rato a reflexionar y a trabajar sobre la importancia de la escucha atenta, en concreto a cómo se escucha con atención plena. A continuación, comparto contigo seis claves que damos en el curso:

1. *Elimina o minimiza el ruido mental interno,* uno de nuestros principales enemigos, porque nuestra cabeza nunca para. El ruido mental son tus constantes preocupaciones o pensamientos sobre tareas pendientes, y también tus juicios, prejuicios y asunciones. Sin darte cuenta, tu mente rápidamente está pensando en otra cosa y ya has dejado de escuchar. Y, cuando prejuzgas,

contaminas el contenido de lo que te están contando. Por tanto, terminas escuchando lo que quieres escuchar, no la auténtica información que te están dando. Es alucinante lo que condicionamos nuestra escucha a causa de nuestros filtros. Asumimos demasiadas cosas y filtramos todo lo que nos cuentan los demás a través de nuestras creencias e ideas preconcebidas.

Recuerda algo fundamental: si tu mente está en otro sitio, aunque trates de disimular o asentir con la cabeza, los demás notarán que no estás presente, que no estás escuchando de verdad. Y su opinión sobre ti se volverá muy negativa porque pensarán que no eres una persona centrada, equilibrada emocionalmente, o que eres alguien egocéntrico y poco empático. En nuestro programa de *mindfulness* realizamos una dinámica por parejas para que los participantes se den cuenta de que el ruido mental es el principal enemigo de la escucha atenta. Además, en el ejercicio las personas se dan cuenta de cuándo no las estamos escuchando aunque intentemos disimular. A pesar de que estemos mirándolas a los ojos, perciben que nuestra mente está en otro lugar. Nuestro cuerpo está ahí pero nuestra mente está haciendo viajes astrales al pasado al futuro, o pensando en lo que vamos a contestar.

2. *Deja de hacer cosas y mira a los ojos.* Siempre estamos haciendo cosas, no paramos ni un momento, y esta conducta automática se ha convertido en una obsesión que nos impide escuchar de verdad a los demás. Es habitual que cuando nuestro hijo o nuestro compañero de trabajo nos estén contando algo sigamos haciendo cosas o estemos mirando el móvil. Si estás en el trabajo es posible que seas de los que continúan tecleando en el ordenador y mirando a la pantalla mientras dices sin mirar: «Sigue hablando, sigue hablando, que te escucho».

O si estás en casa, puede que tu hijo te esté contando su aventura del día, que es muy importante para él, y tú estés moviéndote compulsivamente de una habitación a otra haciendo tareas, ordenando, cocinando o simplemente consultando tus mensajes de *WhatsApp*. El mensaje que estamos dando a la otra persona es «no me interesa lo que me cuentas». Es así de duro. Lo que demostramos es egocentrismo y falta de empatía.

Ya sea con tu hijo o con un colega en la empresa, si en varias ocasiones repites este comportamiento, él dejará de compartir contigo sus reflexiones o necesidades. La gente dejará de acudir a ti para contarte sus cosas o para pedirte ayuda o consejo porque sabe que no les vas a escuchar. Asumirán que estarás ocupado con tus cosas: el móvil, tus tareas, etc.

Por lo tanto, haz un esfuerzo por dominar la mente salvaje atolondrada que te está dirigiendo como una marioneta con su estrés innecesario y deja de hacer lo que estés haciendo. Gira tu cuerpo hacia la persona y mírala a los ojos.

3. *Conecta con el ser humano buscando semejanzas.* Para conectar con una persona, el primer paso es mirarla a los ojos. Y además evitar una escucha robótica, que significa comprender solo a nivel racional el contenido de lo que te están contando. Ve más allá, interésate por el ser humano, trata de conectar con él, con sus necesidades y emociones. Se trata de una escucha, no solo cognitiva, sino emocional. Este tipo de escucha es la que moviliza a las personas, genera empatía y vínculos emocionales, produce una influencia positiva en los demás y promueve la colaboración.

Además, para ayudarte a conectar con el ser humano y desarrollar tu empatía, es muy efectivo lo que se llama la búsqueda de semejanzas. A menudo nos fijamos en lo que nos separa de los demás seres humanos, distanciándonos y haciéndonos más inhumanos. Para evitarlo, trata de recordar que la persona que tienes delante ha sentido tristeza, miedo, rabia o confusión en su vida, igual que tú. Que la persona que tienes delante desea ser feliz y tener salud, igual que tú. Te animo a que practiques una meditación específica de empatía y amabilidad hacia los demás, que encontrarás en este bidi o en mi canal de YouTube:

4. *No interrumpas.* Hay un proverbio chino que dice que si tenemos dos orejas y una boca, deberíamos escuchar el doble de lo que hablamos. Sin embargo, la realidad es muy distinta pues somos muy impacientes y ansiosos. La prisa, el estrés y velocidad con la que hacemos todo la trasladamos a la escucha, y no somos capaces de esperar a que la otra persona termine de hablar. Nos impacientamos y empezamos a interrumpir, lo que demuestra una falta total de empatía e interés por el otro.

    En este sentido, solemos confundir el hecho de dar *feedback*, interactuar o preguntar con interrumpir. Por supuesto todos necesitamos un cierto *feedback* de la otra persona cuando estamos contándole algo. Pero este puede ser simplemente con el lenguaje no verbal, con los gestos, con nuestra postura corporal, asintiendo con la cabeza, o con frases como «aha, entiendo, ya...» Basta con esto para demostrar escucha. No es necesario estar interrumpiendo con preguntas o comentarios constantes, que es lo que la mayoría de las personas suele hacer. ¿No te ha sucedido alguna vez que estás intentando contarle algo importante a alguien y no te deja terminar porque está preguntándote y haciéndote comentarios constantemente? A mí sí y no es agradable. A veces preguntamos cosas que la otra persona nos va a contar dentro de un instante. Si esperáramos con paciencia a que terminase, no tendríamos que interrumpirla. Así que cuando una persona te esté contando algo, déjale hablar, deja que termine lo que necesita decirte. No es tan complicado. Llegará el momento en que hará una pausa. Ese será el momento de preguntarle lo que te haya quedado confuso o poco concreto.

Stephen Covey, en su libro *Los 7 hábitos de la gente altamente efectiva,* identifica uno de esos hábitos positivos así: «Trata de comprender, antes de querer ser comprendido». En la mayoría de las ocasiones, dice Covey, escuchamos para contestar en lugar de para comprender. Pero en el momento en que estamos preparando nuestra contestación ya hemos dejado de escuchar. Por tanto, deja de obsesionarte con lo que vas a decir y de interrumpir constantemente.

5. *No cuentes tu vida.* ¿Te ha ocurrido que cuando estabas contando algo importante para ti, la otra persona te ha interrumpido para contarte su historia? Por ejemplo: «pues a mí también me sucedió...» Ya el colmo es cuando además te dicen: «y, además, fue una experiencia peor (o mejor) que la tuya». Es el «y yo más». A mí sí me ha sucedido. Sin darme cuenta, me encuentro con una situación absurda. Yo era el que quería transmitir algo importante y de pronto me encuentro escuchando a la otra persona contarme su batallita. Esto, lejos de demostrar empatía, está demostrando todo lo contrario: un egocentrismo tremendo y unas ganas irrefrenables de coger el protagonismo de la conversación, porque lo único que le importa

a la otra persona es contar su vida, o su historia, en vez de interesarse realmente por lo que tú le estás contando. Justamente lo contrario de la empatía. Es curioso cómo las personas tienen una idea tan equivocada de lo que significa empatizar con el otro.

6. *No des tu opinión o consejos hasta que no te lo pidan.* El 95% de los consejos nunca se siguen, así que es inútil andar dando consejos a todo el mundo. Pero es un vicio que tenemos demasiado interiorizado, igual que dar nuestra opinión de forma casi inmediata. Una antigua ley Zen dice que no des tu opinión hasta que te la hayan pedido tres veces. Pero nos precipitamos demasiado rápido en dar nuestra opinión o consejo: «Tú lo que tienes que hacer es...», «mi opinión es que tu jefe te está marginando porque quiere despedirte».

    Es como si quisiéramos tomar el protagonismo de la conversación y demostrar lo listos y experimentados que somos. El mensaje que estás dando con este vicio es una vez más que eres un egocéntrico y que no te interesa lo que te cuenta la otra persona, sino solo lo que tú dices o quieres demostrar. Pero, una vez más, la mayoría de las personas creen que deben dar su consejo u opinión y que esa es la mejor manera de ayudar a los demás. Grave error. Es una idea preconcebida falsa. La mayoría de las veces las personas solo queremos que nos escuchen. Nada más. ¿Es realmente tan difícil de entender? Pues en la vida real parece que sí es difícil y eso es porque en nuestra sociedad hay una falta total de empatía.

    Así que la próxima vez que trates de escuchar a una persona con atención plena, evita la tentación de darle consejo o tu opinión; simplemente escúchala con todo tu ser. Y solo cuando haya terminado de contarte todo, entonces puedes darle una opinión o un consejo. Aun así, cuando los demás quieren nuestro consejo o nuestra opinión nos lo piden activamente, y entonces sí que no hay ningún problema en ofrecerlo, al contrario.

¿Por qué no experimentamos en nuestra vida probando a escuchar de esta forma? En nuestro programa de *mindfulness*, después de reflexionar y practicar con diversas dinámicas y *roleplays* la escucha con atención plena, propongo a los participantes que intenten escuchar a algún compañero o familiar así, aunque solo sea durante unos pocos minutos. Al día siguiente les pregunto qué ha sucedido. Una participante contó que al salir del curso el primer día recibió una llamada telefónica de una buena amiga que quería contarle algo importante y decidió probar a escucharla con las indicaciones de las seis claves. Sin interrumpirla, escuchando con toda su atención y minimizando sus pensamientos y preocupaciones, y no dando su opinión ni consejo, ni contando su propia experiencia. Pues bien, al final de la conversación, su amiga le dijo: «Muchas gracias por escucharme». Se quedó asombrada porque su amiga jamás le había dicho esto. Así que se dio cuenta de que las personas valoran realmente esta escucha. No somos conscientes, pero en nuestra vida no escuchamos con verdadera atención e interés a las personas que más queremos: a nuestros hijos, pareja, amigos, padres, compañeros de trabajo. Nuestra cabeza está siempre en otro sitio que no es el momento presente.

El segundo día del curso otra mujer compartió que había probado a escuchar de esta manera a sus hijos. Normalmente, cuando sus hijos le hablaban por la noche solía estar ocupada con múltiples tareas: haciendo la cena, poniendo la lavadora, yendo de aquí para allá. Ese día decidió dejar de hacer lo que estaba haciendo y se sentó delante de su hijo a escucharlo, mirándolo a los ojos. Su hijo se quedó perplejo, ¡y le dijo que tenía que ir a ese curso de *mindfulness* todos los días!

Después del primer día del curso, los familiares y amigos de los participantes notan cambios en su forma de comportarse, lo cual es realmente alucinante. Suelen decirles que les notan más tranquilos, más alegres, más centrados. ¡Con solo un día de práctica *mindfulness*!

En definitiva, la búsqueda de semejanzas y la escucha *mindful* son las herramientas principales para desarrollar la empatía y la inteligencia social, competencias emocionales clave del liderazgo. Empieza a conectar a un nivel más profundo con los demás, a escuchar con atención y serás una persona más influyente, más productiva y más feliz en tus relaciones.

El *mindfulness*, como ha dicho repetidas veces Daniel Goleman, es la disciplina práctica más efectiva para desarrollar las cinco competencias de la inteligencia emocional. En este capítulo te he dado pautas y estrategias prácticas para potenciar cuatro de ellas: autoconciencia, autorregulación, empatía y habilidad social. En el próximo capítulo te hablaré de la automotivación, la tercera competencia interpersonal, que también es crítica para el liderazgo y la influencia positiva.

Seguramente estás de acuerdo conmigo en que si muchas personas practicaran *mindfulness* de forma regular, el mundo sería muy diferente, mucho más empático y generoso, más amable y compasivo. Pero... empecemos por nosotros mismos. Empecemos por lo más básico: sintonizar y conectar con nosotros, con nuestras emociones y necesidades, para después sintonizar y conectar con los demás desarrollando la inteligencia social. Este es el único camino para contribuir a crear un mundo mejor.

FELICIDAD Y MINDFULNESS

«La felicidad no solo es algo que perseguimos. Es algo que permitimos».

CHADE-MENG TAN

¡Se ha hablado tanto sobre la felicidad y sobre cómo alcanzarla! Y, por supuesto, el ser humano seguirá hablando de ella y tratando de conseguirla, porque es la aspiración máxima de todos. El problema es cómo pretende alcanzarla la mayoría. Elegimos muchos caminos erróneos que nos hacen perder muchísima energía y tiempo, que para mí es el tesoro más preciado.

Uno de los aspectos que más nos ha despistado y sigue despistándonos es el materialismo, la obsesión por poseer cosas. En su libro *La sociedad de coste marginal cero*, Jeremy Rifkin defiende, en base a numerosos estudios científicos, que *«cuando una persona empieza a salir de la pobreza empieza a sentirse más feliz, y cada avance en cuanto a ingresos, riqueza y seguridad hace que se sienta más feliz. Y aquí es donde surge la sorpresa. Cuando una persona logra unos ingresos que le ofrecen un nivel básico de comodidad y seguridad, los aumentos posteriores de riqueza y de consumo aumentan cada vez menos su sensación de felicidad hasta que se llega a un punto donde la felicidad empieza a retroceder y la persona se siente cada vez menos feliz. La acumulación de riqueza se ha convertido en un lastre y el consumo se ha transformado en una adicción con recompensas psicológicas cada vez menos frecuentes y menos intensas...»*

En la sociedad materialista en la que hemos nacido, las personas evalúan su valor como individuos en base a la cantidad de cosas que poseen. Valoramos demasiado el hecho de tener un coche de lujo, una casa grande, una casa en la playa, el teléfono móvil más avanzado y caro, etc. La creencia materialista es que si no tienes esas cosas eres menos valioso como persona. Eso lleva a la obsesión por la posición social, que a su vez lleva a compararse con los demás, a la envidia y a una insatisfacción permanente.

Rifkin dice: *«Las personas materialistas son mucho más propensas a seguir aumentando su riqueza material aunque se sientan infelices porque no atribuyen esa infelicidad a su sed de riqueza, sino a que no tienen riqueza suficiente. Creen que si pueden aumentar, aunque solo sea un poco, su éxito material, se ganarán la admiración de los demás y que una conducta más consumista les ofrecerá más placer, un fenómeno que los psicólogos llaman habituación hedonista. Al final sucede todo lo contrario y cada incursión en esa fantasía hedonista les causa más infelicidad, atrapándolas en un círculo vicioso del que solo podrán salir si buscan la felicidad por otras vías».*

Tener más cosas y más dinero no nos proporciona más felicidad. Pero seguimos obcecados por tener, en lugar de por ser. Cuantas más propiedades y objetos tenemos más nos tenemos que preocupar por conservarlos y mantenerlos, y más nos alejamos de nuestra esencia y de los demás. El materialismo nos aleja de la empatía y del vínculo emocional con el resto de seres humanos. Así no aumentamos nuestra felicidad sino todo lo contrario. Dice Rifkin en su libro que *«estudios realizados en todo el mundo han revelado una fuerte correlación entre los valores materialistas, el abuso de sustancias y la depresión. Los materialistas tienden más a la posesividad y menos a la generosidad y la confianza. También les cuesta más refrenar sus impulsos y suelen ser más agresivos con los demás».* Aunque parezca un tópico, la clave para ser más felices es reducir nuestras necesidades materiales a lo esencial, simplificar nuestra vida de posesiones y aumentar la conexión con nosotros y con los demás a nivel profundo. Y no estoy hablando de que sea negativo tener cosas, propiedades, objetos o dinero. No hay nada de malo en ello, a no ser que pretendamos alcanzar la felicidad a través de ellos.

Como también destaca Rifkin en su libro, *«para Gandhi, la felicidad no residía en acumular riqueza personal, sino en llevar una vida de compasión y empatía. Incluso llegó a proponer que la verdadera felicidad no consiste en la multiplicación de las necesidades, sino en la reducción deliberada y voluntaria de las mismas, para poder así tener la libertad de vivir una vida con más compromiso en hermandad con los demás».*

Otro de los errores más frecuentes es confundir felicidad con diversión. Creemos que somos felices cuando lo estamos pasando bien, cuando estamos por ahí tomando unas copas con amigos, cuando estamos viajando por el mundo, o cuando tenemos experiencias muy estimulantes y divertidas. Asociamos la felicidad con esos momentos intensos porque, aparte de reírnos y disfrutar, dejamos de pensar en nuestros verdaderos problemas vitales. Pero claro, los momentos de disfrute son efímeros y siempre tenemos que volver a nuestra vida cotidiana, a pensar y a tener que afrontar los retos que nos pone la vida. Y eso ya no nos gusta tanto; entonces nos sentimos infelices y buscamos más y más experiencias estimulantes y divertidas, pretendiendo mantener ese estado de excitación máxima de forma permanente para evitar pensar. Yo a esto lo llamo una infinita huida hacia adelante, que nada tiene que ver con la auténtica felicidad.

En el fondo es similar al materialismo. Aparte de tener cosas (el coche más lujoso, la casa más grande y lujosa, la ropa más cara, el móvil más avanzado) y dinero, nos obsesiona tener experiencias divertidas y de disfrute. Porque se supone que si coleccionamos muchos momentos divertidos habremos vivido una vida feliz.

Por supuesto, no estoy diciendo que no haya que divertirse. Yo soy el primero al que le encanta viajar, comer en un buen restaurante, tomarme unas cervezas con los amigos, tener experiencias estimulantes. Pero lo que he aprendido es que todo eso no nos lleva a ser de verdad felices, sino que son experiencias que debemos valorar en su justa medida y no sobrevalorarlas en exceso como si fueran el Santo Grial de la felicidad.

Ese es el principal problema de la mayoría de los seres humanos: que van buscando la felicidad de forma obsesiva a través de experiencias de todo tipo, a veces traspasando los límites de lo razonable, porque llegamos a convertirnos en adictos a esas experiencias, en consumidores compulsivos de vivencias y momentos excitantes, buscando el riesgo y la adrenalina e incluso jugándonos la vida en algunas ocasiones. O bien nos volvemos adictos a otras cosas como el alcohol, las drogas, el trabajo, o a marcarnos unos objetivos que muchas veces ni siquiera son nuestros, e incluso a practicar un deporte llevado al extremo. Todo aquello que realicemos de forma radical se convierte en una obsesión y tiene que ver con esa búsqueda agotadora de la felicidad. Es como si estuviéramos sedientos y bebiéramos de forma compulsiva agua del mar. Cada vez tendremos más y más sed y pensaremos que tenemos que seguir bebiendo más agua del mar, aunque cada vez la sensación será peor y peor.

Es curiosa también la tendencia generalizada de los humanos a identificar el hecho de no pensar con ser feliz. Todos hemos oído o dicho frases como «me siento fenomenal haciendo deporte porque no pienso en nada», o «me encanta ir al cine porque durante esa hora desconecto y no estoy pensando en mis problemas». Es como si siempre buscáramos la evasión, escapar de nuestra vida, huir de nuestros pensamientos, que es lo mismo que huir de nosotros y de la realidad. Desde la perspectiva del *mindfulness* y de la sabiduría budista de 2500 años en la que este se basa, evadirnos de nuestros problemas o buscar experiencias estimulantes de forma constante no nos conduce a ser más felices.

Así de torpes somos los seres humanos en la búsqueda de la felicidad. Porque en realidad la felicidad está delante de nuestras narices cada día, en cada momento. No hay que ir a buscarla a ningún sitio y con ninguna experiencia especial. Está aquí y ahora, y está dentro de nosotros. Chade Meng-Tang, creador del programa de *mindfulness* de Google, dice en su libro, *Busca en tu interior*, que la felicidad no es algo que perseguimos, sino algo que permitimos. Estoy de acuerdo. Tiene que ver más con permitir que la vida se despliegue ante nosotros tal y como es, no pretendiendo manipularla ni modificarla para servir a nuestros intereses. La felicidad se logra viviendo el presente con aceptación y plenitud. Sencillamente porque no hay otro momento que el momento presente. El resto no existe; o bien forma parte del pasado, o bien es algo relacionado con el futuro que no ha sucedido aún.

Sin embargo, esto no lo vemos porque estamos ciegos. Es algo tan simple que parece imposible que la felicidad consista en eso. Por tanto, la clave es hacer algo para despertar de esa ceguera en la que está sumida la mayor parte de la Humanidad, buscando torpemente la felicidad en lugares que nunca se la proporcionarán.

En este capítulo mi intención es dar algunas ideas y pautas prácticas de aplicación del *mindfulness* para mejorar nuestro bienestar emocional y aumentar nuestra felicidad cotidiana, cada día, cada momento, aunque de alguna manera a lo largo de los anteriores capítulos he ido dando numerosas claves relacionadas con la felicidad, en especial en los capítulos dedicados a los 7 hábitos del *mindfulness*. Todo lo que comentaré en este capítulo tiene que ver con la tercera competencia de la inteligencia emocional, que es la automotivación. La automotivación es la capacidad para generar emociones positivas en nuestra vida de forma intrínseca, es decir, con los recursos internos propios, evitando así la dependencia de la motivación extrínseca (proveniente de elementos externos a uno mismo, como el dinero, la conducta de los demás, la economía mundial, etc.)

Una de las pautas más importantes de la práctica informal *mindfulness* es empezar a poner atención en las cosas cotidianas para verlas con otros ojos. Al principio de nuestro curso de *mindfulness*, realizamos un ejercicio breve pero muy potente. Hacemos que los participantes salgan al exterior y pongan toda su atención en todo lo que esté sucediendo, con los cinco sentidos. Normalmente hacemos este ejercicio cuando tenemos un espacio de naturaleza (una zona de árboles, césped, o bien junto al mar). Deben estar en silencio, observando e incluso experimentando como si fueran niños pequeños, con la curiosidad a la que nos invita el *mindfulness*. En esos cinco minutos las personas empiezan a despertar de la ceguera en la que están inmersos y a darse cuenta de las maravillas que pasan por delante nuestro cada día, sin enterarnos de nada. El sonido de los pájaros, los diferentes colores de los árboles, el tacto del césped con la mano, una tela de araña increíblemente simétrica construida entre varias hojas, el brillo del sol en un lago, la brisa que acaricia nuestra piel o el sol que calienta nuestro cuerpo.

La instrucción que han recibido es simplemente que pongan atención en el momento presente a todo lo que está sucediendo ahí fuera. Y así descubren que están sucediendo muchas cosas. Y que también en sus vidas ocurren muchas cosas maravillosas que no perciben, de las que no se dan cuenta sencillamente porque su mente está ocupada y llena de pensamientos, preocupaciones y tareas pendientes. Vivimos mucho desde la cabeza, o como dice Pablo D'Ors en su libro *Biografía del silencio*, pensamos mucho sobre la vida, pero la vivimos poco. Vivir la vida y disfrutarla empieza por reconectar con nuestros sentidos y empezar a expandirlos para empezar a darnos cuenta de muchísimos detalles especiales y únicos que suceden delante de nuestras narices, cada día de nuestra vida. Y, como digo, se trata simplemente de poner atención, lo que constituye el fundamento del *mindfulness*.

Por tanto, la primera pauta práctica que te recomiendo es empezar a fijarte más en los detalles. Cuando estés caminando por la calle, en lugar de ir ocupado en pensamientos sobre el futuro o el pasado, conecta con tus sentidos para captar todo lo que puedas: sonidos, formas, colores, aromas, temperatura...

Trata de adoptar una actitud curiosa, como la de un niño pequeño o un científico que lo observa todo con un interés renovado. Cuando puedas, experimenta y prueba a tocar un árbol o la hierba, acércate y coge una hoja y obsérvala con detenimiento. Comprobarás que es una maravilla de la naturaleza, y tan solo es una simple hoja pequeña. A esto se refería Einstein al decir que todo en la vida es milagroso: a la necesidad de recuperar la capacidad para ver y apreciar lo maravilloso que hay en la vida cotidiana real. No hace falta ponernos a soñar o querer estar en otro sitio porque allí donde estemos en cada momento es el lugar perfecto, y seguro que si ponemos atención podemos captar lo especial y único de ese lugar o instante. Puede que esto te suene un poco cursi, pero a mí me da igual parecer cursi si eso hace mi vida más fascinante e interesante.

Al final el *mindfulness* nos enseña a ver lo extraordinario en lo ordinario de la vida. Es extraordinario que salga el sol todos los días, son extraordinarias las miles de formas que pueden adoptar las nubes, el color cambiante del mar a lo largo de un día de verano o la luna llena. Cuando logramos ser capaces de asombrarnos ante cualquier cosa, entonces nuestra vida empieza a dar un vuelco impresionante y nos sentimos más felices. Es fundamental que recuperemos nuestra capacidad para asombrarnos. Lo normal es que la mayoría de la gente vaya por la vida con la actitud contraria, dominada por frases como: «Esto ya lo he visto», «esto ya lo he probado», «esto ya lo conozco», etc. Fíjate que estas frases representan lo contrario a la curiosidad, es decir, como ya lo hemos visto, experimentado o conocido, dejamos de asombrarnos ante la vida, dejamos de aprender, y al final la vida se convierte en aburrida y rutinaria.

Pero el problema no es la vida, somos nosotros, que hemos dejado de apreciar las pequeñas cosas. Por ejemplo, ¿no crees que es un milagro que cada vez que abres el grifo de la ducha salga agua caliente? A mí me parece alucinante. Sin embargo, no lo apreciamos, lo damos por hecho hasta que un día nos falta el agua o sale fría. Es como la salud, que hasta que no nos falta no la valoramos. Por lo tanto, empecemos a apreciar esas pequeñas cosas de verdad, como si fueran algo sagrado. El simple hecho de estar vivos es un motivo para sentirnos afortunados, ¿no crees?

Se trata, en definitiva, de lograr que cada día sea único y especial, mejor dicho, de darse cuenta de esto porque ya es así, y el problema es que no lo vemos. Es un problema de percepción errónea, como si tuviéramos una venda en los ojos.

Además de entrenarnos para ser capaces de ver y apreciar lo maravilloso y milagroso de cada día, el *mindfulness* también nos proporcionará una gran claridad sobre lo que necesitamos como seres humanos. Y aquí viene la segunda pauta para ser más felices: ¿por qué no empezar a generar de forma proactiva más momentos especiales y placenteros para nosotros en el día a día? ¿Por qué no hacer de cada día una pequeña obra de arte?

En lugar de matarte a trabajar sin descanso todo el día, en lugar de machacarte con tu autoexigencia a hacer miles de actividades en tu vida personal, empieza a reservarte momentos para ti, solo para ti, para hacer algo placentero. Se trata de cosas pequeñas que te hagan disfrutar, que sean relativamente fáciles, precisamente para poder incorporarlas todos los días. Son como pequeños premios que te permites. Yo en mi caso me reservo mis momentos placenteros todos los días para hacer de cada jornada algo especial. Algunos ejemplos son meditar unos treinta minutos al día, pararme en una cafetería agradable a disfrutar de un buen café mientras reflexiono con tranquilidad sobre el día, ir a una tienda de libros a echar un vistazo a las novedades, dedicar un tiempo a comer tranquilamente en lugar de ir corriendo a todas partes, o simplemente dedicar tiempo a descansar.

Cuando empezamos este camino, no queremos parar. Lo digo por propia experiencia. Por supuesto, no se trata de dedicar todo el día a cuidarnos y a no trabajar. Se trata de darle su momento a cada actividad. Cuando estemos trabajando o haciendo una tarea importante que tengamos que afrontar, lo haremos con la mayor presencia y atención, y cuando estemos descansando o disfrutando de un momento de relax o placer, disfrutaremos también con la máxima presencia y plenitud. Una vez más, se trata de vivir y disfrutar el presente.

En el programa de *mindfulness* MBCT (*Mindfulness Based Cognitive Therapy*) de la Universidad de Oxford, uno de los cursos de referencia en el mundo, se recomienda a los participantes elegir diez pequeñas actividades que les produzcan placer en su vida cotidiana, y diez pequeñas actividades que controlen o dominen. Este programa está enfocado especialmente a prevenir y curar la depresión, la enfermedad del siglo XXI en Occidente. De todas formas, este ejercicio es igualmente válido y efectivo para cualquier persona que quiera aumentar su felicidad.

Te propongo hacer un ejercicio similar ahora mismo. Escribe unas cinco pequeñas actividades que te gusta hacer, y que sean bastante accesibles (escuchar música, darte un paseo por un parque, prepararte un apetitoso desayuno, montar en bicicleta, relajarte en un *spa*, darte un masaje). Y empieza a hacer huecos en tu agenda diaria para introducir una o varias de estas actividades.

A menudo aplazamos nuestro bienestar y nuestra felicidad para otro momento, que estamos deseando que llegue: el fin de semana, las próximas vacaciones, el verano. Gracias al *mindfulness*, no desearemos más que llegue el fin de semana o las vacaciones porque sabremos disfrutar de cada día de la semana, estemos trabajando o de vacaciones. Cada día será especial y único porque nosotros habremos provocado que sea así.

Otra de las pautas para aumentar nuestra felicidad es comer con atención plena. Una vez más, se trata de convertir algo que solemos hacer de forma mecánica en algo especial y extraordinario. Comemos de modo automático y no saboreamos la comida, sobre todo los días laborables.

Es conocido el ejercicio de la pasa del programa de *mindfulness* MBSR, y que por supuesto hacemos en nuestro curso para las empresas. Pasamos una cajita con pasas y les decimos a los participantes que se imaginen que no han visto nunca ese alimento, que nunca lo han probado. Suelo decirles que se imaginen que unos extraterrestres de toda confianza nos lo han traído de su planeta y nos recomiendan probarlo porque tiene unas propiedades extraordinarias. Y les invito a que pongan toda su atención en ese alimento para captar toda la información posible del mismo a través de sus sentidos, con esa actitud curiosa y abierta del *mindfulness*.

Así que se fijan en que ese fruto seco está arrugado, que es de color marrón con matices rojizos, que es pegajoso al tacto y también moldeable. También observan que huele de forma intensa y dulce, y cuando después de un minuto les digo que se lo introduzcan en la boca, observan la textura dura y seca antes de masticarlo, y después la explosión de sabor de un alimento tan pequeño cuando empiezan a morderlo, un sabor dulce con un toque amargo, además de percibir otros matices.

Aunque lo que acabo de describir es la experiencia directa de los sentidos, lo normal es que los participantes hagan algo muy distinto: vivir el ejercicio desde la cabeza en lugar de vivirlo con los sentidos, y por tanto se dejen llevar sin darse cuenta por los hábitos de la mente: juicios, resistencias, deseos, conexión con experiencias del pasado. Muchos comentan cosas como «me recuerda al regaliz», o «no me gusta nada», «es muy fea» o «sabe a vino dulce». Esto no es la experiencia directa, sino lo que la mente está haciendo con la experiencia. Vuelvo a repetir, como tantas otras veces, que esto no es en sí mismo negativo. Son hábitos de la mente que a veces nos ayudan en nuestra vida, pero que en muchas ocasiones nos impiden vivir las cosas en toda su plenitud. Así que la clave es ser conscientes de qué estamos haciendo: ¿Estamos experimentando las vivencias con los cinco sentidos, o las estamos filtrando a través de los hábitos mentales (juzgando, prejuzgando, vinculando la experiencia con otras experiencias que hemos tenido)? Cuando esa toma de conciencia sucede, entonces y solo entonces podremos saber qué nos beneficia más en ese momento y podremos elegir.

El ejercíio de la pasa es muy importante para darnos cuenta de esta diferencia porque es una metáfora de lo que nos sucede en la vida y en el trabajo, y también es importante para tomar conciencia de cómo nos alimentamos en el día a día. En muchas ocasiones comemos, no porque tengamos hambre, sino para calmar una emoción negativa como la ansiedad o el estrés. Es decir, utilizamos la comida para tapar las emociones dolorosas, y ya hemos visto que esta no es la mejor forma de canalizar o gestionar nuestras emociones.

Además, solemos comer como pavos, a toda velocidad, sin saborear la comida ni darnos cuenta de cómo se va saciando nuestro cuerpo. El resultado es que no disfrutamos de varios momentos al día que podrían ser especiales y muy placenteros (desayuno, comida y cena, como mínimo). Y muchas veces, al no estar atentos a la comida ni a nuestro cuerpo, comemos más de lo que necesitamos. Y luego nos sentimos pesados para trabajar o para dormir.

Las comidas del día pueden ser momentos muy especiales y placenteros para estar con uno mismo y para disfrutar de la comida, para saborearla, para comer más despacio y con más conciencia. Es importante que nos concedamos un tiempo razonable para hacer cada comida del día con calma y atención e intentemos estar presentes. Al principio, simplemente puede ser un bocado, o solo el postre, que saboreamos intensamente. El resto del tiempo es casi seguro que te lo pases pensando en tus cosas, sin darte cuenta de los sabores y aromas de la comida, pero ten paciencia, date tiempo. Persevera en esta práctica imprescindible para entrenar el modo mental *mindful*. Vuelve una y otra vez a la presencia con la comida, a conectar con los alimentos a través de tus sentidos, aunque tu mente se distraiga mil veces en una sola comida.

A mí me encanta comer, disfruto mucho, y para mí las tres comidas del día son especiales. Son oportunidades reales para aplicar la atención plena y disfrutar más intensamente de esos tres momentos. Si estoy solo, pongo atención a los colores, a los aromas, a los sabores, y desde luego no pongo la televisión, ni estoy mirando el móvil al mismo tiempo. Esto sería contrario a la filosofía *mindfulness*, que nos invita a concentrarnos plenamente en una sola actividad cada vez para realizarla con la máxima presencia, con la máxima atención. Si estás comiendo, come. Si estás planificando la semana, planifica la semana. Si estás escuchando a tu hijo, solo escucha a tu hijo. Así que, si estás disfrutando de tu comida, evita entrar en la multitarea. No contamines la experiencia con el móvil. Es imposible saborear la comida plenamente mientras estás viendo un programa de televisión.

Por supuesto, si estás compartiendo la comida o la cena con otra persona o personas, puedes dividir tu atención entre la comida y la conversación, escuchando con plena atención a los demás y hablando también con conciencia plena, y en los momentos de pausa o silencios, aprovechar para saborear más los alimentos. Es posible estar prestando atención a una persona mientras comes con conciencia una sabrosa ensalada o un pescado, y ocasionalmente ir notando sus sabores. Pero evita encender la televisión o tener en la mesa el teléfono móvil porque van a distraerte de lo importante: las personas con las que compartes este tiempo y saborear la comida. Mi familia sabe lo pesado que me pongo con estas cosas en las cenas, que son el único momento donde los cinco estamos juntos y podemos charlar. Apago la televisión si estaba encendida y llamo la atención a quien esté mirando el móvil durante la cena. Es una cuestión de respeto a un momento único y especial en familia.

Además de la comida, comprobaremos que la vida se vuelve mucho más interesante y feliz cuando estamos atentos al momento presente, a lo que estemos haciendo o experimentando en ese instante, aceptándolo incondicionalmente, con curiosidad y apertura mental, con amabilidad con uno mismo y con los demás. Desde comer a hacer deporte, pasando por cualquier *hobby*, la intensidad de la experiencia es mucho mayor cuando estamos presentes. Por ejemplo, imagina que estás de vacaciones en la playa, en un atardecer maravilloso, con tu familia, tomando una cerveza fría mientras contemplas el mar. Sin embargo, tu mente se pone a pensar en temas del trabajo, a generarte ansiedad y preocupación por asuntos del futuro que aún no han sucedido o por decisiones del pasado que ya no tienen solución. Tu mente te ha estropeado el momento porque ya no estás en la playa. Solo está tu cuerpo, pero no tu mente ni tu corazón. Estás en otro momento que no es este y has dejado de disfrutar de una experiencia única frente al mar. Si estamos entrenados en *mindfulness* será fácil para nosotros minimizar o incluso eliminar el ruido mental para focalizarnos en el presente y disfrutar de ese momento en la playa con toda su plenitud.

Además, actividades aburridas como cepillarse los dientes, fregar, sacar la basura, arreglar un mueble, o en el ámbito laboral, rellenar un Excel, leer un informe o asistir a una reunión, se convertirán en mucho menos aburridas, e incluso interesantes, si ponemos atención plena en el momento presente. Este es un eficaz modo de entrenarnos en la atención plena, estar más presentes en nuestras vidas y en nuestros trabajos, con el fin de incrementar la calidad de todo lo que hacemos y vivimos, y con ello aumentar la autoconfianza y la motivación.

Por otro lado, a nivel general, hay muchas rutinas y hábitos que tenemos desde hace años y que no nos aportan más felicidad. Lo paradójico es que no lo sabemos porque tenemos un nivel muy bajo de consciencia. Y no nos los cuestionamos. Quizá vemos demasiadas noticias o demasiada televisión, o nos alimentamos de forma poco sana, o estamos demasiadas horas del día sentados. Y todo esto está afectando a nuestra felicidad. Por ejemplo, yo soy un firme defensor de evitar ver demasiadas noticias. De hecho intento no ver ningún telediario. Mucha gente dice que hay que estar informado. Y yo defiendo que aunque no veas ni un telediario puedes estar perfectamente informado. Unos pocos minutos al día leyendo las noticias en Internet o en un periódico son más que suficientes. Los telediarios se repiten como el ajo y podemos llegar a escuchar una misma noticia decenas de veces. Conozco a personas que ven el telediario de la tarde, e incluso almuerzan mientras observan las horrendas noticias que son habituales en un telediario, y escuchan de nuevo el telediario de la noche mientras cenan. Me sorprende que no se les indigesten la comida o la cena. El telediario está lleno de tragedias, imágenes durísimas y crueles, noticias de guerras y asesinatos, atentados terroristas, o bien de noticias sobre escándalos y corrupción política. Y, además, con un nivel de detalle absurdo e innecesario porque las televisiones necesitan rellenar espacio televisivo. En definitiva, basura para nuestra mente y nuestro corazón, que se ve muy afectado cuando esto se repite un día tras otro. Todo esto no nos hace más felices sino más bien lo contrario, y sin embargo mucha gente está empachada de tanta sobreinformación negativa y destructiva, porque cree que hay que estar informados. Esta es una creencia muy limitante porque no somos realmente conscientes de cuánto afectan negativamente a nuestra felicidad esta y otras rutinas que hemos adoptado.

Yo creo, más bien, que muchas veces nos puede el morbo y nos gusta recrearnos en las tragedias que aparecen en las noticias. Por no hablar de los programas basura que inundan la televisión y que tienen audiencias masivas. Como destaca el conocido gestor de inversiones Francisco Paramés en su libro *Invirtiendo a largo plazo*, objetivamente en ninguna etapa de la Humanidad la violencia ha estado en su nivel más bajo, aunque nos parezca lo contrario por la visión catastrofista y poco realista del mundo que ofrecen los medios de comunicación. Asimismo, en los últimos veinticinco años más de 1.000 millones de personas han salido de la pobreza y el crecimiento global ha sido del tres o cuatro por ciento, y en general, aunque sigue habiendo enormes desigualdades en el planeta, el ser humano disfruta de la mayor calidad de vida de su Historia. Así que menos televisión, menos redes sociales y más vivir de verdad. Menos grupos de *WhatsApp* y más conversación auténtica con tus familiares o amigos. Menos mirar el móvil y más mirar a los ojos de la gente y escucharla.

Está claro que todo lo que hacemos o no hacemos en nuestra vida diaria está influyendo, positiva o negativamente, en nuestra felicidad. Y lo peor de todo es que no nos damos cuenta de ello. Por eso es tan crucial incrementar el nivel de consciencia en nuestras vidas, para ser realmente conscientes de esas costumbres o rutinas que nos están aportando energía positiva, y a aquellas otras que están minando nuestra autoconfianza y nuestro estado anímico.

El vaso medio lleno: la importancia de la gratitud

Te voy a hacer una pregunta. Si quisieras, ¿por qué podrías sentirte agradecido de todo lo que te ha pasado en tu vida? Si nos pusiéramos a pensar con calma, encontraríamos multitud de razones para estar agradecidos, pero ¿acaso nos hacemos esta pregunta a menudo? Yo diría que al contrario, solemos quejarnos de todo lo que va mal en nuestra vida o trabajo y nos hacemos las víctimas, olvidando que somos unos auténticos privilegiados. Aunque solo fuera porque estamos vivos y sanos aquí y ahora, esto ya sería un motivo más que suficiente para tener una actitud de gratitud constante.

En un experimento realizado por investigadores de la Universidad de California se propuso a un grupo de personas un sencillo ejercicio: escribir cada día por la noche cuatro o cinco razones por las que podrían sentirse agradecidos. Los que lo hicieron regularmente durante un periodo de tres meses, al finalizar el experimento se sentían más optimistas, más capaces de lograr sus objetivos, e incluso fortalecieron su sistema inmunológico. ¿Por qué? Porque cuando sabes apreciar lo positivo, lo positivo empieza a crecer en tu vida. Es como una semilla, que si la riegas, crece.

En otro estudio, en este caso dirigido por Teresa Amabile de la Escuela de Negocios de Harvard, se demostró que los empleados que apuntaban en una lista tres o cuatro pequeños logros que habían conseguido cada día durante unos cuatro meses se sentían más motivados, más felices, más creativos y productivos.

No cabe duda, en base a estos experimentos, realizados por instituciones rigurosas y referentes mundiales, que focalizarnos en lo positivo de nuestras vidas produce un impacto positivo enorme en nuestro estado emocional y en cómo percibimos las cosas.

Si lo recuerdas, comentamos que un estado de ánimo tiñe nuestras decisiones, nuestra visión del mundo y nuestras conductas. Si tenemos un estado de ánimo de alegría y orgullo por haber interiorizado el hecho de dar las gracias frecuentemente por todo lo que tenemos o por habernos focalizado un día tras otro en los logros que conseguimos, las decisiones que tomaremos serán más equilibradas y nuestra visión del mundo mucho más optimista. Sin embargo, si nos centramos en la parte de nuestra vida que no funciona y que va mal y no miramos la globalidad, tarde o temprano entraremos en un estado anímico de tristeza, de frustración o de rabia que nos hará tomar mucho peores decisiones, porque estarán filtradas por ese estado de ánimo negativo.

La clave es generar un hábito, una rutina positiva elegida por nosotros, con el fin de ver el vaso medio lleno. Si queremos ser felices debemos hacer algo para ello. Por ejemplo, dedicar un tiempo, aunque sea solo unos segundos o minutos al día, para pensar en todo lo positivo que tenemos en nuestra vida o trabajo. Si no lo hacemos será muy fácil ver el vaso medio vacío o totalmente vacío.

Patrizia Collard, en su libro *El pequeño libro del mindfulness*, propone un ejercicio fantástico que consiste en hacernos tres preguntas:

- ¿De qué estás disfrutando más en este momento de tu vida?
- ¿De qué puedes sentirte agradecido en este momento de tu vida?
- ¿De qué logros personales o profesionales te podrías sentir satisfecho u orgulloso?

Estas son preguntas que provocan un reencuadre de la realidad, porque se centran en lo que tenemos, no en lo que nos falta. Nos hacen salir de un bloqueo emocional de desmotivación y desánimo, y nos ayudan a enfocarnos en lo importante de nuestras vidas, además de hacernos ver el valor de nuestras acciones y experiencias diarias. Son preguntas que nos conectan con nuestra motivación intrínseca. Una vez más, la clave es aprender a dirigir la atención hacia lo que queremos, puro *mindfulness*.

En mi caso, aprovecho mi momento de práctica formal de meditación diaria para realizar este simple ejercicio. Como mi práctica la hago a primera hora nada más levantarme, cuando termino simplemente trato de recordar algún pequeño momento o experiencia del día anterior por el que podría sentirme agradecido, o bien una experiencia que haya disfrutado especialmente, como un momento de risa con mis hijas, una comida agradable con una amiga, o un logro importante en mi trabajo como haber tenido éxito en una conferencia que haya impartido. Simplemente elijo ese momento o experiencia y doy las gracias por él. Entonces me levanto y empiezo mi día con una energía positiva fantástica. Muchas veces no solo recuerdo una sola experiencia positiva, sino varias. Da igual, puedes dar las gracias por tres o cuatro experiencias del día anterior.

Cuando realizas este ejercicio, que dura apenas quince segundos, entrenas tu mente a enfocarse en lo que funciona en tu vida, y poco a poco serás más hábil para detectar esos momentos especiales de disfrute, orgullo y gratitud. Funciona igual que cuando entrenamos la mente para detectar lo extraordinario de las pequeñas cosas, que es la primera recomendación que hacía en este capítulo. La mente, si la sabemos entrenar, es una máquina fantástica y potente que puede ayudarnos a transformar nuestras vidas. Así que, entrenándola de esta forma, tu mente empezará a ver más y más pequeñas cosas, experiencias o momentos dignos de admirar, de disfrutar, de asombrarse; momentos para ejercer la gratitud o para disfrutarlos con toda nuestra presencia. Y la vida, al poco tiempo y sin apenas darnos cuenta, se habrá convertido en una experiencia apasionante, cada minuto, cada día. Percibirás tu vida como una oportunidad que se abre ante tus sentidos para poder disfrutarla con total plenitud, como un pavo real que muestra su espectacular cola multicolor para mostrar toda su belleza. La clave es poner atención plena al presente, abriendo la mente, siendo curiosos.

A continuación te voy a resumir las pautas principales que he comentado en este capítulo y que te ayudarán a aumentar tu felicidad de forma auténtica y sostenible. No olvides que la felicidad se entrena y se trabaja.

- Medita todos los días unos minutos. Todos necesitamos, aunque no nos demos cuenta, espacios diarios de silencio y quietud para conectar con nosotros. Recuerda las investigaciones científicas que se han realizado que demuestran que la meditación *mindfulness* aumenta la felicidad

- Siempre que puedas, activa tus sentidos y observa las cosas con curiosidad
- Trata de percibir lo extraordinario de las pequeñas cosas (un amanecer, el olor de la lluvia, la mirada de un niño pequeño, una ducha caliente, una copa de un buen vino, un baño en el mar, etc.)
- Valora lo que tienes y recuérdate que eres un privilegiado: estás vivo, tienes salud, agua caliente, alimento, etc.
- Crea tus propios pequeños momentos para ti, para cuidarte: momentos de placer, de premiarte, o momentos de descanso
- Trata de poner atención a actividades rutinarias: lavarte los dientes con atención plena, fregar con atención plena, recoger la mesa con atención plena, caminar con atención plena, poner el fregaplatos con atención plena, atender a una reunión con atención plena, rellenar un Excel con atención plena, revisar un dossier, etc. Intenta estar totalmente concentrado en esa actividad evitando la multitarea o pensar en otras cosas que no forman parte del presente. Para ayudarte a conectar con el presente, un truco muy efectivo es conectar con tu respiración y observar dónde la sientes. Te ayudará a estar más presente con cualquier tarea que estés realizando
- Saborea con la mayor presencia posible tus tres comidas diarias y concédete un tiempo para comer tranquilo. No veas la televisión ni mires el móvil mientras estás comiendo. Tan solo come con calma y saborea los alimentos. Y si estás comiendo con alguien, mantente presente en la conversación, conectando con la persona, escuchándola, y al mismo tiempo disfrutando de la comida
- No pierdas tanto tiempo con los grupos de *WhatsApp* o con las redes sociales y dedica más tiempo a estar con tus seres queridos, con total presencia, a charlar con

ellos, a compartir momentos placenteros, a escucharlos con atención y empatía, con todo tu corazón
* Reduce tu dosis de informativos o de televisión basura. No pongas la televisión por inercia
* Da las gracias todos los días por algo que te haya sucedido
* Reconócete los pequeños logros que hayas conseguido cada día

Todas estas acciones, si las convertimos en rutinas positivas se transformarán en un potentísimo antivirus que desactivará nuestra tendencia habitual a enfocarnos en lo negativo, en el victimismo y la queja. Y nos ayudarán a ser más felices sin necesidad de ir persiguiendo la felicidad de forma ansiosa. La felicidad está aquí y ahora, junto a ti, en las pequeñas cosas, en los pequeños momentos de cada día. Se trata de entrenarnos para ser capaces de detectarlos, valorarlos y disfrutarlos. Y así empezaremos a darnos cuenta de que ya no necesitamos viajar por el mundo para sentir que somos felices, que no necesitamos tener experiencias extremas para sentirnos vivos, que tampoco necesitamos engancharnos a ninguna droga (tabaco, alcohol, móvil) para sentirnos bien. En definitiva, dejaremos de perseguir esa felicidad escurridiza que se nos escapa cada vez que nos obsesionamos en alcanzarla.

Hay una historia de un alumno que quería alcanzar la felicidad y le pidió a su maestro que lo aconsejara sobre cómo lograrlo. El alumno tenía mucha prisa en lograr la felicidad, y por tanto estaba dispuesto a hacer lo que fuera por conseguirlo. Entonces le dijo:

—Maestro, tengo mucha prisa, necesito alcanzar la felicidad. ¿Cómo lo puedo lograr?

Y el maestro le contestó:

–¿Por qué tienes tanta prisa por alcanzar la felicidad? Quizá la felicidad no esté delante de ti, de modo que tengas que correr muy deprisa para alcanzarla. Quizá la felicidad esté detrás de ti, a unos pocos metros, de modo que lo único que necesitas hacer es quedarte quieto para que ella te alcance a ti.

Como en la historia, parece increíble que la felicidad llegue a nosotros cuando dejamos de intentar buscarla y alcanzarla obsesivamente. Al contrario, cuando empezamos a aquietarnos y a reconectar con nosotros y con la vida practicando *mindfulness* es cuando comenzamos a sentir que la felicidad está llegando a nosotros. Y ya nunca se marchará, porque habremos aprendido a conectar con ella, a avivarla con nuestros propios recursos internos. Y ese aprendizaje marcará un antes y un después en nuestras vidas.

CONVIERTE EL MINDFULNESS EN UN HÁBITO

«Algo ha cambiado. Dentro de mí, ¿sabes? Y... no podría volver. No podría. No lo aguantaría».

Diálogo de la película *Thelma y Louise*, RIDLEY SCOTT, 1991

Me encanta esta frase de la película *Thelma y Louise* porque tiene muchísimo que ver con el *mindfulness* y con el trabajo interior que realizamos. Tarde o temprano, si apostamos por integrar el *mindfulness* como un hábito de vida, percibiremos una sensación similar, la de que algo ha cambiado dentro de nosotros. Y que ese cambio no tiene vuelta atrás, no tiene retorno. Habremos visto o percibido algo que marca un antes y un después. Y ya no podremos parar de investigar. Esto es lo que me sucedió a mí hace doce años. Y desde entonces no he podido evitar seguir practicando y practicando, meditando todos los días, realizando retiros intensivos de meditación en silencio, formándome constantemente con la Universidad de Massachusetts, leyendo cientos de libros. Ha sido una constante investigación sobre mí, sobre mi mente, sobre todo lo que hay oculto en mi inconsciente, pero también ha sido una investigación sobre la vida, sobre cómo vivir de forma más plena y auténtica. De esto va el *mindfulness*.

Y sé que toda mi vida seguiré profundizando e investigando con la metodología clara y directa del *mindfulness* para seguir descubriendo más, para incrementar mi claridad sobre cómo vivir más feliz y plenamente.

En este capítulo quiero incidir en la importancia crítica de que integremos estos 7 hábitos del *mindfulness* para el éxito. La única forma de percibir los enormes beneficios y la enorme transformación potencial que contiene el *mindfulness* es interiorizando la práctica formal e informal en nuestra vida. He insistido mucho en la palabra «entrenamiento» a lo largo del libro porque solo entrenando y entrenando obtendremos esa transformación. También la palabra «hábito» es clave porque ese es el objetivo último: vivir y trabajar de modo *mindful*, es decir, incorporar la consciencia que nos proporciona el *mindfulness* en nuestra vida.

Los logros más importantes de nuestra vida los alcanzamos con acciones y actitudes repetidas y consistentes durante mucho tiempo. Nada hemos conseguido con una acción o decisión puntual. Piénsalo: si has terminado una carrera universitaria o un máster, si has conseguido correr una maratón, si has publicado un libro, si has logrado una carrera profesional exitosa o has ahorrado un montón de dinero en tu cuenta corriente, ha sido por haber realizado determinadas acciones y tomado determinadas decisiones de forma consistente, muchas de ellas repetidas cientos de veces. Por eso son tan importantes los hábitos, porque solo incorporando hábitos positivos conseguiremos grandes metas. Solo incorporando el *mindfulness* como un hábito, conseguiremos sus enormes beneficios. Si practicas esporádicamente estará bien pero no habrá ningún cambio significativo en tu vida.

Un hábito te obliga a salir de tu zona de confort. La zona de confort, a la que nos lleva nuestro cerebro de forma automática para ahorrar energía, es una zona donde no hay aprendizaje ni tampoco crecimiento. Por tanto, al obligarte a salir de la zona de confort aprenderás, crecerás como persona, superarás tus límites mentales y conseguirás objetivos que quizá ni imaginabas.

Lo primero, aprenderemos unas pautas fundamentales sobre cómo se genera un hábito, con el fin de que las implementes en tu vida y puedas integrar los 7 hábitos del *mindfulness*:

1. *Repetir la acción o conducta ventinuna veces consecutivas.* Un hábito se genera repitiendo muchas veces una conducta o acción determinada. El cerebro va generando conexiones neuronales cada vez más sólidas a medida que repetimos y repetimos una acción hasta convertirla en inconsciente, o dicho de otra manera, en algo automático, que es el modo por defecto del cerebro.
¿Cuál es la diferencia entre un hábito y las rutinas del piloto automático? Las rutinas que genera el piloto automático no las elegimos, sino que es nuestra mente la que, sin pedirnos permiso, las va generando en cuanto percibe que se repite y se repite la misma conducta o acción. Por el contrario, un hábito lo elegimos conscientemente porque estamos convencidos de que va a ser positivo para nosotros, aunque el cerebro realmente realiza la misma operación de automatización.

Así que lo que ya hemos aprendido a lo largo del libro acerca de cómo funciona nuestro cerebro podemos aprovecharlo para alcanzar nuestros objetivos, y concretamente para generar un hábito sostenible de práctica *mindfulness*, tanto formal (la meditación diaria) como informal (la vida cotidiana). Esta pauta es la primera que debemos conocer: un hábito solo se consigue cuando repetimos y repetimos una conducta. En el caso de la práctica formal, la única forma es sentarse y sentarse a practicar, de modo que el cerebro vaya generando un camino neuronal que, si persistimos el tiempo suficiente, se convertirá en un surco neuronal con consecuencias profundísimas para nuestra vida.

¿Cuántas veces es necesario repetir una acción para que nuestro cerebro la convierta en hábito? Es muy conocida la teoría de los veintiún días. Es decir, que si repetimos una acción durante veintiún días consecutivos, nuestro cerebro la convertirá en un hábito y ya no nos costará ningún esfuerzo mantenerla. Esta teoría está validada por numerosos estudios de la psicología. Su impulsor fue el psicólogo americano William James, uno de los padres de la psicología moderna (a principios del siglo XX) y pionero de la neuroplasticidad del cerebro. James ahondó en el tema de los hábitos y defendió que aprender una habilidad y adquirirla como hábito modifica nuestra estructura cerebral.

Por otro lado, Maxwell Maltz, un reconocido cirujano plástico de la Universidad de Columbia, en la década de 1950 también realizó un exhaustivo estudio con cientos de pacientes en el que observó un patrón que seguían cuando les modificaba algún rasgo de la cara mediante una operación de cirugía, por ejemplo la nariz. Los pacientes necesitaron de media veintiún días para acostumbrarse a su nuevo aspecto. Observó también que el síndrome del miembro fantasma en los amputados seguía el mismo patrón de los veintiún días. *«Estos y muchos otros fenómenos observados comúnmente tienden a mostrar que se requieren un mínimo de veintiún días para que una imagen mental establecida desaparezca y cuaje una nueva»*, escribió Maltz en su libro *Psycho-Cybernetics*[11], un libro de autoconocimiento que habla del potencial humano, publicado por primera vez en 1960, y en el que mostró los resultados de su investigación. Por lo tanto, en dos campos muy diferentes, la psicología y la

---

11   *Psico Cibernética: el secreto para mejorar y transformar su vida*, Open Project, 1999.

cirugía plástica, el resultado fue el mismo, lo que parece que consolida la teoría de los veintiún días.

Obviamente, si queremos consolidar una práctica como un hábito, por ejemplo, meditar tres veces a la semana, deberíamos meditar tres veces durante veintiuna semanas consecutivas. Así que, para entendernos, hablaré de veintiuna veces consecutivas. Lo importante de tener un número de referencia es que nos ayuda a no relajarnos y acomodarnos antes de tiempo. Por ejemplo, si llevamos unos diez días seguidos practicando una meditación formal *mindfulness*, quizá pensemos que ya hemos conseguido integrarla. Esto sería muy arriesgado, porque si dejamos de repetir la conducta de un hábito que no está consolidado, este se empieza a difuminar. De hecho, la red neuronal que se está creando en nuestro cerebro se va deshaciendo si empezamos a fallar varios días hasta que desaparece por completo, por lo que tendríamos que empezar de cero otra vez.

Aunque tampoco hay ningún problema si fallamos algún día (o sea, si no meditamos) en el camino de incorporar el hábito de meditar. Si llevamos diez días, ya habremos creado en nuestro cerebro una red neuronal, así que si un día, por lo que sea, no practicamos, esa red no se deshará de un día para otro. Pero, evidentemente, si empezamos a fallar y a fallar, entonces sí se irá deshaciendo y quizá tengamos que empezar de cero. Por lo tanto, si un día no meditas, no te sientas culpable ni te juzgues; ejercita la amabilidad y la paciencia contigo mismo y continúa repitiendo la práctica al día siguiente, y al siguiente, y no habrá ningún problema.

El objetivo que perseguimos con la repetición de una conducta es que, llegados a los veintiún días o veintiuna semanas consecutivas no nos dé ninguna pereza o esfuerzo hacerlo. Es decir, que ni nos lo cuestionemos.

Nuestro cerebro nos lo recordará y sin más iremos como robots a practicar. Recuerda, lo que queremos es conscientemente automatizar el hecho de sentarnos a practicar para que no nos lo cuestionemos, o dudemos o fallemos. Evidentemente, una vez que nos sentemos, no estaremos en modo robot, sino todo lo contrario, porque mientras meditemos estaremos en atención plena.

El cerebro es una máquina impresionante si la sabemos entrenar. Y una de las pautas más importantes es la de repetir una acción veintiún días (o veintiuna semanas) consecutivas, de media. Quizá algunas personas necesiten dieciocho, otras veintitrés, pero mantengamos la cifra de veintiuna y observemos qué sensaciones tenemos cuando lleguemos a ese punto. Seguramente en ese momento notaremos si ya no nos cuesta ningún esfuerzo sentarnos a meditar, o por el contrario necesitamos repetir unos pocos días más para estar seguros de haber integrado el hábito.

Quiero destacar que la teoría de los 21 días consecutivos se refiere al mínimo de días necesario, pero dependerá de la complejidad del hábito que queremos integrar o de la autodisciplina aprendida de cada persona. En los últimos años se han realizado estudios en los que se ha abierto la ventana de los 21 días y se defiende que necesitamos entre 4 y 12 semanas (3 meses) para lograr convertir una conducta en un hábito inconsciente. Por lo tanto, es importante no relajarnos y continuar repitiendo y repitiendo la acción más allá de los 21 días si es un hábito diario, o las 21 semanas en caso de ser un hábito semanal.

2. *Practicar mindfulness siempre en el mismo momento y lugar.* Si, por ejemplo, practicamos unos días por la mañana y otros días por la noche o al mediodía, es-

taremos mareando al cerebro y se lo pondremos más difícil. Aprendamos a entrenarlo eligiendo siempre el mismo momento del día. Si es un hábito semanal, elijamos siempre el mismo día de la semana para practicar la meditación. Imagina que has decidido practicar tres veces a la semana alguna técnica formal de meditación. Es mejor que escojas los días son los más fáciles para ti y que los mantengas todo lo que puedas. Por ejemplo, si eliges lunes, miércoles y jueves, mantén la meditación esos días. Obviamente, sin ser excesivamente rígidos, porque no hay ningún problema en que si alguna semana no puedes practicar uno de los días elegidos, lo cambies por otro.

En este sentido, una de las primeras decisiones que debes tomar es cuándo es tu momento perfecto para la práctica formal. Debe ser un espacio de tiempo controlado en el que estés tranquilo y sin interrupciones ni ruidos excesivos. Por la mañana, nada más levantarte, o por la noche, justo antes de acostarte. Esos dos momentos son muy recomendables para practicar la meditación formal aunque cualquier momento del día es perfecto si consigues las condiciones adecuadas.

3. *Practicar mindfulness «antes de» o «después de» un hábito que ya tengas interiorizado.* Además de elegir siempre el mismo momento y lugar para practicar *mindfulness*, algo que ayuda mucho es anclar este nuevo hábito con otro hábito que ya tengas instaurado en tu vida. Algo que ya estés haciendo todos los días, como por ejemplo desayunar, ducharte, consultar tus *e-mails*, asistir a reuniones, cenar o irte a dormir. Si practicas la meditación siempre antes de desayunar o justo antes de irte a duchar, o justo después de la cena, será más fácil que tu cerebro te lo recuerde, porque si lo repites las ve-

ces necesarias a nivel inconsciente habrá una conexión entre el antiguo hábito y el nuevo. O si nos vamos a la práctica informal, la pauta sería aplicable igualmente. Por ejemplo, si quieres mejorar tu habilidad para priorizar en tu trabajo, la mejor forma será parar varias veces al día y refocalizarte en los objetivos importantes que quieres cumplir ese día. Por tanto, podrías buscar ese momento de parada justo antes de consultar tu bandeja de entrada al llegar al trabajo, después de tomarte tu café de media mañana, o justo después de comer, etc.

La conexión entre el antiguo hábito y el nuevo se denomina «anclaje», y cuando nuestro cerebro lo haya percibido, más sólida será la conexión en el inconsciente.

4. *El compromiso público.* Si te comprometes con alguien a que vas a incorporar el nuevo hábito de meditar, o el nuevo hábito de cenar sin televisión, o el hábito de atender a todas tus reuniones de trabajo sin el móvil en la mesa, etc., será mucho más fácil. Es lo que se llama la «presión positiva», porque esa persona, que debería ser alguien muy cercano como tu pareja, hijos, o un compañero de trabajo, te preguntará cómo llevas tu nuevo hábito o incluso podrá verificar directamente si lo estás cumpliendo, y nadie quiere quedar mal con una persona a la que aprecia. Así que el hecho de cumplir con una promesa que hagamos a alguien querido será un aliciente más.

5. *El refuerzo positivo.* En numerosas investigaciones se ha demostrado que el refuerzo o *feedback* positivo es fundamental para el aprendizaje del cerebro. Cuando recibimos una felicitación por algo que hemos logrado, nuestro cerebro activa los circuitos neuronales relacionados con el sistema de recompensa, liberando neurotransmiso-

res como la dopamina, relacionado con la sensación de placer y bienestar, y con la motivación intrínseca. La dopamina hace que relacionemos la actividad que estamos realizando con el placer, y por tanto actúa como un incentivo para continuar realizándola.

Conociendo este aspecto clave de nuestro cerebro, podemos acelerar la incorporación de un hábito positivo dándonos a nosotros mismos recompensas o refuerzos positivos a cada pequeño logro o avance que percibamos. Puede ser decirnos algo como «Enhorabuena, has logrado el siguiente objetivo» o darnos algún capricho que refuerce positivamente el pequeño logro. Es como si nos automotiváramos con estos refuerzos positivos en el camino para integrar el hábito.

6. *El kaizen.* La sexta pauta es en mi opinión una de las más críticas. Para entenderlo bien, piensa un momento en la siguiente pregunta: ¿qué porcentaje de personas crees que no cumplen sus propósitos de inicio de año?

Cuando hago esta pregunta en el curso de *mindfulness*, la mayoría se ríe y habla de porcentajes del 90% o superiores. En una encuesta que se realizó en Reino Unido, a 3000 personas se les preguntó si habían logrado sus propósitos de inicio de año y el 88% reconoció que no. Esto es realmente impactante porque significa que prácticamente el 90% de la población no está logrando sus objetivos. Por supuesto todo tiene consecuencias. Una persona que se marca un objetivo y no lo cumple se sentirá mal consigo misma, se desmotivará, empezará probablemente a juzgarse, a creer que no tiene fuerza de voluntad, y finalmente su autoestima bajará y perderá confianza en sí misma. Es una espiral creciente negativa que debemos evitar al máximo.

¿Y cuál fue la razón principal que mencionaron las personas del estudio? El motivo principal por el que el 88% no habían cumplido sus propósitos fue que se habían marcado objetivos demasiado ambiciosos o poco realistas. Efectivamente, como suele decir el famoso *coach* y *speaker* motivacional Anthony Robbins, los seres humanos tenemos una sorprendente tendencia a sobreestimar nuestras capacidades en el corto plazo y a subestimarlas en el largo. El problema que tiene utilizar esta estrategia es el alto riesgo de fracasar. Ten en cuenta que estamos haciendo salir al cerebro de la zona de confort de forma demasiado brusca o radical. Y entonces aparecen el miedo, las resistencias internas y el autoboicot. Como explica Robert Maurer en su libro *El camino del kaizen*, los cambios demasiado grandes disparan la alarma en la amígdala, órgano del cerebro límbico que activa el miedo, y esto bloquea la actuación de la corteza cerebral, que es la parte más evolucionada de nuestro cerebro, que toma las decisiones, analiza y regula las emociones. Sin embargo, un cambio muy pequeño hace que la amígdala ni se entere –y por tanto su alerta no se dispara–, por lo que la corteza cerebral actúa con total eficacia.

Además, si tenemos en cuenta la necesidad de repetir un mínimo de veces consecutivas la acción para convertirla en hábito, es evidente que será mucho más complicado repetir veintiuna veces una acción ambiciosa y difícil que repetir una acción muy pequeña y fácil. Es de sentido común, ¿no te parece?

Por tanto, calmemos nuestra impaciencia, nuestro cortoplacismo y nuestra ansiedad por conseguir resultados demasiado rápido. Debemos ir poco a poco; adoptemos la estrategia de la hormiguita que va dando pasitos y pasitos pequeños de forma constante. En mis anteriores libros hablé con detalle de esta estrategia, que es de origen japonés y se llama *kaizen*. Es una estrategia más conservadora, como si nos lanzáramos con una red de seguridad que nos protegiera del fracaso, y por tanto de la frustración, de la desmotivación y de la pérdida de confianza y autoestima. Aunque hay personas a las que les funciona muy bien la estrategia de cambio radical, para la mayoría de la gente es mucho más eficaz la estrategia del *kaizen*, que se podría definir como dar pasitos pequeños de forma constante.

Por eso en los cursos siempre recomiendo empezar por cinco o diez minutos de meditación formal, y no necesariamente todos los días. Podríamos empezar por tres días a la semana. E insistir durante dos o tres meses, cumpliendo a rajatabla el mínimo de tres días a la semana durante cinco o diez minutos. Una vez que hayamos consolidado esta práctica, si queremos podemos dar el siguiente pasito: aumentar un día más, es decir, meditar cuatro días a la semana durante diez minutos como mínimo. Estamos hablando de un objetivo mínimo garantizado, es decir el pasito pequeño del *kaizen* es el objetivo mínimo a corto plazo que nos comprometemos a cumplir. Si luego hacemos más que eso, pues estupendo, mucho mejor, será un extra, pero como mínimo nos habremos comprometido a ese objetivo mínimo que es el pasito pequeño para no generarnos sensación de fracaso y frustración cuando no cumplimos un compromiso. Pensemos que la autoestima depende exclusivamente de algo muy sencillo: te comprometes con algo y lo cumples. Te comprometes con algo más y lo cumples. Así hasta el infinito. Así se construye la autoestima. Tan sencillo y tan difícil a la vez.

Una vez consolidados los diez minutos puedes decidir aumentar el tiempo a quince minutos, cuatro días a la semana. Y así puedes seguir incrementándolo hasta alcanzar el objetivo ambicioso a largo plazo que te hayas marcado. Pero debes ir pasito a pasito, expandiendo tu zona de confort de forma suave, sin cambios demasiado bruscos.

En cuanto a generar un hábito *mindful* en tu vida personal y en tu trabajo, todas las pautas son igualmente aplicables, con un aspecto adicional importante. La práctica formal de meditación es muy específica y fácil de concretar porque se trata de poner un número de días y un número de minutos. No hay ambigüedad posible. Sin embargo, en su aplicación informal suele costar más concretar. Por ejemplo, el objetivo de «centrarme con la máxima concentración en una sola tarea en el trabajo, evitando la multitarea» es demasiado general y será difícil que nos acordemos de hacerlo. Simplemente nos meteremos en la vorágine diaria y al finalizar el día quizá nos acordemos del objetivo, con la consiguiente frustración. En lugar de eso, concretiza mucho el objetivo en solo una situación específica, por ejemplo: «*Todos los días, durante la próxima semana, de 9.30 a 10.30 h. voy a poner toda la concentración en preparar la presentación del proyecto X al Comité de Dirección, evitando distraerme con el correo electrónico, el móvil o cualquier otra tarea*». Eso sí es concreto y por tanto mucho más fácil de recordar y cumplir.

Te pongo otro ejemplo: en lugar de marcarte el objetivo de «escuchar con más atención y empatía a los demás», que es demasiado genérico y poco específico, puedes marcarte un objetivo más concreto como: «*en las reuniones semanales con todo el equipo, voy a poner toda la atención en escuchar a mis compañeros sin interrumpirlos durante sus intervenciones*». Al ser muy concreto, será mucho más probable que lo cumplas.

Mi recomendación es utilizar el *kaizen* también en la práctica cotidiana e insistir con un solo objetivo muy específico durante al menos uno o dos meses, o bien hasta que hayas logrado repetir la misma acción durante veintiuna veces consecutivas. Por ejemplo, «escuchar con toda tu atención a tus compañeros durante veintiuna reuniones consecutivas» para integrar el hábito a nivel inconsciente. Lo importante es tu intención consciente de hacerlo en la reunión y no tratar de buscar la perfección. Aunque en muchas de esas veintiuna reuniones tu atención se distraiga y dejes de escuchar en algunos momentos, no te preocupes. El hecho de darte cuenta y volver a escuchar con atención es la clave, y hacerlo las veces que haga falta. Tú mismo notarás con toda seguridad cómo vas mejorando, y después de dieciocho o veinte reuniones tu escucha y tu presencia se habrán convertido en un hábito inconsciente que no te costará esfuerzo alguno.

Si eliges realizar las pausas productivas o pausas *mindfulness* deberás decidir cada cuánto tiempo harás la pausa, o bien cuántas pausas al día te comprometes a hacer. Y también cómo usarás la pausa y si vas a utilizarla para relajarte y desconectar del estrés, o si la vas a usar para observar si estás haciendo lo más prioritario con el fin de refocalizarte en las tareas importantes de tu trabajo.

Además, ¿qué vas a utilizar para recordarte hacer las pausas? ¿Vas a ponerte una alarma en el móvil que te lo recuerde o utilizarás otro recurso? Porque sin duda al principio se olvidará si no haces algo para recordártelo. Se trata de ponérselo fácil a tu cerebro.

Todas estas cuestiones son cruciales si queremos garantizarnos el éxito. Garantízate la máxima concreción y el máximo detalle de cómo lo vas a hacer y qué te puede ayudar a recordártelo. Porque si no, el piloto automático te engullirá de nuevo y te perderás en la inconsciencia, en las tareas de baja prioridad y en las presiones del día. Y tu vida volverá a ser la misma, como el día de la marmota.

En cualquier caso, al final del libro, como parte de los anexos encontrarás un plan de acción completo, tanto de práctica formal como de práctica informal. Utiliza esas plantillas para ayudarte a incorporar el *mindfulness* como un hábito en tu vida. Completa los dos planes de acción con las instrucciones que te he dado en este capítulo y tendrás éxito. Ya no valen las excusas. Si aplicas las seis claves para generar hábitos, lo conseguirás. Así que si no lo haces será porque realmente no querías hacerlo. Sé honesto contigo mismo. Si no quieres o no estás convencido, ni lo intentes.

Teniendo en mente las seis pautas para generar hábitos positivos, los cuatro requisitos que debes cumplir si quieres convertir el *mindfulness* en un hábito positivo son:

1. *Cree totalmente en sus beneficios.* Llegados a este punto, examina bien tus creencias y tu opinión sobre el *mindfulness*. ¿De verdad te lo crees? ¿Estás seguro de sus beneficios o mantienes aún un distanciamiento o escepticismo respecto a él? Recuerda los estudios e investigaciones científicas que validan esta disciplina. Incluso yo he dudado a veces y para continuar practicando me ha ayudado mucho recordar el sólido soporte de la neurociencia.

   El escepticismo es totalmente respetable (que no el cinismo) pero ten en cuenta que aparecerá pronto boicoteando tus intentos de incorporar esta práctica a tu vida. En mi opinión es esencial creer ciega e incondicionalmente en el *mindfulness* porque supone un esfuerzo de paciencia y de tiempo, no te engaño.

2. *No lo trates como una actividad más a introducir en tu ocupadísima agenda.* Esto no es una actividad más, es un momento de conexión contigo, con tu cuerpo y tu mente, es un espacio para ser. Además, se trata de impregnar tu vida, tus comportamientos y tu actitud con el *mindfulness*. Se trata de llevarlo a todos los momentos de tu vida para ser más feliz, para vivir con más presencia, para trabajar de modo más eficiente. Por eso no es una tarea más en tu agenda; el *mindfulness* cambiará tu forma de vivir y trabajar, tu forma de relacionarte contigo, con los demás y con el mundo.

    Si lo tratas como una tarea más a realizar terminarás sustituyéndola por otras actividades en teoría más productivas.

3. *Tómatelo como una prioridad.* Debes sentir la práctica como una prioridad absoluta, tan importante como estar con tus hijos o con tu pareja, tan prioritaria como hacer deporte, como ir a trabajar o salir a cenar con amigos. Eso te ayudará a no caer en la tentación de ir llenando tu agenda de nuevo con actividades o tareas distintas. Debes empezar a analizar las actividades que haces en un día normal y eliminar las que no te aportan nada positivo (te sorprenderá descubrir cuántas cosas haces diariamente que no te ayudan a ser más feliz) para generar espacio de tiempo para la práctica del *mindfulness*.

4. *Elige tu momento para practicar.* Al levantarte, después de desayunar, al mediodía si tienes un rato de tranquilidad, antes de acostarte. ¿Cuándo es el momento en que estás más despierto o puedes tener unas mejores condiciones ambientales? Recuerda que si estás muy cansado, lo más probable es que te relajes demasiado y te duermas. Aunque está muy bien dormir si tenemos sueño, si

nos dormimos los efectos fisiológicos del *mindfulness* en el cerebro no se producirán. Y no percibiremos demasiados beneficios porque no dedicaremos tiempo a entrenar la mente.

5. *Empezar.* Parece obvio pero a veces mantenemos un deseo y una intención en nuestra mente, pero no damos el paso de actuar y todo se queda en una mera intención que termina por frustrarnos y desmotivarnos. Pon una fecha para empezar y tómatelo con calma, sin excesivas exigencias ni expectativas sobre cuándo vas a notar beneficios. No te fuerces ni exijas la perfección en la práctica, ni tampoco esperes nada, ningún resultado específico. Simplemente empieza y continúa practicando la meditación formal, y comienza también a poner el foco en algún objetivo en la vida personal o profesional para aplicar la atención plena.

Desde ya te aviso que cuando estés meditando en tu práctica formal diaria, muchos días te ocurrirá lo siguiente: de pronto la mente empezará a lanzarte mensajes, a sabotearte. Te dirá cosas como: «*Pero ¿qué haces ahí sentado sin hacer nada? ¡¡¡Con todas las cosas que tienes que hacer!!! ¡Levántate, que estás perdiendo el tiempo!*» Esto es totalmente normal porque nuestra mente es el caballo desbocado y histérico que necesita moverse y mantenerse ocupado haciendo cosas. La clave es no hacerle caso y continuar meditando hasta que suene la alarma que hayas marcado para el final de la práctica. Si haces caso a las presiones de tu mente y te levantas para hacer tareas antes de terminar el tiempo preestablecido estarás perdido, tu mente habrá vencido. Aguanta la presión y sigue meditando hasta el final. Y observa con curiosidad los mensajes saboteadores que te lanza tu mente, así como el momento en que pierden fuerza hasta que desaparecen por completo.

También es importante tener en cuenta que si apostamos por incorporar el *mindfulness* como un hábito, como parte de nuestra forma de ser y trabajar, tendremos distintas etapas con un compromiso cambiante. Hay épocas en que practicaremos con mucha intensidad y muchas horas, pero habrá otras etapas en las que nuestro compromiso será más débil, e incluso es posible que abandonemos durante semanas o meses. Da igual, siempre podemos retomarlo con fuerza. Yo mismo he tenido diferentes etapas a lo largo de los últimos doce años que llevo practicando. Una vez más debemos tratarnos con compasión y amabilidad. Son momentos para ejercitar la paciencia y la comprensión con nosotros mismos y todo irá bien.

La conciencia sostenida

Al final, todo lo que pretendemos con la práctica formal e informal del *mindfulness* es lo que yo llamo la «conciencia sostenida». La conciencia o presencia sostenida significa que mantenemos un nivel de conciencia elevado durante todo el día. Significa que el hecho de estar presentes en nuestra vida y en nuestro trabajo sale de nosotros de forma natural y no forzada. A veces puede ser intencional (al principio de nuestro entrenamiento siempre es intencional) pero cuando llevemos años practicando, muchas veces saldrá de nosotros sin esfuerzo ni intención. Simplemente la conciencia se mantendrá y eso nos ayudará a darnos cuenta de nuestras decisiones, conductas, emociones, pensamientos y sensaciones físicos. También nos ayudará a darnos cuenta del entorno en el que estamos cada momento para captar todos los detalles y oportunidades. La conciencia sostenida es el objetivo que buscamos porque tiene un extraordinario poder para cambiar todo lo que deseemos transformar en nosotros y en nuestra vida. Podríamos decir, parafraseando a Bruce Lee con su famoso «*be water, my friend*», que la conciencia sostenida tiene la fuerza del agua, que con suficiente tiempo es capaz de erosionar la roca más dura.

Me encanta el poema de la cantante y escritora norteamericana Portia Nelson, *Autobiografía en cinco capítulos*, porque resume perfectamente el enorme poder de la conciencia sostenida:

Capítulo Uno
Voy caminando por una calle.
Hay un agujero profundo en la acera.
Me caigo.
Estoy perdida... Estoy indefensa.
No es culpa mía.
Tardo siglos en salir.

Capítulo Dos
Voy caminando por la misma calle.
Hay un agujero profundo en la acera.
Hago como que no lo veo.
Me vuelvo a caer.
No puedo creer que me haya caído en el mismo sitio.
Pero no es culpa mía.
Tardo bastante tiempo en salir.

Capítulo Tres
Voy caminando por la misma calle.
Hay un agujero profundo en la acera.
Veo que está ahí.
Me vuelvo a caer... es un hábito.
Pero tengo los ojos bien abiertos.
Sé dónde estoy.

> *Es mi culpa.*
> *Salgo rápidamente.*
>
> *Capítulo Cuatro*
> *Voy caminando por la misma calle.*
> *Hay un agujero profundo en la acera.*
> *Lo esquivo.*
>
> *Capítulo Cinco*
> *Voy caminando por otra calle.*

El poema refleja la clave del cambio. En el capítulo tres dice «...Pero tengo los ojos abiertos. Sé donde estoy. Es mi culpa. Salgo rápidamente». Esto es el *mindfulness*: abrir los ojos, darnos cuenta, y a partir de la conciencia, asumir nuestra responsabilidad en lo que nos sucede. Ese es el único camino para salir de cualquier crisis o dificultad en nuestra vida. El gran problema es que vivimos con los ojos cerrados como en el poema, culpando a los demás o a circunstancias externas de nuestros problemas. En definitiva, no queriendo mirar lo incómodo o doloroso que es reconocer que somos nosotros mismos quienes causamos nuestras dificultades y nuestro sufrimiento. Ver la realidad de repente es duro pero liberador, y esencial para vivir una vida plena.

Muchos participantes en el programa de *mindfulness* que imparto en las empresas se sorprenden al percibir esta conciencia natural y no elegida tras solo un día de curso, lo que no deja de asombrarme. Cuando el segundo día pregunto por las experiencias que han tenido o si han intentado aplicar el *mindfulness,* algunos dicen que desde el día anterior de pronto notaban un nivel de presencia que no habían forzado con su intención. Solo después de un día de fundamentos y práctica de *mindfulness,* ¡es increíble! Realmente me asombra la grandeza del ser humano, la enorme sabiduría que tiene toda persona dentro de sí y lo fácil que es despertarla, estimularla con la herramienta adecuada. La conciencia sostenida es la herramienta de las herramientas, el fin último del *mindfulness* que cambiará para siempre nuestra vida y nos transformará radicalmente como seres humanos. Mejor dicho, no es que nos vaya a cambiar, sino que extraerá y desarrollará todo lo que ya existe dentro de nosotros: el oro debajo del buda de arcilla, ¿recuerdas? Todos tenemos ese oro dentro de nosotros o, dicho de otra manera, todos tenemos un genio escondido que está deseando salir. Ese genio interior está dentro de ti, y con el *mindfulness* lo despertarás. Y ese despertar a la vida auténtica y real será totalmente transformador.

Llegó el momento. A lo largo de estas páginas he compartido contigo mi experiencia con el *mindfulness*. No he pretendido venderte ninguna moto; te he contado mi experiencia real, con sus luces y sus sombras, y también la experiencia de muchas personas que he conocido a lo largo de estos años, que también han percibido los beneficios enormes del *mindfulness*. Esto no es algo esotérico ni sobrenatural, sino algo muy real, muy terrenal. Es algo muy contrastado por la ciencia occidental en cientos de investigaciones a lo largo de los últimos treinta años, además de ser una disciplina que lleva ayudando a millones de personas a ser más felices y a vivir una vida más plena desde hace 2500 años, que fue cuando Buda decidió dedicar su vida a investigar la mente para aliviar el sufrimiento humano en la Tierra. Buda se dio cuenta de que todo el sufrimiento venía de la distorsión que produce la mente humana en la percepción de las cosas.

Ahora te paso el testigo a ti. Es tu momento de elegir. He tratado de dejar, a través de mi experiencia, mis conocimientos y mi pasión, una semilla en tu interior. Pero solo es eso, una semilla. Ahora tú debes cuidarla, regarla, abonarla como un buen jardinero, para que dentro de ti vaya creciendo una esplendorosa planta. De lo contrario la semilla se quedará ahí y el genio interior que tienes dentro nunca florecerá.

¿Qué decides? ¿Despertar a la auténtica vida o continuar el resto de tu vida anestesiado? Si apuestas de verdad por el *mindfulness* con todo tu compromiso y honestidad, siguiendo todas las recomendaciones que te he dado en este libro, te garantizo que sentirás lo que sentía el personaje de Thelma en la película *Thelma y Louise*, que decía: «*Algo ha cambiado. Dentro de mí, ¿sabes? Y... no podría volver. No podría. No lo aguantaría*».

Imagen 7. Fotograma de la película *Thelma y Louise*.

ANEXOS

Ejercicio #1. Práctica cotidiana. Mi «día mindfulness»

Hacer de forma diferente	Empezar a hacer (nuevas conductas o hábitos positivos)
Dejar de hacer (hábitos o rutinas negativos)	

Ejercicio #2. «Yoes internos»

Identifica tus personajes internos, «yoes» o roles que más utilizas en todos los ámbitos (en el trabajo, con diferentes personas, en la vida personal) y escribe a continuación un pensamiento típico de cada uno de ellos.

Ejemplos:

- Nombre del «yo» o personaje interno: el Perfeccionista. Pensamiento: «No puedo cometer errores»
- Nombre del «yo» o personaje interno: el Seguro de sí mismo. Pensamiento: «Siempre debo tener respuestas cuando me pregunten»

Yo 1:

Pensamiento:

Yo 2:

Pensamiento:

Yo 3:

Pensamiento:

Yo 4:

Pensamiento:

Yo 5:

Pensamiento:

Reflexión

- ¿Para qué me sirve cada yo interno? ¿Qué beneficios obtengo al usarlo?

- ¿Qué limitaciones tiene cada yo interno? ¿En qué situaciones me perjudica usarlo?

PLAN DE ACCIÓN #1. PRÁCTICA FORMAL

Objetivo general a largo plazo

¿Qué técnica formal de *mindfulness* quiero haber integrado en mi día como hábito, dentro de 6 meses/1 año? (puedes poner una o varias técnicas: respiración, atención expandida, yoga, escáner, etc.)

¿Qué momento del día y lugar es el mejor para mí para practicar?	¿Cuántos días a la semana quiero hacerlo?
¿Qué días de la semana son los mejores para hacerlo?	¿Cuánto tiempo quiero practicar cada día? (dentro de 6 meses/1 año)

Objetivo primer mes (kaizen)

¿Qué día voy a empezar?	En el primer mes: ¿Cuántos días a la semana voy a hacerlo y cuánto tiempo (siendo realista)?
Fecha concreta:	
¿Qué nivel de esfuerzo me requiere lograr el objetivo del primer mes? Del 0 al 10:	¿Qué nivel de convicción tengo de que voy a lograr el objetivo del primer mes? Del 0 al 10:
Si tu nivel de esfuerzo está entre 0 y 3, y tu nivel de convicción entre 8 y 10, tienes un buen plan Kaizen. Si no es así, reajusta y reduce tu objetivo del primer mes, para hacerlo más realista, y escríbelo:	

PLAN DE ACCIÓN# 2. PRÁCTICA INFORMAL

Objetivo general a largo plazo

<table>
<tr><td>¿Qué objetivo mindful quiero haber logrado en mi vida cotidiana o en mi trabajo, dentro de 6 meses/1 año? (concreta en qué situación o tarea: escuchar con atención, uso racional del móvil, eliminar la multitarea, concentración en las reuniones, manejar la impulsividad, disfrutar más de las pequeñas cosas...)</td></tr>
<tr><td>

</td></tr>
</table>

<table>
<tr><td>Beneficios que obtendré</td><td>Obstáculos que me voy a encontrar para lograrlo</td></tr>
<tr><td>

</td><td>

</td></tr>
<tr><td>¿Cómo lo voy a hacer? ¿Qué voy a utilizar como ayuda? (recursos, recordatorios, aliados...)</td><td>¿Qué momento del día o qué situaciones son las mejores para entrenarlo?</td></tr>
<tr><td>

</td><td>

</td></tr>
</table>

Objetivo primer mes (kaizen)

¿Qué día voy a empezar?	En el primer mes: ¿Qué quiero conseguir (siendo realista)?
Fecha concreta:	
¿Qué nivel de esfuerzo me requiere lograr el objetivo del primer mes? Del 0 al 10:	¿Qué nivel de convicción tengo de que voy a lograr el objetivo del primer mes? Del 0 al 10:

Si tu nivel de esfuerzo está entre 0 y 3, y tu nivel de convicción entre 8 y 10, tienes un buen plan Kaizen. Si no es así, reajusta y reduce tu objetivo del primer mes, para hacerlo más realista, y escríbelo:

BIBLIOGRAFÍA

- ALDOUS HUXLEY, *El tiempo debe detenerse*. Navona Editorial, 2015
- ALDOUS HUXLEY, *La isla*. Editorial Edhasa, 1999
- ALDOUS HUXLEY, *Un mundo feliz*. Editorial Debolsillo, 2014
- BRONNIE WARE, *Top 5 regrests of dying. A life transformed by hte Dearly Departing*. Editorial Balboa Press, 2012
- BYRON KATIE, *Amar lo que es*. Editorial Urano, 2008
- CHADE-MENG TANG, *Busca en tu interior*. Editorial Planeta, 2012
- CHARLOTTE JOKO BECK, *La vida tal como es*. Editorial Gaia, 2008
- DANIEL GOLEMAN, *Focus*. Editorial Kairós, 2013
- DANIEL J. SIEGEL, *Cerebro y mindfulness*. Paidós, 2010
- DENNIS GENPO MERZEL. *Gran mente, gran corazón*. La liebre de marzo, 2008
- ECKHART TOLLE, *El poder del ahora*. Editorial Gaia, 2007
- ENOMIYA LASSALLE, *Zen. Un camino hacia la propia identidad*. Editorial Mensajero, 2007
- FRANCISCO GARCÍA PARAMÉS, *Invirtiendo a largo plazo*. Deusto, 2016
- J. GOLDSTEIN Y J. KORNFIELD, *Vipassana. El camino de la meditación interior*. Editorial Kairós, 1996
- JAVIER CARRIL, *Desestrésate*. Editorial Alienta, 2010
- JAVIER CARRIL, *El hombre que se atrevió a soñar*. Editorial Rasche, 2014
- JAVIER CARRIL, *Zen Coaching*. Editorial Díaz de Santos, 2008

- JEREMY RIFKIN. *La sociedad de coste marginal cero*. Paidós, 2014
- JIM COLLINS, *Empresas que sobresalen*. Ediciones Deusto, 2004
- JOHN TEASDALE, MARK WILLIAMS y ZINDEL SEGAL, *El camino del mindfulness*. Editorial Paidós, 2015
- JON KABAT ZIN, *Mindfulness para principiantes*. Editorial Kairós, 2017
- JON KABAT ZIN. *Vivir con plenitud las crisis*. Editorial Kairós, 2016
- KAPLEAU, *Despertar al zen*. Editorial Pax, 1997
- KRISTIN NEFF. *Sé amable contigo mismo*. Paidós, 2012
- MARSHALL B. ROSENBERG. *Comunicación no violenta*. Gran Aldea editores, 2013
- MICHAEL BROWN, *El poder de la presencia. Un nuevo paradigma de salud*. Editorial Obelisco, 2008
- NASSIM NICHOLAS TALEB. *Antifrágil*. Paidós, 2013
- OSHO, *Libro del Hara: El viaje al Centro del Ser*. Arkano Books, 2010
- PATRIZIA COLLARD, *El pequeño libro del mindfulness*. Editorial Gaia, 2014
- RICHARD KOCH. *El principio 80/20*. Paidós, 2009
- ROBERT MAURER, *El camino del kaizen. Un pequeño paso puede cambiar tu vida*. Ediciones B, 2006
- ROBERT T. KIYOSAKI y SHARON L. LECHTER, *Padre rico, padre pobre*. Santillana, 2004
- SAKI SANTORELLI, *Sánate tú mismo*. Editorial Kairós, 2017
- STEPHEN COVEY, *Los siete hábitos de la gente altamente efectiva*. Editorial Paidos Ibérica, 2015
- STEVEN D'SOUZA y DIANA RENNER, *Not Knowing. El arte de transformar la incertidumbre en una oportunidad*. Editorial LID, 2015
- T. DESHIMARU y Y. IKEMI, *Zen y autocontrol*. Editorial Kairós, 1990

- VIKTOR FRANKL, *El hombre en busca de sentido*, Herder editorial, 1979
- W. TIMOTHY GALLWEY, *El juego interior del tenis*. Editorial Sirio, 2010

ARTÍCULOS DE PRENSA E INVESTIGACIÓN CITADOS

- *The mind business.* Financial Times. https://www.ft.com/content/d9cb7940-ebea-11e1-985a-00144feab49a#axzz2RCiOeRWG
- *Forever young: Meditation might slow the age-related loss of gray matter in the brain.* https://www.sciencedaily.com/releases/2015/02/150205142951.htm?utm_content=buffer607e6&utm_medium=social&utm_source=twitter.com&utm_campaign=buffer
- *People who meditate.* https://mic.com/articles/103790/science-has-amazing-news-for-people-who-meditate#.KKzUVktZZ
- *¿Funciona el mindfulness? La meditación vista desde el laboratorio. El Mundo.* http://www.elmundo.es/vida-sana/mente/2016/04/17/5710e63f468aebbf748b4613.html
- *Meditación en el colegio.* http://www.elmundo.es/espana/2015/06/15/556f439c268e3e9e438b459a.html
- *Mindfulness Works but Only If You Work at It.* https://hbr.org/2016/11/mindfulness-works-but-only-if-you-work-at-it?utm_source=2016.12-Newsletter&utm_campaign=Newsletter+FY17+-+2016.12&utm_medium=email
- *How the Brain Changes When You Meditate.* http://www.mindful.org/how-the-brain-changes-when-you-meditate/?utm_source=2017.04-Newsletter&utm_campaign=Newsletter+FY17+-+2017.04&utm_medium=email

- *Investigación científica sobre el impacto del programa de mindfulness MBSR en el cerebro.* http://www.psyn-journal.com/article/S0925-4927%2810%2900288-X/fulltext
- *Mindfulness, liderazgo y estrategia.* https://hbr.org/2016/05/mindfulness-can-improve-strategy-too
- *Felicidad y éxito.* http://ccare.stanford.edu/uncategorized/how-to-apply-the-science-of-happiness-to-accelerate-your-success/
- *Felicidad y neurociencia.* http://time.com/4042834/neuroscience-happy-rituals/?utm_source=2017.02-Newsletter&utm_campaign=Newsletter+-FY17+-+2017.02&utm_medium=email
- *Ideas de aplicación del mindfulness al trabajo.* https://hbr.org/2016/03/how-to-practice-mindfulness-throughout-your-work-day
- *Investigaciones sobre el mindfulness y el cerebro.* https://hbr.org/2015/01/mindfulness-can-literally-change-your-brain?utm_source=2015-07+Newsletter&utm_campaign=Newsletter+-+2015-07&utm_medium=email
- *Estudios sobre el ROI (retorno de la inversión) del mindfulness en la empresa.* http://www.huffingtonpost.com/matt-tenney/4-ways-mindfulness-improv_b_9738720.html
- *Investigación científica sobre marines estadounidenses y mindfulness.* http://ucsdnews.ucsd.edu/pressrelease/war_and_peace_of_mind
- *Corporaciones y bienestar emocional.* https://www.forbes.com/sites/alankohll/2017/01/18/the-top-corporate-wellness-trends-to-watch-for-in-2017/2/#4e8bae-4d4a80

WEBS DE INTERÉS

- Web de Execoach. www.execoach.es
- Web de Wisdom 2.0. http://www.wisdom2summit.com/ Speakers
- Web de *The Center for Mindfulness* de la Universidad de Oxford. http://oxfordmindfulness.org
- Web de *The Center for Mindfulness* de la Universidad de Massachusetts. https://www.umassmed.edu/cfm/

KOLIMA
BOOKS

www.ingramcontent.com/pod-product-compliance
Lightning Source LLC
LaVergne TN
LVHW010308200726
843507LV00010B/1194